너희는 이 세대를 본받지 말고 오직 마음을 새롭게 함으로
변화를 받아 하나님의 선하시고 기뻐하시고 온전하신 뜻이
무엇인지 분별하도록 하라

| 로마서 12:2 |

이
땅을
넘어서

이 땅을 넘어서

초판 발행	2022년 11월 30일
지은이	정소영
발행인	한뿌리
총괄	이소진
펴낸곳	有하
등록	2014년 4월 24일 제 2016-000004호
주소	서울 강서구 방화대로 44길 49
전화	02-2663-5258
팩스	02-2064-0777
저자 연락처	010-7284-9316
	이메일 dexaxrb@gmail.com
인쇄	인스 P&B

값 20,000원
ISBN 979-11-85927-42-8
＊이 책의 저작권은 저자에게 있습니다.

이
땅을
넘어서

정소영 ──

有하

| 추천사 |

　사랑하는 제자 소영이의 두 번째 책이 나왔습니다. 저자의 첫 책인 『하늘 세계의 문이 열리다』의 제2권에 해당하는 것으로, 하나님의 자녀가 알아야 할 영적 세계를 담았습니다. 천국과 지옥, 어두움 가운데 있는 자와 빛 가운데 있는 자의 모습, 초대 일곱 교회, 스데반, 사도 바울, 야고보 등 자신의 고귀한 삶을 신앙에 바친 순교자들 그리고 이 세상 마지막 때의 모습 등 영적 세계의 보화와 같은 신비로운 내용으로 가득합니다. 저자는 외모로는 평범한 소녀에 불과합니다. 하지만 그의 삶은 영적 세계의 비전으로 충만합니다. 흔치 않은 생각을 하고, 흔치 않은 꿈을 꾸며, 흔치 않은 세계를 봅니다. 그래서 저자의 신앙이 반석처럼 굳건하고 보석처럼 영롱한 모양입니다.
　이 책은 저자가 기도로 맺은 결실이자, 신앙 체험의 결실입니다. 신앙을 가진 사람이라면 누구나 영적 세계에 대한 열망도 갖습니다. 영적 세계를 체험하는 것은 신비로운 은혜입니다. 그러나 이 은혜는 절대 쉽게 얻어지는 것이 아닙니다. 말씀에 굳게 서서 기도로 무장하고 성령으로 충만해야 알고, 보고, 얻고, 체험하며, 깨닫는 것이 영적 세계의 은혜입니다. 우리는 이 책을 통해 말씀이 증거한 그 신비로운 세계를 맛보게 될 것입니다.

이 책은 영적 세계를 먼저 경험하고 증거하는 저자의 간증이자 고백입니다. 또한 이 책은 이 시대를 살아가는 모든 그리스도인이 빛의 세계에서 살아야 하고 빛의 자녀가 되어야 한다는 도전이기도 합니다. 영의 세계는 빛의 자녀에게 주어지는 선물입니다.

세상은 치열한 영적 전쟁터입니다. 저자가 먼저 바라본 영적 세계를 통해 빛과 소금으로 살고 항상 깨어 있어 거룩한 존재가 되기를 원하는 모든 그리스도인에게 일독을 권하며 추천합니다.

정병식_서울신학대학교 교수

| 추천사 |

이 책을 읽고 내심 매우 놀랐습니다. 한 소녀의 성령 체험이 이렇게 생생하고 구체적일 수 있을까 하는 점 때문입니다. 이것은 재능있는 공상 소설 작가가 보통 사람이 상상할 수 없는 상상력을 총동원했다고 해도 미치지 못할 만큼 디테일하기 때문입니다. 정소영 학생, 아니 정소영 작가가 공상 소설을 쓰는 전업 작가라 해도 많은 경험과 노력, 독서가 뒷받침되어야만 범접할 수 있는 높이입니다.

이 책을 꼼꼼히 읽으면서 저 자신을 돌아봅니다. 그리고 정소영을 봅니다. 모든 것이 하나님에 대한 확신, 믿음의 소산임을 보게 됩니다. 다만, 영적인 세계라 할 수 있는 '천국과 지옥' 현상에 매몰되지 않기를 바라는 걱정의 마음을 전하고 싶습니다. 독자들도 이 책을 읽으면서 유념해야 할 부분이라고 생각합니다. 그것이 천국이든 지옥이든 주관자는 하나님입니다. 하나님은 사랑이고 구원이십니다.

천국의 열쇠는 하나님만이 우리에게 주실 수 있는 선물입니다. 베드로가 예수님께 받았던 그 선물, 곧 천국의 열쇠는 하나님이 갖고 계시지만, 이미 우리에게 주셨습니다. 단지 우리 안에 있는 천국의 열쇠를 찾지 못하고 있을 뿐입니다. 안타까운 일입니다. 우리 안에 하나님이 숨겨놓으신 그 천국의 열쇠를 찾는 방법이 있습니다. 그것은 하나님의 말씀인 복음입니다. 복음을 성경책 속에 가지고 다니지 말고 마음에 담으면 천국의 열쇠가 있는 지도가 보입니다.

이 책이 천국의 열쇠를 찾는 모든 독자에게 용기가 될 수 있기를 소망합니다. 항상 감사합니다. 그리고 정소영 학생과 이 책을 읽는 모든 분에게 하나님 안에서 사랑한다는 말씀을 전합니다. 사랑합니다!

김명전_GOODTV 대표이사

차례

추천사 | 04
프롤로그 | 11
영적 세계를 알고 난 후 삶의 변화 | 15

Chapter 1.
빛과 어둠의 모습

1장 천국과 지옥
나의 속사람이 천국에 가다 | 26
나의 속사람이 지옥에 가다 | 38
빛으로 가득한 예수님 | 46

2장 어둠 가운데 있는 자들의 모습
또 다른 지옥의 모습 | 53
우상을 섬김으로 가게 되는 지옥 | 74

3장 빛 가운데 있는 자들의 모습
스데반의 천국에서의 모습 | 86
사도 요한의 천국에서의 모습 | 99
D. L. 무디의 천국에서의 모습 | 110

Chapter 2.
교회의 모습

4장 소아시아 일곱 교회의 모습
에베소 교회 | 128

서머나 교회 | 142
버가모 교회 | 152
두아디라 교회 | 160
사데 교회 | 168
빌라델비아 교회 | 175
라오디게아 교회 | 183

5장 교회를 향한 예수님의 말씀
교회의 모습과 열매 | 199
예수님이 보여주신 교회의 모습 | 201

Chapter 3.
마지막 때의 모습

6장 순교자들
순교자 스데반 | 234
순교자 바울 | 244
순교자 야고보 | 250
순교자 베드로 | 255

7장 주님 오실 때의 모습
회개되지 않은 자들의 모습 | 272
마지막 시대의 영적 전투 | 277
빛과 함께 오신 예수님 | 286

에필로그 | 301

———————— **프롤로그**

남들이 알지 못하는 크고 놀라운 비밀들을 알게 된다는 것은 놀랍고도 기쁜 일입니다. 그 비밀들의 가치와 무게를 알게 된다면 두려운 마음도 들 것입니다. 제가 처음 영적인 세계를 보고 알게 되었을 때 이 비밀들을 잘 전할 수 있을지 두려웠지만, 동시에 하나님이 저에게 특별히 이 비밀들을 알게 해주심에 감사드렸습니다.

저는 영적인 세계를 보고 깨달으면서 천국과 지옥을 아는 것이 영적인 세계를 아는 것의 시작임을 알게 되었습니다. 또한 하나님의 자녀가 영적인 세계를 아는 것은 악한 영들과의 영적 전쟁에서 승리할 수 있는 첫걸음이자 지름길이라는 것도 깨달았습니다. 그리고 천국과 지옥을 오고 가면서 하나님이 반드시 합당한 기준에서 상급과 심판을 내리시는 것도 알게 되었습니다.

저는 어려서부터 교회와 신앙인들의 역할에 대해 많은 생각을 했습니다. 하나님이 세우신 교회를 향한 세상의 날카로운 시선과 판단 속에서 어떠한 삶을 살아야 하는가에 대해 고민했습니다.

"주님, 마지막 때라고 불리는 이 시대에 어떻게 하면 세상에서 흔들리지 않고 하나님이 기뻐하시는 삶을 살 수 있을까요? 세상의 시선 속에서 교회와 그리스도인들을 향해 날아오는 화살들을 이겨내고 맡기신 사명을 능히 잘 감당하려면 어떻게 해야 할까요?"

이를 위해 기도할 때마다 주님이 주시는 기쁨도 있지만, 빛을 잃지 않고 세상에서 싸워 나가야 하는 교회의 모습을 떠올리면 마음이 무거웠습니다. 저의 기도에 주님은 이렇게 말씀해주셨습니다.

"주가 세우신 교회에 대해 걱정하고 염려하지 말지어다. 나 여호와가 주의 교회들을 지키고 보호할 것이라. 너희는 오직 정결하며 깨끗한 주의 신부로 깨어 있으라."

저는 이 말씀을 믿음으로 붙들고 하나님이 기뻐하시는 삶을 살고자 노력했습니다. 회개하고 영적인 세계를 보고 난 뒤 저의 고민은 사라졌고 오직 하나님과의 관계에만 집중하게 되었습니다. 영적인 눈이 열린 뒤 제가 교회를 위해 기도할 때 주님은 말씀해주셨습니다.

"교회는 세상에서 중심을 잃지 않는 동시에 빛과 소금으로서 역할을 감당해야 한다. 회개함으로 죄를 뉘우치고 하나님과 친밀한 관계를 유지해야 한다."

저는 이 말씀을 곰곰이 생각해보고 기도하면서 하나님이 마지막 때에 교회들에게 맡기신 사명을 깨달아야 한다고 생각했습니다. 저의 첫 책인 『하늘 세계의 문이 열리다』를 통해 하나님이 보여주셔서 제가 경험할 수 있었던 영적인 세계를 전할 수 있었습니다. 그리고 두 번째 책을 놓고 기도하는 가운데 더 깊은 영적인 세계와 지금까지 제가 기도했던 제목들에 대한 해답을 알게 해주시고 나눌 수 있는 은혜를 주셨습니다.

저는 여전히 영적인 세계를 전하는 것이 두렵습니다. 스물일곱의 나이에 책을 쓰고 영적인 세계를 전해야 한다는 중압감은 생각보다 제 마음을 무겁게 했습니다. 빛으로, 바람으로, 불로 역사하시는 주님의 모습은 아름다운 동시에 너무나도 두렵습니다. 그러나 주님이 알려주신 은혜들을 책으로 써서 전하고 나눌 수 있다는 것은 오로지 주님의 은혜임을 알기에 감사함으로 순종하고자 합니다.

이 책에는 제가 보고 경험한 영적 세계에 대한 이야기, 천국에서 상급을 받은 믿음의 사람들의 이야기, 예수 그리스도를 위해 자신의 생명을 바친 이들의 이야기, 주님이 허락하여 알게 해주신 여러 이야기가 담겨 있습니다. 저는 이 책의 내용들이 주님이 보여주시고 알게 해주시지 않으면 상상도 할 수 없는 이야기들인 것을 알게 되었습니다. 부족한 제게 영적 세계들을 알게 해주시고 많은 사람에게 전해지도록 통로로 사용해주심에 말로 표현할 수 없는 감격과 감사의 기도를 올려드립니다.

책이 세상에 나오도록 기도와 물질로 섬겨주신 많은 분께 감사의 인사를 전합니다. 책을 쓰는 데 많은 도움을 주신 이소진 전도

사님과 항상 진심어린 조언과 사랑의 말로 격려해주시는 박영미 사모님께 깊이 감사드립니다. 항상 존경하고 믿고 따를 수밖에 없는 영적인 스승이자 멘토이신 한양훈 목사님, 귀한 시간 내주셔서 애정 가득한 추천사를 써주신 서울신학대학교 정병식 교수님과 미디어를 통해 복음을 전하는 데 앞장서고 계신 GOODTV 김명전 대표이사님께 머리 숙여 감사드립니다. 또한 제가 책을 쓰는 동안 기도와 응원을 아끼지 않고 저를 지지해주신 부모님과 동생 하영이에게도 마음 깊이 감사드립니다. 더불어 저의 모든 삶을 이끄시고 책임져주신 하나님이 이루실 모든 일을 기대하며 오직 주님께 모든 영광을 올려드립니다.

2022. 11. 30.
정소영

영적인 세계를 알고 난 후 삶의 변화

회개하고 영적인 세계를 보고 체험한 것을 나누면서 저는 여러 질문을 받았습니다. 그중 가장 대표적인 것은 "전도사님도 영적인 전쟁을 했나요?" "회개만 하면 바로 삶의 변화가 일어나나요? 영적인 눈이 활짝 열리나요?" 등이었습니다.

   이 질문들에 대한 저의 대답에 대부분 동의하셨지만, 다른 궁금증도 많다는 것이 느껴졌습니다. 또한 영적인 세계를 아는 것의 중요성을 알려드리고 제 삶의 변화를 나누는 것이 그리스도인의 삶에 도움이 될 것이라는 생각이 들어 저의 이야기를 조금 나누어보고자 합니다.

저의 첫 책에서 말씀드린 대로 저는 어려서부터 영적인 세계를 많이 보았습니다. 회개하고 영적인 눈이 열리기 이전에는 주로 꿈으로 영적인 세계를 보았습니다. 영적인 세계를 보았기에 동시에 영적인 공격도 많이 받았습니다. 가장 큰 사건은 11살 때 교통사고를 당한 뒤 이틀 정도 의식을 잃었던 일입니다. 그 외에도 6살 때 손을 크게 다친 적이 있고, 차를 타고 가다가 접촉사고를 당한 일, 길을 건너는 저를 차가 들이받았던 일 등 여러 가지 외부의 공격이 있었습니다.

저는 이러한 일이 있을 때마다 영적인 공격이라는 것을 알았고, 부모님도 악한 영들이 저를 공격하는 것임을 아셨습니다. 그러나 그때 저희는 영적인 세계에 대해 극히 일부만 알았기에 악한 영들의 공격에 대비하기 위해 회개가 동반이 되어야 한다는 것을 인지하지 못했습니다.

저는 하나님이 허락해주시는 영적인 꿈을 꾸는 것과 동시에 악한 영들에게 가위를 눌린 적도 많았습니다. 또한 아버지의 영적인 사역을 돕고 난 후 밤에 자고 있는 저에게 악한 영이 찾아와 제 목을 조르고 숨을 쉬지 못하도록 제 호흡을 한참 막았던 적도 있습니다. 악한 영들이 온 몸을 깨물어 여기저기 긁히고 베인 듯 상처가 난 적도 있었습니다. 영적인 공격이 심할 때에는 일상생활이 어려워 밖에 나가는 것도 힘들었고, 대중교통을 타기도 어려웠습니다.

그러나 영적인 세계를 모르는 것보다 영적인 세계를 확실히 알고 악한 영들의 공격에 대비하는 것이 더 중요하고, 그것이 앞으로도 영적인 공격에서 이길 수 있는 지름길이라는 생각이 들어 저를 묶고 있는 악한 영들에 대해 회개했습니다.

회개하기 이전의 저는 알게 모르게 많이 눌리고 위축되어 있었습니다. 부끄러운 이야기지만, 감정 기복이 심했고 저도 모르는 사이에 우울해지기도 했으며, 순식간에 기분이 좋아지기도 했습니다. 옆에서 지켜보시던 어머니도 저를 알 수 없는 아이라고 하실 정도였습니다. 이런 저의 모습에 저도 의문이 들었습니다. '나는 하나님의 자녀고 예수님을 정말 좋아하며 예수님과 교제하고 싶은데 왜 내 삶에는 변화가 일어나지 않을까?' 저는 어려서부터 오랫동안 저 자신에게 이런 의문을 가지고 있었습니다. 제가 '하나님과 인격적인 교제를 하지 못한 것'이 그러한 문제점 중 하나라고 생각했습니다. 그런 고민을 하던 중에 고등학교 2학년 때 '올네이션스 경배와 찬양 수련회'에서 하나님을 인격적으로 만났고 제 삶에 조금씩 변화가 일어나기 시작했습니다.

그전에는 수련회에서 아무리 은혜를 많이 받고 와도 그 은혜가 제게 오랫동안 머물지 못하는 것 같았습니다. 꿈속에서, 환상 속에서 예수님과 교제했지만, 현실에서 예수님을 찾으면 그분의 손길이 느껴지지 않았습니다. 하나님과의 관계 회복을 너무나도 소망했지만, 기도할 때와 삶에서의 모습에서 너무 큰 괴리감이 느껴졌습니다.

저는 이 문제를 놓고 하나님께 기도했습니다.

"주님, 저는 진짜 하나님을 믿고 하나님만을 섬기겠다고 다짐했어요. 저는 초등학생 때부터 하나님이 너무 좋고 예수님이 너무 좋아서 예수님의 십자가 복음을 전하는 선교사로 살겠다고 다짐했는데 제 삶에서는 왜 예수님의 손길이 느껴지지 않고 저는 예수님을 닮지 않은 사람인 것처럼 느껴질까요? 너무 답답해요, 주님."

저는 이 기도를 오랫동안 드렸고, 저 나름대로 방법을 찾으려고 노력했습니다. 찬양을 드렸고 방언 기도도 드렸습니다. 눈물을 흘리고 떼를 쓰면서 기도드리기도 했습니다. 그럼에도 제 삶에서 일시적인 변화는 있었지만, 그것이 지속되는 것 같지 않았습니다.

그렇게 저의 고민이 깊어가던 때에 아버지가 주신 책 한 권을 읽었는데, 그 책에 그려진 모습이 저의 삶에서도 나타났으면 좋겠다는 소망을 품게 되었습니다. 그 후 저는 부모님과 함께 실로암선교센터에서 박영미 사모님과 한양훈 목사님께 훈련을 받게 되었습니다.

회개하고 영성훈련을 했지만, 제 삶에서 변화가 바로 일어나지는 않았습니다. 처음에는 너무 답답한 마음이 들었습니다. 회개하여 죄를 씻어내고 깨끗해지면 변화가 즉시 일어날 것이라고 생각했기 때문입니다. 그러던 와중에 성령의 음성이 제 마음에 들려왔습니다.

"그렇게만 생각하지 말고 다른 측면에서도 생각해보렴."

제 마음에 감동이 오는 말을 따라 저는 한참을 다른 측면에서 생각해보았습니다. 영성훈련 받은 것을 바탕으로 저의 영적인 상태를 스스로 진단하면서 현재 제가 어느 위치에 있는지, 왜 저에게 이러한 문제들이 생겼는지, 저의 삶에서 왜 변화가 지속되지 않았는지 등에 대해 생각해보았습니다.

이렇게 과정을 통해 진단한 저의 모습을 선뜻 받아들이기가 어려웠습니다. 저를 힘들게 한 악한 영들이 너무나 많았고 제가 겪은 영적인 공격들이 결코 적은 것이 아니라고 생각했기 때문입니다. 그러나 제가 그런 생각을 할 때마다 성령은 제 마음속에서 "악한 영들의 존재를 인정하고 영적인 싸움에 대한 마음가짐을 다시 해야 한다"는 마음을 주셨습니다. 저는 그 마음을 부정할 수 없었습니다. 그래서 오랜 기간 요일과 시간을 정해놓고 저의 상태를 진단해보았습니다.

영적으로 저의 상태를 보았을 때 처음에는 너무나 초라하고 볼품이 없었습니다. 악한 영들이 제 몸을 감고 있는 것이 보였고, 제가 이런저런 병을 자주 앓았던 것도 악한 영들 때문이라는 것을 알게 되었습니다. 악한 영의 존재를 알면서도 회개하지 않고 영적 싸움에서 승리하지 못한 것이 너무 분하고 억울했습니다.

악한 영들에게 당하고 살아온 시간을 되돌릴 수 없었기에 저는 분하고 억울했습니다. 성령이 저에게 감동을 주셨던 말씀, 즉 다른 관점으로 생각해보라는 말씀에 초점을 맞추어 제가 이전에 생각하던 방식인 부정적인 생각의 틀을 벗어던지고 긍정적으로 생각하려고 노력했습니다.

긍정적으로 생각하는 것은 어려웠습니다. 부정적인 생각들이 제 머릿속에 오랫동안 자리 잡고 있었기에 그렇다는 것을 깨닫고 그 생각의 방식을 바로잡기 위해 회개하며 많은 노력을 기울였습니다.

평범한 하루를 보내면서도 반드시 감사의 제목을 찾기 위해 노력했고, 좋지 않은 일이 생겨도 긍정적으로 생각하려고 노력했습니다. 처음에는 잘 되지 않던 것들을 회개하면서 하다 보니 제게 변화가 일어났고, 어떠한 상황에서도 하나님의 형상을 닮기 위해 절제하게 되었습니다. 또한 예수님의 마음으로 다른 사람들을 존중하고 예수님의 모습을 닮기 위해 많이 노력했습니다. 저는 영성 훈련을 받으면서 동시에 저 자신의 영적인 상태를 스스로 진단하고 절제하기 위해 노력했는데, 이것이 많은 도움이 되었습니다. 회개하면서 저 자신을 훈련하다 보니 하나님의 기뻐하시는 뜻이 무엇인지, 이러한 상황에서 예수님이라면 어떻게 하셨을지 생각하고 고민하면서 조금이라도 닮기 위해 노력하게 되었습니다.

물론 제 삶의 모습이 아직 완전히 옳고 선하다고 말할 수는 없습니다. 그러나 이전과 비교하면 저의 삶에 많은 변화가 있었습니다. 앞으로도 하나님이 기뻐하시는 모습으로 살기 위해 끊임없이 노력할 것입니다. 또한 제가 체험한 영적인 세계를 자신 있게 전할 수 있는 이유 중 하나는 이것이 절대 저의 힘으로 할 수 있는 일이 아니며, 전적으로 하나님의 은혜이기 때문입니다. 저에게는 여러 가지 장점도 있고 단점도 많이 있습니다. 이러한 저를 하나님이 도구로 쓰신다는 것은 엄청난 축복이자 은혜라고 생각합니다. 그렇기 때문에 저는 정결해지기 위해 끊임없이 회개하고 노력할 것이며 저 자신을 돌아보는 일을 쉬지 않을 것입니다.

저는 이 책을 통해 많은 사람이 회개의 중요성과 가치를 깨닫고 하나님의 형상을 닮기 위해 노력하며 전진하는 계기가 될 수 있기를 간절히 소망합니다.

Chapter 1.
빛과 어둠의 모습

1장_천국과 지옥

하나님은 제가 회개하고 영적 훈련을 받는 동안 영적인 세계를 깊이 볼 수 있는 은혜를 주셨습니다. 2016년에 영성 있는 목사님께 훈련을 받으면서 천국과 지옥에 대해 깊이 볼 수 있는 은혜를 주셨고, 이를 계기로 저는 영적인 세계에 더 깊은 관심을 가지게 되었습니다. 악한 영들의 공격으로 영적 세계를 보는 것이 힘이 들 때도 있었지만, 하나님이 부어주시는 은혜가 더 크고 놀라웠기에 제 마음은 항상 기쁨과 만족으로 가득했습니다.

나의 속사람이
천국에 가다

2016년 여름 어느 날, 영성 훈련을 받고 집으로 돌아가던 도중 천국에 대한 많은 생각이 들었습니다. '하나님이 특별히 사용하시는 사람들에게 부어주시는 은혜와 상급은 얼마나 클까?' 하는 궁금증이 생겼습니다. 그날 밤 잠들기 전에 저는 천국의 모습이 알고 싶어서 천국을 보게 해달라고 예수님께 기도했습니다.

"예수님, 천국과 지옥의 영적인 비밀을 더 많이 알고 싶어요. 영적인 세계를 알면 알수록 너무 놀랍고 신비로운데 이 비밀들을 더 알게 될수록 하나님을 더욱 바라게 되는 것 같아요. 제 눈이 더 밝아져서 예수님이 알려주시는 비밀들을 더욱 깊이 깨달을 수 있게 해주세요."

기도하고 침대에 누웠는데 눈앞에 소용돌이가 치는 것처럼 어지러운 기분이 들었습니다. 너무 어지러워서 움직일 수도, 숨을 쉬기도 어려웠습니다. 몇 초밖에 되지 않는 짧은 시간 동안 제 몸이 공중에 떠 있는 것 같았습니다. '내 몸이 어떻게 공중에 뜰 수가 있지?'라는 생각이 들어 주위를 살펴보니 밝은 빛을 가진 천사들이 제 주위에 있는 것이 보였습니다. 그중 두 명의 천사가 제 어깨 위에서 옷자락을 붙들고 있었고, 그 자리에 있던 천사 중 가장 큰 천사가 저의 손을 잡고 있는 것이 보였습니다. 천사들의 모습을 보고 천사들이 이끌어서 저의 속사람이 이끌림을 받았다는 것을 알 수 있었습니다.

정말 찰나의 순간이 지나고 저는 천사들과 함께 어딘가에 도착했습니다. 그곳은 푸른 들판으로 가득했고 밝고 환한 크고 작은 빛이 여기저기 떠다니는 것처럼 보였습니다. 너무나 아름다운 동화 속 모습처럼 느껴졌습니다. 저는 길고 흰 원피스를 입고 있었는데, 제 옷에서 은은한 빛이 반짝였습니다. 화려하지는 않았지만, 제 옷이 너무나 아름답고 예뻐서 그 자리에서 빙그르 돌았습니다. 제가 돌고 움직일 때마다 제 옷의 빛들이 땅에 떨어져서 빛나는 것이 보였습니다. 그렇게 빛들이 떨어져도 옷이 어두워지거나 빛이 줄어들지 않고 더욱 밝고 환하게 빛났습니다.

저는 그곳을 천사와 함께 천천히 거닐면서 주위를 둘러보았습니다. '에덴동산이 아직도 실존한다면 이런 모습일까?'라는 생각이 들 정도로 정말 아름다웠습니다. 발을 내디딜 때마다 부드러운 풀잎들이 제 발을 간지럽히는 것 같았고, 기분 좋은 바람이 계속 맴돌았습니다. 천사와 함께 어느 정도 거리를 걸어가니 밝고 환한 빛을 지닌 한 분이 보였습니다. 그분을 보자마자 예수님이라는 것을 알 수 있었습니다. 제가 있던 곳에 수많은 빛이 있었지만, 모든 빛을 다 합쳐도 예수님이 가지신 빛이 훨씬 더 강할 것이라는 생각이 들 정도로 강한 빛이었습니다.

예수님은 뒤돌아 저를 보시고 두 팔을 벌려 맞이해주셨습니다.

저는 한걸음에 달려가 예수님께 안겼고, 예수님은 제 머리를 쓰다듬어주셨습니다. 예수님의 손길은 너무나 따뜻했고 위로가 되었습니다. 예수님은 너무나 강한 빛을 지니고 계셨기에 얼굴이 정확히 보이지는 않았지만, 저를 보시고 환하게 웃고 계시는 것을 느낄 수 있었습니다.

"사랑하는 나의 딸아, 네가 영적인 세계를 알고 내가 알려준 비밀들을 알고자 노력하는 것이 너무나도 어여쁘구나."

"네, 예수님. 예수님이 알려주신 것들은 모두 너무 재밌고 소중한 것 같아요. 영적인 세계를 볼 때마다 이 땅에서는 절대 경험할 수도 없고 느낄 수 없는 만족감과 감사함이 몰려오는 것 같은 기분이 들어요."

"그렇구나! 영적인 세계를 안다는 것은 정말 큰 기쁨이자 축복이란다. 네가 어려서부터 영적인 세계를 알고자 노력하고 기도하는 모습을 보니 내가 너무 기쁘구나."

"네, 예수님! 전 천국과 지옥을 포함해서 영적인 것들을 배우고 알아갈 때마다 너무 기쁘고 행복해요!"

"허허, 그래. 내가 알려주는 영적인 세계들을 기쁘게 받아들이니 내가 더 기쁘구나."

"맞아요, 예수님. 영적인 세계를 안다는 것은 정말 큰 축복이자 행복이라고 생각해요. 그래서 예수님이 저를 부르시는 순간들이 너무 기대가 돼요."

"그래, 내가 오늘 너에게 보여주고 싶은 것은 천국의 모습이란 다. 천국 하면 어떤 모습이 떠오르니?"

"저는 천국 하면 천국집이 제일 먼저 떠올라요. 그리고 천국에서 예배드리는 사람들의 모습도 떠올라요. 천국에 간 사람들은 집이 다 다를 텐데, 그러면 예배를 드리는 모습도 다르지 않을까 하는 생각도 많이 했어요. 그런데 제일 궁금한 것은 사도 바울이에요! 바울은 지금까지 살았던 사람 중 예수님을 가장 잘 아는 사람이라고 말하잖아요. 성경에서 바울이 쓴 서신들을 읽으면 예수님을 더 깊이 알게 되는 것 같아요."

"그렇단다. 바울은 나를 가장 잘 아는 자였고 복음에 신실한 일꾼이었지. 바울은 천국에서도 상급이 큰 자에 속한단다."

"네, 맞아요. 바울이 그렇게 하나님의 말씀을 전하지 않았다면 많은 사람이 하나님을 아는 데 어려움을 겪지 않았을까 하는 생각이 들 정도예요."

"그렇지. 그래서 오늘 너에게 천국에서 바울의 모습을 보여주려고 한단다. 어떠니?"

바울의 모습을 보여주신다는 예수님의 말씀을 듣자마자 너무 기분이 좋았습니다. 그 자리에서 폴짝폴짝 뛰면서 신이 나 말했습니다.

"와, 진짜 좋아요! 너무너무 좋아요! 예수님이 알려주시는 건 진짜 너무 좋아요. 말로 표현할 수 없을 정도로 너무 신나고 기뻐요!"

제가 폴짝폴짝 뛰며 웃는 모습을 보시고 예수님도 제 손을 잡고 기뻐해주셨습니다. 그 순간 저는 천국의 모습을 보여주시겠다는 말씀도 너무나 기뻤지만, 예수님이 제 이야기를 들어주시고 같이 기뻐해주신다는 것이 말할 수 없이 기뻤습니다.

바울의 천국 집을 보다

예수님과 기뻐하며 즐거워하고 있을 때 예수님이 제 팔을 당겨 저를 안아주셨습니다. 그리고 잠시 후에 고개를 돌려보니 아까 있던 장소와 비슷해 보이지만, 조금 다른 곳에 있다는 것이 느껴졌습니다. 보자마자 천국에 온 것이라는 확신이 들었습니다. 그리고 저와 예수님 앞에는 크고 웅장한 저택이 하나 보였습니다. 그 저택의 웅장함에 저는 놀라 입을 다물지 못했습니다. 제 입은 'O'자 모양으로 벌어진 채 다물어지지 않았습니다.

"예수님, 혹시 이 저택이 바울의 집인 걸까요?"

"맞아. 바울의 집이란다. 바울의 집을 실제로 보니 어떠니?"

"와, 정말 크고 너무 아름다워요. 크고 웅장하지만 동시에 욕심이 없고 절제한 듯한 느낌이 들어요. 너무 아름다워요. 그런데 말로 표현할 수가 없어요. 마치 천국과 주님의 아름다움을 사람의 말로 대체할 언어가 없는 것처럼 말이에요."

예수님은 웃으시며 제 머리를 쓰다듬어주셨습니다. 바울의 집은 한눈에 들어오지도 않았을 뿐더러, 다 살펴보지도 못할 만큼 크고 웅장했습니다. 그 집 앞에 있으니 제 모습이 마치 개미처럼 느껴졌습니다. 문 앞에 서서 감탄을 금치 못하고 있을 때 저택의 문이 열렸습니다.

그 문에서 한 사람이 나왔습니다. 보자마자 그 사람이 바울임을 알 수 있었습니다. 바울은 문에서 나오자마자 예수님께 허리를 숙여 인사했습니다. 바울은 제가 상상했던 모습과 거의 유사했습니다. 키가 작고 눈매가 사나워 보였습니다. 수염도 길고 뒷머리도 길었지만, 정수리를 포함한 머리 윗부분에는 머리카락이 없어서 빛이 나는 머리 스타일을 하고 있었습니다. 바울의 머리카락과 수염은 모두 꼬불꼬불했는데, 은빛이 도는 흰색이었습니다. 바울은 길고 흰 세마포를 입고 있었습니다. 세마포가 길어서 그것으로 다시 한 번 감아 몸을 감싸고 있었습니다. 발에는 갈색 샌들을 신고 있었습니다. 바울은 오른손에 두루마리 여러 개를 들고 있었습니다. 그 두루마리들을 보자 '바울이 예전에 보낸 서신들인가?' 하는 생각이 들었습니다. 아마도 예수님이 제가 이해하기 쉽게 바울의 모습을 보여주신 것이라는 생각이 들었습니다. 매서운 눈매를 가진 바울은 너무나도 환하게 웃으면서 예수님께 인사를 드렸고 예수님은 바울의 어깨를 토닥여주셨습니다.

"내 주여, 오셨나이까!"

"그래, 바울아. 내가 이 아이에게 영적인 세계와 하늘의 상급에 대해 알려주려고 왔단다."

"네. 주님, 얼마든지 저의 집에 거하십시오."

예수님과 바울의 대화를 듣던 저는 잠시 어리둥절해졌습니다. 바울의 말이 예수님과 저를 자신의 집에 초청한다는 것처럼 들렸기 때문입니다. 제가 바울의 집에 들어가도 되는 건가 하는 생각이 들었습니다. 예수님은 환하게 웃으시며 바울의 손을 잡으셨습니다. 그 순간 부드러운 바람이 저를 감싸는 것 같았고, 공중에 떠 있는 것 같기도 하고 땅에 있는 것 같기도 한 오묘한 기분이 들었습니다.

다시 제 눈앞에 바울의 집이 보이기는 했지만, 제가 환상 속에서 그 모습을 보는 것인지, 아니면 실제로 바울의 집 안에 들어와 있는 것인지 알 수 없는 기분이었습니다. 그러나 제 눈앞에 보인 장면들이 너무나도 아름다웠다는 것은 확실히 알 수 있었습니다.

먼저, 제 눈에 제일 처음 보인 것은 크고 넓은 정원이었습니다. 처음에 그 정원을 보았을 때 공원 같다는 생각이 들 정도로 크고 넓었습니다. 정원에 나 있는 풀들은 푸르고 아름다웠고, 꽃들도 아름다운 향기를 내며 피어 있었습니다. 또한 토끼와 다람쥐, 사슴, 기린 등 각종 동물도 보였습니다. 동물들이 있다는 것도 신기한데 그 동물들이 예수님을 경배하듯이 그 자리에 엎드렸습니다. 정말 너무나도 신기하고 귀여웠습니다.

정원에는 장미가 활짝 피어 있는 길이 있었고 한쪽에 에메랄드 빛의 아름다운 폭포도 있었습니다. 폭포 주위로 크고 아름다운 바위들이 있고, 크고 탐스러운 열매들이 달린 나무들도 보였습니다. 초록색 잎이 달린 나무와 분홍빛과 붉은 빛의 열매가 달린 나무, 약간 노란빛 잎을 가진 나무, 아름다운 꽃이 피어 있는 나무 등 셀 수 없이 많은 나무와 열매가 보였습니다. 나무 사이로 부드러운 바람이 불자 잎들이 살랑살랑 흔들렸습니다. 그 모습이 마치 나무들이 예수님을 찬양하는 노랫소리처럼 들렸습니다.

"주님, 찬양해요. 주님이 계셔서 너무 기쁘고 행복해요. 천국은 정말 기쁘고 아름다운 곳이에요"라고 하는 나무들의 노랫소리가 들리자 신기하기도 하고 저도 덩달아 기쁜 마음이 들어서 웃음이 났습니다. 저도 모르게 그 노랫소리에 맞춰서 몸이 움직였고 어느새 함께 예수님을 찬양하고 있었습니다. 제 모습을 보신 예수님과 바울도 함께 손을 잡고 춤을 추셨습니다. 제가 천국에 왔다는 것이, 게다가 사도 바울을 보고 그 집에서 춤을 추고 있다는 것이 믿을 수 없이 놀라웠고, 말로 표현할 수 없는 기쁨이 제 마음 가득히 몰려왔습니다. '천국에서 하나님을 예배한다는 것은 이렇게나 기쁜 일이구나!'라는 생각이 들었습니다.

함께 찬양을 하면서 바울의 집을 유심히 살펴보았습니다. 겉으로 보았을 때는 매우 크고 화려해서 웅장한 저택처럼 보였지만, 가까이서 보니 화려하면서도 절제된 느낌이 들었습니다. 화려한 보석을 박아 놓은 것도 아닌데 화려함과 절제미가 동시에 느껴졌습니다. 그 집을 본 순간 바울의 성향을 잘 반영한 집이라는 느낌이 들었습니다.

　집의 외관을 보고 있는데 문이 열린 것이 보였습니다. 제가 집 안으로 들어간 것인지 아닌지도 모를 짧은 찰나에 집의 내부가 보였습니다. 너무나도 크고 넓으면서 동시에 웅장했습니다. 방이 셀 수 없이 많았고, 거의 모든 벽과 가구가 금으로 장식되어 빛나고 있었습니다. 금으로 가득한 집이었는데도 너무 화려하지도 않았고, 아름다우면서도 절제된 아름다움이 동시에 느껴졌습니다.

　방이 너무 많아서 모든 방을 다 살펴보기는 어려웠지만, 그 중 한 방을 자세히 볼 수 있었습니다. 집에 들어가자마자 있는 거실에서 몇 개의 복도가 보였는데 왼쪽에 있는 복도 중 앞쪽에 있는 방처럼 느껴졌습니다. 그 방이 가깝게 느껴지기도 했고 동시에 멀게도 느껴졌기에 정확히 어느 위치에 있는 방인지는 알 수 없었습니다.

　방문이 열리고 그 안을 보았을 때, 저는 바울의 집을 겉에서 보았을 때처럼 입을 다물 수 없었습니다. 방의 크기가 어마어마했을 뿐만 아니라, 빛으로 가득했고 무수히 많은 책이 보였습니다. 그곳에 있는 책상 앞에 놓여 있는 의자 또한 왕의 의자처럼 화려해 보였습니다. 그 의자는 붉은 천으로 덮여 있었고 빛으로 가득한 황금 의자였습니다. 그 의자보다 더 크고 화려한 의자가 순식간에 제 눈 앞에 보였고 바울이 그것을 예수님 앞으로 가져왔습니다. 예수님은 기쁘게 웃으시며 그 의자에 앉으셨습니다.

저는 여기저기 두리번거리며 그 방을 살펴보았습니다. 책장에 꽂힌 책들을 다 볼 수는 없었지만, 성경과 관련된 책이라는 것을 느낄 수 있었습니다. 바울이 땅에 있을 때 하나님에 대해 알고자 공부하고 연구했던 내용도 있을 것이라는 느낌이 들었습니다. 그 방을 보며 바울은 영적으로나 지식적으로나 하나님을 가장 잘 아는 사람이라는 생각이 들었습니다.

그 방의 모든 것이 기억나지만, 가장 인상 깊었던 것은 책상 위에 놓여 있던 두루마리들이었습니다. 책상도 매우 크고 화려하고 빛나는 보석들이 박혀 있는 것이었지만, 그 위에 쌓여 있는 두루마리들에 자꾸 눈길이 갔습니다. 두루마리의 내용들을 보지는 못했지만, 바울이 보낸 서신들이라는 생각이 들었습니다. 두루마리에서 밝고 환한 빛이 계속해서 뻗어 나오는 것이 보였습니다. 바울이 교회들에 보낸 메시지를 하나님이 기뻐하셨다는 것이 느껴졌습니다. 두루마리를 유심히 보자 은하수 같은 밝은 빛이 두루마리를 감싸고 있는 것이 보였습니다. 그 두루마리와 빛을 보고 있기만 해도 마음이 따뜻해지고 기쁨이 몰려왔습니다.

바울의 집을 전부 둘러보지는 못했지만, 집 안이 빛과 아름다운 것으로 가득했습니다. 화려하지만 절제된 아름다움이 느껴졌습니다. 바울의 모습과 성향을 잘 나타내고 있는 집이라고 느껴졌습니다. 예수님은 바울을 보며 환하게 웃으셨는데, 바울을 사랑스럽게 바라보신다는 것이 느껴졌습니다.

이 방 저 방을 둘러보다 보니 순식간에 집이 아닌 다른 곳에 있는 듯이 느껴졌습니다. 주위에 푸른 나무와 동물이 있었습니다. 처음에는 그 집의 정원인가 하는 생각이 들었지만, 바울의 집과는 느낌이 조금 달랐습니다. 제 옆에는 예수님이 서 계셨고 예수님은 저를 보시고 환하게 웃고 계셨습니다. 예수님의 얼굴을 바라보려고 고개를 드니 태양을 보는 것보다 더 밝은 빛으로 느껴져서 예수님을 볼 수가 없었습니다. 저는 자연스럽게 예수님 앞에 무릎을 꿇고 엎드렸고 제 입에서 예수님을 향한 고백이 흘러나왔습니다.

"만왕의 왕이신 주님이시여, 이 땅에서 오직 주 여호와만이 나의 구주이시며 나의 피난처이십니다. 저는 주님 없이 아무것도 할 수 없는 자입니다. 오직 주님만이 높임을 받으시옵소서."

예수님의 얼굴을 볼 수는 없었지만, 예수님이 제 고백을 듣고 웃고 계시는 것을 느낄 수 있었습니다. 그 고백은 저의 고백이었지만, 바울이 주님을 만나고 알아갈 때 그가 드린 고백이기도 하다는 생각이 들었습니다. 예수님은 저를 안아주시며 일으켜주셨습니다. 그때 예수님의 빛이 저를 환하게 감싸주었습니다. 예수님에게서 빛이 강하게 뻗어 나왔지만, 눈이 부시지 않았습니다. 제가 바라본 예수님의 얼굴은 그 어떤 남성보다 잘생긴 모습이었고 환하게 빛나고 있었습니다. 그 미소는 세상의 어떤 어려움과 걱정, 근심이 다 떠내려 갈 정도로 아름다웠습니다. 예수님이 저를 보시고 이렇게 말씀하셨습니다.

"내가 너에게 보여주고 싶은 것이 너무나도 많단다. 내가 너에게 보여주는 영적인 비밀을 잘 간직하고 있다가 꼭 필요한 때에 전하렴."

예수님은 제가 이전에 영적인 세계를 보았을 때도 이렇게 말씀하셨습니다. 그 말씀을 듣고 제가 영적인 세계를 알게 되는 것이 예수님의 뜻이고, 부족한 저를 통해 언젠가 이루고자 하시는 일이 있으시다는 확신이 들었습니다.

"네, 예수님. 예수님의 말씀을 꼭 따르겠어요."

제가 대답할 때 예수님의 얼굴이 또 태양 같은 빛으로 가득했기에 표정을 볼 수는 없었습니다. 그러나 예수님이 환하고 인자한 미소를 지으시며 웃고 계셨음을 느낄 수 있었습니다. 고개를 숙여 예수님의 모습을 어렴풋이 바라보고 있을 때 제 눈앞에서 빛들이 서서히 걷혔습니다. 저는 깜짝 놀라 고개를 들었습니다. 예수님이 제 옆에 계시지 않은 것인가 놀라서 주위를 둘러보았습니다. 제가 주위를 살펴보았을 때 예수님이 아까와 같은 형상으로 제 앞에 보이시지는 않았지만, 태양과도 같은 크고 강한 빛이 제 몸을 감싸고 제 주위를 비추고 있다는 것이 느껴졌습니다. 저는 그 빛이 예수님이 저를 지키고 계신 빛이라고 생각했습니다.

나의 속사람이
지옥에 가다

제 눈앞에는 예수님 대신 저를 이끌고 왔던 천사의 모습이 보였습니다. 이전에는 천사의 모습이 자세히 보이지 않았지만, 이때에는 그 모습이 아주 또렷하게 보였습니다.

천사는 머리에 꼭 맞는 투구를 쓰고 있었는데, 그 투구로 천사의 눈과 입을 제외한 모든 얼굴을 가릴 수 있었습니다. 가슴은 단단한 소재로 만든 갑옷을 입고 있었고, 손과 다리도 단단한 갑옷으로 감싸고 있었습니다. 천사가 신고 있던 신발은 군인들의 군화와 같이 크고 단단했지만, 빛으로 가득했습니다. 희고 빛나는 세마포 위에 몸에 꼭 맞는 멋있는 갑옷을 입고 있는 모습이었습니다. 제게 가장 인상 깊었던 것은 천사가 들고 있던 전쟁에 사용되는 무기들이었습니다. 천사의 왼손에는 빛나는 십자가가 그려진 방패가 들려 있었고, 오른손에는 십자가처럼 보이거나 혹은 번개처럼 보이거나, 아니면 우리가 흔히 보는 창과 같은 모양의 칼이 들려 있었습니다. 그 칼에서 나오는 빛은 너무나 강해 마치 태양보다 더 빛이 났지만, 예수님이 비추시는 빛보다는 덜한 것처럼 느껴졌습니다. 그 칼이 어찌나 강하고 날카롭게 보이는지 휘두르기만 해도 악한 영들이 금세 찢겨나갈 것 같았습니다.

영적 전투에 대비해 완전 무장한 천사의 모습을 보자, 악한 영들을 보아도 두렵지 않을 것 같았습니다. 입 밖으로 뱉지는 않았지만, 속으로 계속 같은 말을 되뇌었습니다.

"나는 하나님의 자녀다. 어떤 악한 영들을 보고 그 영들이 나를 공격하더라도 그들은 내 털끝 하나 상하게 하지 못한다. 하나님이 반드시 나를 지켜주신다."

이것은 제 마음에서 우러나온 고백이었지만, 예수님이 제 마음에 강한 믿음과 담대함을 주셔서 나오는 고백이라는 확신이 들었습니다. 예수님이 십자가에 못 박히심으로 악한 세력들을 이기고 승리를 거두셨다는 것이 너무나 실제적으로 와 닿았습니다.

천사의 모습을 보며 속으로 고백하고 있을 때 제 속사람이 순식간에 어두움 가운데 있다는 것을 알 수 있었습니다. 저를 둘러싸고 있던 빛들과 제가 목격한 무장한 천사의 모습을 보며 예수님이 저를 지키고 계신다는 것이 실감났습니다. 또한 악한 영들의 모습을 보는 순간에도 제가 어떠한 공격도 받지 않을 것이라는 확신이 들었습니다.

가마솥이 있는 지옥

제 눈앞의 광경은 지옥의 모습처럼 보였습니다. 그러나 제 속사람이 지옥에 있다는 느낌과는 조금 달랐습니다. 제 속사람이 지옥에 실제로 들어와 있는 것은 아니지만, 제가 마치 지옥에 가서 악한 영들의 모습을 보는 것처럼 생생하게 보였습니다. 환상으로 보는 것인지, 제 속사람이 실제로 그 곳에 가서 보는 것인지 정확히 알 수는 없었습니다.

제 눈앞에는 각종 벌레나 혹은 괴물처럼 보이는 악한 영들이 수없이 많이 움직이고 있었습니다. 저는 그 영들의 움직임을 하나하나 세세하게 다 볼 수 있었지만, 악한 영들은 제가 그곳에 있다는 것조차 모르는 것 같았습니다. 이 지옥이 어느 정도 어두운 지옥인지는 정확히 알 수 없었지만, 그곳에 있는 사람이 어마어마한 죄악을 저질렀다는 것은 확실하게 느껴졌습니다.

제 앞에 크기를 측정할 수 없는 큰 가마솥이 보였습니다. 그 가마솥의 손잡이는 다 타버린 연탄처럼 보였고, 동시에 너무 뜨거운 불이 붙어 타버린 것처럼 보이기도 했습니다. 가마솥의 손잡이는 단 한 순간도 쉬지 않고 뜨거운 상태로 보였고, 가마솥의 주위에서 매우 강하고 짙은 연기가 쉴 새 없이 올라오고 있었습니다. 끝이 어딘지도 모를 정도로 큰 가마솥 안에는 무수히 많은 사람이 아우성치며 살려달라고 애걸복걸하고 있었습니다. 그 모습을 보며 지옥에 있는 사람들이 죄를 뉘우치지 않고 하나님을 예배하지 않은 것이 너무나도 안타까웠습니다.

다시 보니 제 눈앞에는 가마솥의 아랫부분이 보였습니다. 그 아래에는 엄청나게 큰 산불이 났을 때보다 몇 배는 더 크고 뜨거운 불이 활활 타오르고 있었습니다. 그 불 속으로 들어가기는커녕 불길이 닿자마자 온 몸이 타서 재가 될 것만 같은 기분이 들었습니다. 천사들과 빛이 저를 감싸고 보호하고 있는데도 제 몸이 그 뜨거움을 느낄 정도로 강한 불이었습니다. 그 불은 푸른빛을 띠기도 했고 붉은빛을 띠기도 했습니다. 그런데 불의 색상보다 더 눈길을 끈 것은 불의 중심이 마치 입을 벌려 사람들을 빨아들이는 것처럼 보이는 모습이었습니다. 저 불이 입을 크게 벌린다면 지옥에 있는 모든 사람이 불 속으로 빨려 들어가겠다는 생각이 들었습니다.

 제가 이런 생각을 하자마자 불이 갑자기 흔들리는 것처럼 보였습니다. 저는 천사들의 보호를 받고 있었기에 거의 흔들리지 않았지만, 지옥에 있는 악한 영들과 사람들은 불 속으로 빨려 들어가지 않기 위해 주위의 기둥을 잡거나, 바닥이나 옆에 있는 사람을 붙잡는 등 안간힘을 쓰며 버텼습니다. 가마솥 안에 있는 사람들은 거대한 해일이 몰아치는 것처럼 강한 파도가 느껴지자 빨려 들어가지 않으려고 가마솥의 벽이나 귀퉁이를 잡았습니다. 그러나 가마솥 자체가 뜨거웠기에 단 몇 초도 그것을 잡지 못했고 순식간에 태풍에 휩쓸려가듯 빨려 들어가고 말았습니다. 가마솥 안에 있던 사람들은 더 빠른 속도로 빨려 들어갔고, 가마솥 밖에 있던 사람들은 빨려 들어가지 않으려고 애를 쓰며 모여 있었습니다. 그러나 그 사람들도 모두 동시에 그 속으로 빨려 들어갔고 결국 그곳에는 악한 영들 외에 사람의 모습이 보이지 않았습니다.

가마솥 안에서 타들어가는 고통을 받는 지옥

    모든 사람이 불의 입 속으로 빨려 들어가자 언제 그랬냐는 듯이 조용해졌습니다. 악한 영들은 익숙하다는 듯이 하나둘 나무 막대기 같은 것을 들고 와 가마솥 위로 올라갔습니다. 악한 영들이 일정한 간격으로 가마솥 위로 올라가 나무 막대기를 박자에 맞춰 내리쳤습니다. 그 모습을 보자 온 몸이 덜덜 떨릴 정도로 소름이 끼쳤습니다. 천사들은 제가 무서워하는 것을 알고 제 곁으로 더 가까이 다가왔고 저를 감싸고 있는 빛도 더욱 환하게 빛났습니다. 저도 무서워하지 않고 담대하게 악한 영들의 모습을 보려고 주먹을 꽉 쥐었습니다.

    악한 영들이 나무 막대기를 몇 번 내리치자 놀랍게도 가마솥에서 물이 끓듯이 거품들이 막 올라오기 시작했습니다. 저는 그 모습을 보고 악한 영들이 죽 같은 것을 끓이는 것인가 하고 생각했습니다. 악한 영들이 나무 막대기를 내리칠 때마다 사람들의 비명 소리가 들렸습니다. 그리고 그것이 불 속으로 빨려 들어간 사람들의 비명 소리임을 알 수 있었습니다. 악한 영들은 웃는 건지 우는 건지 표정을 알 수 없을 정도로 어두운 옷과 어두운 표정, 어두운 모습을 하고 나무 막대기만을 내리쳤습니다. 악한 영들이 지옥에서 키득거리며 사람들을 괴롭히는 것보다 이 모습이 더 소름 끼치고 무섭게 느껴졌습니다. 악한 영들이 막대기를 내리칠 때마다 사람들의 비명은 더욱 심해졌습니다. 사람들의 비명 소리가 점점 심해지던 순간 제 눈앞에 불 속에서 고통당하고 있는 사람들의 모습이 보였습니다. 그 모습을 보자 비명 소리가 더욱 크게 들리는 것처럼 느껴졌지만, 제 귓가에 그 소리가 들리지 않았습니다. 제 주위에 있는 천사들이 그 소리를 듣지 않도록 저를 지켜주고 있는 것이 강하게 느껴졌습니다.

서로 다투고 미워하는 지옥의 모습

제 눈앞에 보인 사람들의 모습은 말로 표현할 수가 없을 정도로 처참했습니다. 우선 불 속에 있는 사람들의 공통점은 모두 지독한 냄새가 날 정도로 더럽거나 갈기갈기 찢어진 옷을 입고 있는 것이었습니다. 어떤 사람은 거지의 옷처럼 다 찢어진 옷을 입고 있었고, 어떤 사람은 옷은 이미 다 찢겨 없어지고 더러운 재와 같은 것을 몸에 잔뜩 뒤집어쓰고 있었습니다. 그곳에는 제대로 된 옷을 입고 있는 사람이 단 한 사람도 없었지만, 조금이라도 더 나은 옷을 입고 있는 사람에게 다가가 싸우고 다투며 옷을 빼앗으려 했습니다. 그 싸움에 옷이 더 찢어지고 상해가는 것을 보면서 나중에는 아무도 이전보다 나은 모습으로 있지 못하겠다는 생각이 들었습니다.

제가 예상한 대로 시간이 얼마 지나지 않아 불 속에 있던 사람 중 옷을 걸친 사람은 아무도 없었습니다. 불 속에서 몸이 타 들어가고 참을 수 없는 고통을 당하면서도 서로 다투는 모습에 어떻게 저럴 수 있나 하는 생각이 들었고, 죄를 지은 자들이 지옥에 와서도 싸우고 미워하는 것이 믿기지 않았습니다. 불 속에서 사람들이 싸우는 동안에도 악한 영들은 쉬지 않고 나무 막대기를 내리쳤고, 악한 영들이 막대기를 내리칠 때마다 불의 세기와 강도, 온도가 더 강해지는 것이 느껴졌습니다.

사람들이 서로 미워하고 싸우는 사이에 옷이 갈기갈기 찢어진 것은 물론이고, 서로의 몸에 멍이 들고 피가 났습니다. 그 중에는 싸우다가 화를 참지 못하고 여럿이서 무리를 지어 한 명을 발로 밟고 괴롭히는 모습이 보였습니다. 미움과 싸움이 끊이지 않는 곳에서 점점 말라가는 사람도 있었고, 온 몸이 재와 같이 타 들어가는 사람도 있었으며, 사람의 형상이라고 볼 수 없을 정도로 일그러진 모습을 한 사람도 있었습니다. 불 속에서 싸우고 타들어가는 사람들을 보며 악한 영과 사람들의 모습이 점점 더 닮아가고 있다는 것이 느껴졌습니다. 그리고 그 모습이 그들이 죄를 지어 하나님의 형상을 회복하지 못한 결과처럼 느껴져 마음이 아팠습니다.

어떤 사람은 자리에 쓰러진 채 숨도 쉬지 못하는 것처럼 꼼짝도 못하고 있는데도 그 주위에서 여러 사람이 그 사람의 옷을 가지겠다고 싸우고 다투었습니다. 불 속에서 다른 사람을 불이 더 뜨거운 곳으로 미는 사람도 보였습니다. 마치 인간이 자신의 유익만을 쫓기 위하여 싸우는 것처럼 느껴져 너무나도 안타까웠습니다. 악한 영들의 표정이 보이지 않았지만, 지옥에서 사람들이 서로 시기하고 미워하는 것을 기뻐하고 있음을 느낄 수 있었습니다.

불 속에 있던 사람들은 자신들이 불에 타들어가고 있는 것을 아는지 모르는지 자신의 이익을 취하는 데만 열중하고 있었습니다. 그리고 어느 누구도 자신의 잘못을 뉘우치지 않았고 시간이 지날수록 욕심을 더 채우려고 아귀다툼을 벌였습니다. 그 모습은 놀랍고 충격적이었습니다. 비록 사람이 지옥에 갔더라도 어마어마한 고통을 당하면 살려달라고 소리치며 돌이킬 것이라고 생각했기 때문입니다. 그러나 이번에 본 지옥에서는 그런 모습이 전혀 없었고 오히려 자신들의 이익을 추구하는 데만 열중한 모습이 놀라웠습니다. 어쩌면 이것이 죄의 진정한 악한 모습을 보여주는 것이라는 생각이 들었습니다.

불 속에서 싸우는 사람들은 점점 타들어가다 나중에는 재가 되어 형체도 알아볼 수 없게 되었습니다. 그런데도 그들은 싸움을 멈추지 않고 모두가 다 타 들어가기까지 계속해서 싸웠습니다. 모든 사람이 재가 되어 다 사라지자 악한 영들은 하나둘 가마솥에서 내려왔습니다. 그리고 악한 영들이 손을 휘두르자 큰 바람이 불어오는 것이 보였고, 바람이 분 뒤 어느 정도 시간이 지나자 사람들이 다시 원래 모습으로 돌아왔습니다. 재가 되었다가 원래 모습으로 돌아온 사람들은 서로를 보며 기뻐하고 감사하는 것이 아니라 서로 경계하고 노려보며 화를 내면서 다시 싸웠습니다. 그 모습을 보는 악한 영들의 얼굴이 보이지 않았지만, 그들은 다시 가마솥 위로 올라가 막대기를 내리쳤습니다.

악한 영들이 불과 바람으로 사람들을 괴롭히고 다시 원래 모습으로 되돌려 놓는 모습을 보니 기분이 좋지 않았습니다. 그 모습에서 악한 영들의 교만한 실태가 직접 드러나는 것처럼 느껴졌습니다. 그리고 지옥은 정말 끊임없이 고통당하는 곳이며 지옥은 인간의 가장 교만하고 더러운 모습을 보여주는 곳이라는 생각이 들었습니다.

빛으로 가득한 예수님

가마솥에서 고통받는 사람들의 모습을 보고 있다가 순식간에 제 눈앞에 보이는 모습이 달라진 것을 알 수 있었습니다. 어느새 제 눈앞에 있던 전신갑주를 입은 천사가 보이지 않았고, 제 주위를 감싸고 있던 빛과 천사들의 모습도 보이지 않았습니다. 저는 천국도 지옥도 아닌 곳에 있다는 느낌이 들었습니다. 제가 처음에 왔던 푸른 들판에 다시 왔다는 생각이 들었습니다. 처음에 보았던 모습과는 조금 달라 보였지만, 그곳에 여전히 푸른 잎을 가진 나무들이 있었고 밝고 빛나는 모습이 있었기 때문입니다.

그러나 무언가 조금 달라진 것이 느껴졌습니다. 저는 그것이 무엇인지 보자마자 직감적으로 알 수 있었습니다. 제가 있는 곳에 뿌연 안개 같은 것이 끼어 있는 것이었습니다. 저는 이 악한 영들을 처리할 수 있도록 예수님이 천사들을 분명히 보내셨을 거라고 생각했습니다. 두리번거리며 천사들을 보려 하고 있을 때 제 눈앞에 예수님의 모습이 보였습니다. 예수님은 여전히 크고 빛나고 아름다운 빛을 가지신 분으로 보였습니다. 그러나 지금 보고 있는 예수님의 빛 가까이로 뿌연 안개들이 다가오는 것이 보였습니다. 저는 놀라고 당황스러웠지만, 예수님이 반드시 이기실 것을 확신하며 속으로 기도했습니다.

'저 악한 영들이 예수님께 다가오고 있지만, 반드시 예수님이 이기실 거야. 예수님은 악한 영들을 물리치고 반드시 승리하시는 분이야!'

제가 속으로 이렇게 되뇌며 기도하고 있을 때도 뿌연 안개는 예수님께 다가오고 있었습니다. 그 순간 제 눈에 보인 예수님의 모습이 너무 놀라워 저는 그 자리에 고개를 숙이고 무릎을 꿇었습니다. 예수님의 빛이 십자가 형상으로 보였습니다. 그냥 십자가가 아니라 크고 강하고 단단한 십자가처럼 보였습니다. 그 어떤 어둠과 악한 세력도 그 십자가 주위에서 다 튕겨 나가고 소멸될 것처럼 느껴지는 강한 빛을 가진 십자가였습니다. 십자가와 함께 보인 예수님의 얼굴은 강한 빛 때문에 정확히 볼 수 없었습니다. 그러나 예수님의 손만은 제 눈에 너무나 선명하게 보였습니다. 양손바닥의 중앙에 큰 못 자국이 하나씩 나 있었는데 그것을 보자 주체할 수 없는 눈물이 흘러내렸습니다.

"예수님, 예수님이 저의 죄를 위해 십자가에 못 박히셨음을 알면서도 저는 예수님의 십자가를 높여드리지 않았어요. 정말 죄송해요. 예수님이 모든 사망과 권세를 이기고 승리하셨는데 저는 그런 예수님을 더욱 찬양하고 예배하지 않았어요. 너무 죄송해요, 예수님."

저는 그 자리에 엎드려 엉엉 울었고, 제 입에서는 회개의 기도가 끊임없이 흘러 나왔습니다. 울며 기도하는 도중에도 예수님께 다가오고 있는 뿌연 안개들은 예수님께 어떠한 해도 끼치지 못한 채 소멸되어가는 것이 보였습니다. 정말 짧은 시간에 그곳에 있던 뿌연 안개들은 흔적도 찾을 수 없을 정도로 깨끗하게 사라졌습니다. 저는 그 모습을 보며 더욱더 눈물을 흘릴 수밖에 없었습니다. 예수님이 십자가의 피로 승리하셨다는 것을 제 눈으로 직접 보게 해주시고 확증시키셨다는 확신이 들었습니다. 동시에 예수님이 저를 죄 가운데서 구원하시려고 고통당하시고 끝내 악한 영들로부터 승리하셨다는 사실에 기쁨과 감사가 넘쳐흘렀습니다.

그때 한 음성이 산에서 울리는 소리처럼 들렸습니다.

"나는 어제도 오늘도 앞으로도 영원히 너와 함께할 것이니라. 나는 살아 있는 예수 그리스도이니, 그 어떤 악한 것도 너를 해할 수 없으리라. 내가 너에게 십자가 보혈과 능력과 권세를 보여주리니 너는 나의 십자가를 높이라. 그리스도의 십자가를 높이는 것은 나 여호와를 찬양하는 것이니라."

마치 산에서 울리는 것 같은 그 음성은 온 천지를 뒤흔들 수 있을 것처럼 느껴졌습니다. 저는 두려워 고개를 들지 못하고 떨리는 목소리로 대답했습니다.

"네, 나의 주님이시여. 제가 주의 십자가를 높이고 주의 전능하심과 아름다우심을 영원히 소리 높여 찬양하겠나이다."

이런 제 목소리에 점차 울리듯이 목소리가 또 들려왔습니다.

"예수 그리스도는 모든 악한 것을 이기는 자이니라. 예수 그리스도의 피 외에는 그 어떤 죄악도 이길 수 없느니라. 오직 주 여호와만이 길이요 진리요 생명이니, 영원히 오직 나 여호와만을 경배할지어다."

그 목소리는 인자하면서 위엄 있게 느껴졌고 동시에 질투하시는 하나님으로 느껴졌습니다. 예수님이 십자가에 못 박히심으로 세상의 모든 악한 권세를 이기셨고 그 모습이 제 눈앞에 실제로 보이자 더 두렵고 떨렸습니다. 저는 온몸을 사시나무 떨듯이 떨 수밖에 없었습니다. 하나님의 전지전능하심과 예수님의 십자가 능력이 말로 표현할 수 없을 정도로 두렵고 떨림으로 다가왔습니다.

몸의 힘이 점점 빠져가는 것이 느껴지면서 제 속사람이 육체 속으로 들어왔음을 알게 되었습니다. 속사람이 육체 속으로 들어오고 나서도 계속해서 온몸이 떨렸고 제 입에서는 예수님의 십자가를 높여드리는 고백이 나왔습니다. 어느 정도 시간이 지나자 두려움보다는 예수님의 십자가를 높여드림으로 인한 평화가 찾아왔고 제 주위로 밝은 빛이 맴도는 것이 느껴졌습니다.

저는 천국과 지옥의 모습을 함께 본 후 계속해서 그 모습을 기억하고 잊지 않으려고 노력했습니다. 그리고 예수님이 저에게 지속적으로 영적인 세계를 알게 해주시는 이유가 궁금했습니다. 또한 저에게 보여주신 천국과 지옥의 실상에 대해 생각하면서 더 알고 싶은 마음이 들었습니다. 천국에서는 바울의 모습을 보았고 지옥에서도 어떤 인물의 모습을 보았습니다. 저는 그가 누구인지는 정확히 알 수 없었지만, 지옥에서의 모습을 계속 생각해보니 왠지 이스라엘 분열왕국 시대에 우상을 섬긴 것으로 하나님의 책망을 받은 왕 중 한 사람이라는 생각이 들었습니다.

그리고 예수님이 왜 바울이 천국에서 사는 모습과 지옥의 모습을 함께 보여주셨는지에 대해 생각해보았습니다. 제가 목격한 모든 것을 되짚어본 결과, 빛과 어둠에 대해 더욱 확실히 알게 해주시기 위해서라는 생각이 들었습니다. 바울이 천국에서 사는 모습은 빛과 기쁨으로 가득했습니다. 그러나 지옥은 보는 것만으로도 고통스러울 만큼 끔찍한 고통의 장소였고, 사랑과 기쁨이라고는 찾아볼 수 없었습니다.

저는 천국과 지옥의 모습이 하나님과 악한 영의 차이라고 생각했습니다. 하나님이 원하시는 빛 가운데 거하는 자들과 세상에서 자신의 쾌락과 우상을 섬기며 어둠 속에서 고통당하는 자들의 모습은 너무나도 상반된 모습이었습니다. 그리고 천국과 지옥은 어쩌면 멀면서도 가까운 것이라는 생각도 들었습니다. 예수님과 친밀한 관계를 유지하고 기도하면서 믿음 안에 서 있으면 빛과 더 가까이 있는 것이지만, 악한 영들의 유혹에 넘어가 믿음을 잃어버리고 어두운 곳을 향한다면 점점 더 깊은 어둠으로 들어갈 수도 있겠다는 생각이 들었습니다.

저는 천국과 지옥의 모습을 보며 예수님의 십자가 능력과 권세에 대해 더욱 깊이 깨닫게 되었습니다. 또한 기도하고 회개했을 때 주신 하나님의 은혜를 끝까지 잘 간직하고 기도하면서 겸손함을 지키기 위해 노력하는 계기가 되었습니다.

2장_어둠 가운데 있는 자들의 모습

**또 다른
지옥의 모습**

　천국과 지옥을 본 이후에도 성경을 읽고 묵상하면서 끝까지 하나님만을 찬양하고 높여드리게 해달라고 기도했습니다. 성경을 읽으면 읽을수록 하나님이 자녀들의 손을 들어주실 것이라는 확신이 생겼습니다. 저는 어려서부터 호기심이 많았습니다. 성경을 읽으며 질문도 많이 했습니다. 성경에는 믿음의 인물이 여럿 나옵니다. 아브라함, 이삭, 다윗, 바울, 베드로, 요한 등 여러 인물의 이야기는 읽을 때마다 큰 은혜가 되었습니다. 그리고 그러한 믿음의 인물들을 위협하고 대적하는 자들도 있음을 볼 수 있었습니다. 저는 그 이야기들을 읽으며 '하나님의 자녀는 항상 시련과 고난을 겪어야 하는구나. 그러나 그 고난을 잘 견디고 나면 하나님이 더 큰 은혜를 주시는구나'라고 생각했습니다. 하나님이 저에게 주시는 많은 일을 은혜로 잘 이겨내야겠다고 다짐했습니다.

그러나 주위 친구들이나 선생님, 여러 사람들로부터 "교회를 왜 다녀? 교회 안 가고 늦잠 자고 주말에 놀러 다니는 게 더 좋지 않아?"라는 말을 많이 들었습니다. 저는 그런 말을 들을 때마다 "그래도 예배하는 주일이 일주일 중 가장 중요한 날이야"라고 말했습니다. 그런 저의 말에 그들은 이렇게 반문했습니다. "교회에 다니고 예배드리면 무슨 좋은 점이 있는데?" 저는 성경에 나오는 믿음의 인물들이 하나님 앞에서 큰 상을 받았다고 대답했지만, 그 말을 실감하지 못하는 듯했습니다. 저 나름대로 열심히 대답했지만, '믿지 않는 사람들과 교회를 나와도 예배를 소홀히 하는 사람들에게 어떻게 하면 하나님께 예배드리는 것의 중요성을 알려줄 수 있을까?'에 대해 많이 고민했습니다. 저는 이 질문에 대답하기 위해 이 땅에서 하나님을 예배드릴 때 어떠한 축복을 받고, 하나님이 아닌 다른 우상을 섬기고 죄를 범할 때 어떤 심판에 이르는지 확실히 알기를 원했습니다.

환상 속에 보인 지옥의 모습

여느 때와 같이 말씀을 읽고 묵상하고 있었는데 눈앞에 어떠한 환상이 보였습니다. 그 환상은 마치 입체 그림책과 같은 모습으로 보였고, 제 눈앞에서 환상 속의 모습이 생생하게 벌어지고 있는 것 같았습니다. 저는 그 모습을 유심히 보았습니다. 환상은 또렷하고 명확하게 보였지만, 흑백 영화를 보는 것처럼 어두웠습니다. 이내 '내가 지금 환상으로 지옥의 모습을 보고 있구나'라고 깨달아졌습니다.

그리고 그 환상 속에서 한 인물이 눈에 띄었습니다. 지옥의 모습을 전체적으로 보고 있는 것이 분명한데 눈앞에 어떤 한 사람만 더 또렷하고 선명하게 보였습니다. 그는 코가 크고 쌍꺼풀이 진하며 눈매가 또렷했습니다. 또한 얼굴은 살짝 도드라진 광대뼈에 검고 약간 곱슬거리는 수염이 나 있었습니다. 남성치고는 머리가 길었는데 머리끝을 묶고 있는 것으로 보였습니다. 그러나 머리는 산발이었고 한 번도 빗질을 하지 않은 것처럼 지저분하고 형편없어 보였습니다. 머리 위로 이처럼 생긴 벌레들이 기어 다니는 것이 보였고, 바퀴벌레도 알을 까고 새끼를 낳으며 둥지를 틀고 있었습니다.

저는 그 남성이 누구일까 유심히 보았습니다. 그의 머리 위에 검고 어두운 왕관 같은 것이 보였습니다. 처음에는 '저 사람이 지옥의 왕인가?' 하는 생각이 들 정도로 왕관이 크고 웅장했습니다. 그러나 왕관의 모습을 자세히 보니 바퀴벌레와 딱정벌레, 잠자리, 거미, 구더기, 지렁이 등 각종 곤충이 뭉치고 얽혀서 그의 머리에 배설물을 토하고 둥지를 틀어 왕관과 같은 모습으로 붙어 있는 것이었습니다. 입 밖으로 아무 말도 할 수 없이 저는 충격을 받았습니다.

그 왕관의 모습을 보고 너무 놀란 저는 그 자리에 엎드려 기도했습니다. "주님, 저렇게 악하고 더러운 자가 지옥에서조차 자기 스스로 왕이 되려고 하는 교만한 마음을 가지고 있어요. 죄를 지어 교만한 인간은 한편으로는 정말 두려워해야 하는 존재라는 것을 알게 되었어요. 제가 주님이 주신 은혜에 교만하지 않고 끝까지 겸손하게 이 사명들을 잘 감당할 수 있도록 도와주세요."

그렇게 눈물을 흘리며 기도하다 저도 모르는 사이에 잠이 들었습니다. 환상으로 본 지옥에 있던 남성이 꿈속에 보였습니다. 어둡고 더러운 죄악이 너무 현실적으로 와 닿아서 눈물이 흘렀습니다. 눈물을 흘리는 제 눈앞에 빛이 보였습니다. 그 빛은 환하고 동그랗게 퍼져 나갔는데, 제 눈 바로 앞에 빛이 있는 것처럼 느껴졌습니다. 눈을 떠서 빛을 보려 했지만 볼 수 없었습니다. 금방이라도 눈이 멀 것 같은 밝은 빛이었기 때문입니다. 눈을 찡그리며 누워 있는데 제 귓가에 어떠한 음성이 들렸습니다. 그것은 산에서 울리는 메아리 같았습니다.

"소영아, 소영아, 일어나봐!"

저의 이름을 부르는 목소리에 아버지가 저를 부르시는 줄 알고 눈을 떴습니다. 눈을 뜨자 아까 보았던 크고 강한 빛이 여전히 보였습니다. 저는 깜짝 놀라 얼른 눈을 감으려 했습니다. 그런데 희한하게도 아까는 쳐다볼 수도 없을 것처럼 여전히 강하고 밝은 빛이었지만, 이제는 그 빛을 바라보아도 눈이 아프지 않았습니다. 그래서 '어떻게 눈이 안 아플 수가 있지?'라고 생각했습니다. 놀라서 빛을 바라보고 있는데 빛 가운데서 천사의 날개가 그림자처럼 보였습니다. 그리고 곧 천사의 모습이 보였습니다. 흰 세마포를 입은 천사는 오른손에 빛나는 화살을, 왼손에 튼튼한 방패를 들고 있었습니다. 전투를 담당하는 천사의 모습이라는 생각이 들었습니다.

천사와 함께 간 지옥

천사의 모습은 강하고 멋있으면서 동시에 아름다웠습니다. 얼굴은 보이지 않았지만 저를 보고 웃고 있다는 생각이 들었습니다. 천사가 웃으며 저에게 손을 내미는 것이 느껴졌고, 손을 들어 천사의 손을 잡으려 하자 속사람이 제 육체를 빠져나오는 것이 느껴졌습니다. 그 기분은 땅에 있는 것 같기도 하면서 하늘에 떠 있는 것 같았습니다. 땅과 하늘 그 어디도 아닌 공중에 떠 있는 것 같은 기분이 들었습니다. 온몸이 붕붕 떠 있는 것처럼 느껴졌습니다.

이후 제 눈앞에 아까 보았던 지옥의 모습이 다시 보였습니다. 아까는 환상으로 본 것이지만, 지금은 제가 그 지옥 앞에 있다는 느낌이 들었습니다. 그리고 제 주위에는 천사들이 칼을 세우고 저를 지키고 있는 것이 보였습니다. 천사들이 저를 지키고 있으니 악한 영들이 공격하지 못할 것이라는 생각이 들었습니다.

아까 제가 지옥에서 본 남성이 더욱 자세하게 보였습니다. 그는 검고 어두운 옷을 입고 있었는데 옷이 길어 몸에 여러 번 두르고 있었습니다. 그렇게 옷을 몸에 둘렀는데도 옷이 길어 땅에 질질 끌렸습니다. 그리고 옷 여기저기에는 구멍이 나 있었고, 구멍 사이로 벌레가 몸속으로 들어가기도 하고 살을 깨물고 갉아먹는 등의 모습이 보였습니다. 땅에 끌리는 옷 부분에는 커다란 지네 같은 벌레가 들러붙어 있었습니다.

그 남성은 자신의 옷이 이미 충분히 더럽고 머리 위에도 많은 벌레가 있다는 것을 알면서도 만족하지 못하는 것 같았습니다. 그 모습을 보고 '이 사람은 지옥에서도 더 많은 벌레를 가진 사람이 되고 싶어 하는 것인가?'라는 생각이 들 정도였습니다. 그만큼 큰 죄악을 지었고 교만한 사람이라는 생각이 들었습니다. 한편으로는 그 남성의 영혼이 안타까우면서 동시에 교만의 죄악이 크고 무섭다는 것이 깊이 실감 났습니다.

더러운 지옥의 모습

그 남성은 고개를 두리번거리면서 어디론가 자꾸 걸어가고 있었습니다. 손에는 음식물 쓰레기 같은 더러운 것을 들고 있었습니다. 그 쓰레기를 때로는 자신의 혓바닥으로 핥았고, 머리 위와 옷, 몸에 붙어 있는 각종 벌레가 내려와 그 쓰레기들을 먹었습니다. 쓰레기를 먹고 나면 벌레들의 몸이 부풀면서 커졌습니다. 그 남성과 벌레들은 손에 있는 쓰레기를 먹고 지옥에서 살아가는 듯이 보였습니다. 그 모습이 너무 끔찍해 토악질이 날 것 같았습니다.

남성은 초점 없는 눈으로 어디론가 정처 없이 떠돌아다니는 것 같았습니다. 한동안 돌아다니다 한 곳에 서서 무릎을 꿇고 앉는 것이 보였습니다. 저는 그의 행동을 유심히 살펴보았습니다. 그가 무릎을 꿇은 곳의 앞에는 깊고 어두운 호수가 보였습니다. 그러나 호수의 물은 조금도 깨끗하지 않았고 마치 석유와 같은 색으로 보였습니다. 남성은 호수 앞에서 여러 번 절을 했습니다. 절을 할 때마다 호수의 물이 출렁거렸습니다. 계속 절을 하니 호수의 물이 파도처럼 크게 움직였고, 악어같이 생기기도 하고 공룡처럼 보이기도 하는 어떠한 생명체가 물속에서 나왔습니다.

그 생명체는 온몸에 눈이 달려 있었습니다. 비늘은 마치 악어의 비늘 같아 보였고, 꼬리는 티라노사우루스의 것처럼 컸습니다. 눈동자는 빨간색, 푸른색, 초록색 등으로 다양했습니다. 그리고 무수히 많은 눈 중에서 가장 큰 눈은 검정색인데, 눈동자가 없어서 초점도 없는 눈으로 보였습니다. 그 괴물 같은 생명체를 바라보고 있자니 그동안 먹은 것이 다 올라올 것만 같은 불쾌한 기분이 들었습니다.

그 괴물은 앞에 무릎을 꿇고 절을 하고 있는 남성을 무수히 많은 눈으로 바라보았습니다. 그리고 자신의 혓바닥을 내밀어 그 남성의 온몸 구석구석을 핥아주었습니다. 그 혓바닥은 열두 갈래로 갈라지는 것으로 보였지만, 그것보다 더 많이 얇게 갈라질 수도 있겠다는 생각이 들었습니다. 혓바닥의 갈래 끝에는 날카로운 못과 같은 가시가 박혀 있는 것이 보였습니다. 그 괴물이 남성의 몸 여기저기를 핥을 때마다 몸 여기저기에 가시가 박히는 것이 보였습니다. 가시가 박히자 피부가 긁히고 피가 났습니다. 괴물은 남성을 핥으면서 그의 옷과 몸에 붙어 있는 벌레들도 같이 핥는 것이 보였습니다. 왠지 벌레들이 그 괴물의 혀가 스치는 것을 기다리면서 웃고 있는 듯했습니다. 괴물이 핥고 난 남성의 얼굴에는 하나의 틈도 보이지 않을 정도로 많은 혹 같은 것이 생겨났습니다. 얼굴이 팅팅 부어 형체를 알아볼 수 없을 정도였습니다. 벌레들 역시 괴물의 혀가 닿고 나서 몸이 부푼 것처럼 보였습니다. 마치 풍선이 팽창한 것 같았습니다.

  괴물은 자신의 할 일을 다 하고 다시 호수 속으로 들어갔습니다. 괴물이 들어가자 호수에서 물이 끓는 것처럼 기포가 생겼습니다. 보글보글 소리가 한동안 계속 들렸습니다. 그 소리가 나지 않을 때까지 남성은 호수 앞에 절을 했고, 소리가 들리지 않자 다시 어딘가로 돌아갔습니다.

  이후 남성의 모습을 보니 옷은 더 찢어지고 여기저기 구멍이 나 있었습니다. 또한 벌레들이 붙어 만들어진 왕관의 모습도 더욱 커진 것 같았습니다. 벌레들이 괴물로 인해 부풀어 오르면서 더욱 커진 것이었습니다. 벌레들이 부풀고 커져서 머리가 무겁고 자신의 얼굴에 수많은 혹 같은 것들이 났음에도 불구하고 그는 자신의 머리 위에 있는 벌레들을 떼어내려고 하지 않았습니다. 자신의 명예와 욕심, 교만 등 어두운 죄악들을 지옥에서도 버리지 못하는 모습이었습니다.

저는 그 남성이 누구인지 너무 궁금했습니다. 그의 이름을 알 수는 없었지만 성경에 등장하는 인물 중 하나이고, 왕이었지만 타락하고 우상을 숭배하며 믿음을 지키지 못한 사람 중 한 명이라는 느낌이 들었습니다. 그 남성의 어둡고 추악한 모습을 바라보면서 안타까운 마음이 들었습니다.

그 남성은 계속해서 그렇게 어딘가를 정처 없이 떠돌다가 다시 호수 앞으로 가는 것이 보였습니다. 또한 자신이 돌아다니는 곳들에서 나뭇가지 같은 것을 들고 와서 그 자리에 자신의 자리를 만들었습니다. 그 자리는 남성의 몸에 붙어 있던 벌레들이 낳은 새끼들과 지옥에서 돌아다니는 구더기, 쓰레기 등 각종 더러운 것을 합친 것이었습니다. 저는 그 모습을 보며 그가 자신이 다니는 곳마다 자신의 왕좌를 만드는 교만한 왕처럼 느껴졌습니다.

그 지옥에는 그 남성과 비슷한 모습을 한 사람이 많이 보였습니다. 그곳에 있는 사람 모두 자신의 죄를 뉘우치지 않고 끝까지 교만하려는 모습으로 보였습니다. 지옥에 있는 사람들을 관리하는 악한 영은 그들이 더 교만하도록 부추기는 것처럼 보였습니다. 또한 호수 안에 있는 괴물을 악한 영이 관리하고 키우는 것처럼 보였습니다. 너무나도 어지럽고 더러운 모습이 계속해서 보였습니다. 하나님이 교만의 죄에 대해 얼마나 진노하시고 안타까워하시는지가 그들의 모습을 통해 느껴졌습니다. 그런 지옥의 모습을 보면서 회개하는 것이 정말 중요하고 우상숭배의 죄악을 범하지 않으며 끝까지 하나님 앞에서 겸손해야겠다는 생각이 들었습니다.

쓰레기장과 같은 지옥의 모습

이후 저는 천사와 함께 순식간에 또 다른 지옥의 모습을 보았습니다. 걸어가거나 날아가는 등의 행동을 취한 것도 아닌데 제 눈앞에 또 다른 지옥의 모습이 나타났습니다. 그곳에 있는 사람들은 아까 본 지옥의 사람들과 다른 모습을 하고 있었습니다. 그러나 그들도 더럽고 찢어진 옷을 입고 있었습니다. 저는 지옥에 있는 사람들을 보며 '이 땅에서 보았던 그 어떤 사람보다 악하고 더러운 모습을 하고 있구나'라는 생각이 들었습니다.

그 지옥은 마치 악취가 진동하는 쓰레기 처리장 같았습니다. 얼마나 더럽고 냄새가 나는지 눈으로 보기만 해도 검은 연기가 올라오는 것처럼 보였습니다. 그리고 쓰레기 더미 밑에 죄를 지은 사람들이 갇혀 있다는 생각이 들었습니다.

제가 본 지옥은 석탄과 같은 것들이 무수히 많이 쌓여 있었습니다. 오른쪽에서는 불을 지피는 것처럼 보였고 왼쪽에서는 더러운 오물 같은 것들이 쏟아지고 있었습니다. 그 오물 같은 것은 검고 코끝이 녹아내릴 정도로 강한 냄새를 풍기고 있었는데 마치 석유 같은 느낌이 들었습니다. 석유 같은 액체 사이사이에 유리 조각과 가시 등 따갑고 날카로운 것들이 박혀서 같이 흘러내리는 것처럼 느껴졌습니다. 액체이지만 고무 같은 재질로 되어 있을 것 같다는 생각도 들었습니다.

왼쪽에서는 석유와 같은 액체들이 계속해서 흘러내리고 있고 오른쪽에서 지피고 있는 불길은 점점 거세지고 있었습니다. 그 가운데 쓰레기 더미 아래에서는 사람들이 살려달라고 발버둥을 치는 것인지 손들이 삐져나왔다 들어갔다 하는 모습이 보였습니다. 그러나 그들의 얼굴은 전혀 볼 수가 없었습니다. 아마도 쓰레기 더미 아래에 사람들을 빨아들이는 블랙홀과 같은 것이 있다는 생각이 들었습니다. 위로 올라오려고 애쓰며 "살려줘! 살려주세요!" 하고 소리치는 사람들의 소리는 들렸으나 금세 사라졌기 때문입니다. 여기저기에 서 있는 악한 영들이 그 모습을 보면서 낄낄거리며 웃고 떠들었습니다.

"낄낄, 그러게. 왜 죄를 지어가지고는 여기 오고 그래. 깔깔."
"그러게 말이야. 자기들이 지옥에 올 거라고는 전혀 생각을 못 했나 봐?"

"너희는 평생 그 안에서 고통받고 살아야 해. 너희가 지은 죄를 뉘우치지 않아서 일어난 결과들이니 책임을 져야지!"

악한 영들이 하는 말을 들으며 '악한 영들도 사람이 회개하고 죄를 뉘우치면 지옥에 오지 않는다는 사실을 아는구나'라는 생각이 들었습니다. 악한 영들은 더 크게 깔깔거리며 쓰레기 더미 아래에 있는 사람들을 비웃었습니다. 악한 영들이 웃을수록 불이 더 강하게 타고 검은 액체도 더 많이 쏟아져 나오는 것처럼 느껴졌습니다. 그 중 한 악한 영은 손에 붉은색의 스위치 같은 것을 들고 있었습니다. 그 스위치를 누르면 불과 검은 액체가 쓰레기 더미 속에 있는 사람들을 덮칠 것 같다는 생각이 들었습니다.

영원히 고통받는 지옥의 모습

악한 영들이 낄낄거리며 스위치를 누르려고 서로 싸우는 모습이 보였습니다. 자신이 사람들에게 더 강한 고통을 주겠다고 싸우는 것 같았습니다. 그 모습을 보며 악한 영들의 특성이 너무나도 잘 드러난다고 생각했습니다. 악한 영들이 싸우던 도중 빨간 스위치가 눌리면서 '삐' 소리가 나는 것이 들렸습니다. 귀가 찢어질 정도로 큰 소리였습니다. 악한 영들은 그 소리를 듣자 더 예민해졌고, 소리를 지르며 서로 싸웠습니다. 스위치가 눌리자마자 불길은 순식간에 여기저기로 번졌고 검은 액체도 콸콸 쏟아져 쓰레기 더미를 삼켰습니다. 이후 쓰레기 더미 속이 투명하게 보이면서 그 안에 있는 사람들의 상태를 볼 수 있게 되었습니다.

거기 있는 모든 사람은 사람의 형상이라고 할 수 없을 정도로 처참한 상태였고 뼈밖에 남아 있지 않았습니다. 온몸에는 불에 그슬리거나 화상을 입은 흔적이 가득했고, 벌레들이 살점 여기저기를 파먹은 흔적도 보였습니다. 어떤 사람은 온몸에 뼈가 하나도 남지 않아 해골 같은 모습을 하고 있었습니다. 사람의 모습이라고 할 수 없을 정도로 흉측한 모습이었습니다. 너무 말라 살이 하나도 없고 뼈가 튀어나온 듯 보이는 사람도 있었고, 뼈뿐만 아니라 눈도 튀어나온 것처럼 보이는 사람도 있었습니다. 그곳에 있던 모든 사람이 다 마르고 살이 보이지 않았지만, 그 중에서도 더 많이 마른 사람일수록 지옥에 더 오래 있었다는 느낌이 들었습니다.

마른 사람 중 한 사람은 머리 위에 진흙이 가득 붙어 있었습니다. 진흙 사이사이로 작은 게들이 붙어 집게로 머리의 살점을 뜯어 먹고 그 자리에 집을 짓고 살고 있었습니다. 저는 이 사람이 누구인지는 정확히 알 수 없었지만, 왠지 외국 사람 같은 느낌이 들었습니다. 약간 청록빛의 눈을 가지고 있는 것처럼 느껴졌기 때문입니다. 머리 위에 붙어 있는 게들은 집을 지은 것도 있었지만, 그 위에서 성을 쌓은 것처럼 겹겹이 쌓여 있는 모습으로도 보였습니다. 그러나 그것은 튼튼한 성이 아니라 모래성처럼 금방 무너질 것 같은 위태로운 모습이었습니다.

그 사람이 입고 있는 옷 역시 너덜너덜해져서 볼품이 없었습니다. 회색빛의 누더기 같은 것을 걸쳤는데 옷 여기저기에 셀 수 없이 많은 구멍이 나 있었습니다. 옷을 입고 있다고 표현하기가 애매했습니다. 손에는 기다란 지팡이 같은 막대기를 하나 들고 있었습니다. 그 막대기를 자세히 보니 뱀의 모습을 한 막대기임을 알 수 있었습니다. 그 사람은 왠지 그 막대기를 자신의 무기 혹은 명예의 상징으로 생각하는 것 같다는 느낌이 들었습니다. 이 막대기가 자신을 특별하고 힘이 있는 사람으로 만들고 있다는 생각을 하는 것 같았습니다.

저는 그 사람을 포함해 다른 사람들의 모습을 보며 많은 생각이 들었습니다. 교만의 죄악과 회개하지 않는 것, 죄를 뉘우치지 않는 것의 대가가 크고 무섭게 다가왔습니다. 교만이 모든 죄의 시작이라는 것을 다시 한번 느끼게 되었습니다.

지옥에서 고통받는 사람들은 다 너덜너덜한 옷을 입고 있었고, 온몸 여기저기에 고통받은 흔적을 가지고 있었습니다. 그중에서도 아까 더욱 또렷하게 보였던 사람은 성경에 나오는 인물 중 우상숭배를 했던 사람이라는 생각이 들었습니다. 하나님이 가장 진노하시는 우상숭배의 죄악을 범한 이의 최후 모습을 보며 저는 회개에 대한 마음을 다잡을 수 있었습니다. 교만과 우상숭배의 죄를 하나님이 가장 미워하시고 진노하신다는 생각이 들었습니다.

악한 영들이 스위치를 누르자 쓰레기 더미를 덮친 불과 검은 액체가 사람들의 몸속 여기저기를 파고 들어가는 모습이 보였습니다. 불로 인해 몸에 있는 살들이 그을리고 쓰레기 더미 아래와 그 사이사이에 있는 각종 벌레와 뱀들은 더욱 큰 힘을 받는 듯한 기분이 들었습니다. 검은 액체는 쓰레기들의 부피를 더욱 크게 만들었고 강한 악취를 풍기게 했습니다. 그로 인해 지옥에 있는 사람들끼리 서로 미워하고 싸우게 되었습니다. 인간의 악하고 추악한 모습이 더욱 잘 드러나 보였습니다.

점점 강해지는 악취와 쓰레기의 부피, 불로 인해 그 지옥은 금방이라도 터질 듯이 위태로워 보였습니다. 시간이 지날수록 불길도 거세지고 액체에서 흘러나오는 악취도 강해졌습니다. 그 냄새들을 맡은 악한 영들도 서로 싸우고 다투었습니다. 지옥의 모습과 죄의 한 단면을 보는 기분이 들었습니다.

불길이 점점 거세질수록 쓰레기 아래 있던 사람들은 온 몸이 타들어가는 고통에 소리를 질렀습니다. 같이 쏟아져 나오던 검은 액체도 위로 점점 차올랐습니다. 불길이 지옥을 다 덮고 액체가 위로 다 차오르자 갑자기 '펑' 하고 거대한 폭발음이 났습니다. 저는 너무 놀라 귀를 막으며 그 자리에 주저앉았습니다. 간신히 눈을 뜨고 보니 천사가 여전히 제 주위를 지키고 있었고 눈앞에 보였던 지옥이 전혀 보이지 않았습니다. 검은 안개와 여기저기 뻗어나가 있는 불길밖에 보이지 않았습니다. 지옥에 있던 사람들과 악한 영들이 어디에 있는지 보려고 했지만 형체도 보이지 않았습니다.

이후 몇 초가 지난 듯 느껴졌고 다시 제 눈앞에 여러 모습이 보였습니다. 쓰레기더미는 더욱 크고 높게 쌓여 있었고 불길도 더욱 거세졌으며, 검은 액체도 더 어두워 보였고 악취도 더 강하게 느껴졌습니다. 쓰레기더미 아래 있는 사람들의 모습을 보니 아까보다 더 말라 있는 사람도 보였고, 몸에 붙어 있던 벌레들이 더욱 커지고 많아진 사람도 보였습니다. 그 속에 있는 사람들의 모습은 각기 조금씩 달랐지만, 모든 사람이 빠짐없이 점점 말라가거나 형체를 알아보기 힘들어지는 등 좋지 않은 모습으로 변해 있었습니다.

저는 그 사람들의 모습을 보면서 죄를 짓고 회개하지 않은 것의 대가를 실감할 수 있었습니다. 하나님이 미워하시는 죄악들을 행하고 회개하지 않은 그 최후가 너무나도 비참하고 초라해 보였습니다.

예수님이 지옥을 보여주신 이유

저는 계속해서 지옥의 모습을 보면서 생각했습니다. '많은 사람이 죄를 짓는 것은 물론이고 죄에 대해 회개해야 한다는 사실을 모르고 있는 것 같다. 또한 회개를 하더라도 깊은 회개가 이루어지지 않아서 삶에서 똑같은 죄악을 행하는 것이 반복되고 있는 것 같다.'

이런 생각을 하고 있을 때 저를 둘러싸고 있던 빛과 함께 몸이 붕 뜨는 듯한 느낌을 받았습니다. 하늘을 나는 기분이 들면서 어지러웠습니다. 동시에 제 속사람이 제 육체 속으로 들어왔음을 느낄 수 있었습니다. 저의 속사람이 육체 속으로 들어왔지만, 제가 본 지옥이 너무나 충격적이어서 한동안 헤어 나올 수 없었습니다.

그때 제 귓가에 어떠한 음성이 들렸습니다. 그 음성은 너무나도 편안하고 고요하면서 동시에 위엄이 있고 기품이 있었습니다. 산에서 울리는 메아리 같기도 했고, 천둥이 치는 것처럼 무섭기도 했으며, 제가 들어본 목소리인 것처럼 익숙하게 들리기도 했습니다. 그 목소리는 저의 이름을 계속해서 불렀습니다.

"소영아, 소영아! 내 목소리가 들리니?"

"소영아, 내 목소리가 들리면 대답해보렴."

그 목소리가 저를 두세 번 부르자 제 귓가에 더욱 선명하게 들렸습니다. 듣자마자 예수님이심을 알 수 있었습니다. 지옥을 보고 온 직후라 제 마음이 편하지 않았습니다. 그러나 예수님이 저를 부르시는 목소리를 듣자마자 마음이 편해졌고 따뜻한 손이 저를 감싸고 안아주는 것이 느껴졌습니다.

"네, 예수님. 저 여기 있어요."

"그래, 네가 지옥에 다녀와서 많이 놀라고 무서웠나보구나."

"네. 생각보다 지옥은 더 끔찍하고 너무나도 무서운 곳이었어요. 그리고 지옥에 있는 사람들도 제가 생각한 것보다 더 악하고 교만한 자들임을 알 수 있었어요."

"그렇지. 나는 그들에게도 이 땅에서 사는 동안 너처럼 회개하고 돌이킬 기회를 주었단다. 그러나 자신의 교만과 고집, 생각에 이끌려 회개하고 돌이키지 않았지. 그로 인해 자신의 죄에 대한 대가를 지금 지옥에서 치르고 있는 것이란다."

"네, 주님. 회개하는 것이 얼마나 크고 중요한 일인지 더욱 깊이 깨닫게 되었어요."

"그래, 이번에 지옥의 모습을 보고 나서는 무엇을 느꼈니?"

"제가 이번에는 지옥의 모습을 많이 보거나 다른 때에 비해서 오래 본 것은 아니라고 생각해요. 그렇지만 이전에 본 지옥과는 조금 다른 느낌을 받았어요."

"오, 어떤 느낌인지 말해줄 수 있겠니?"

"지옥의 모습은 제가 생각했던 것보다 더 악하고 어두워요. 그곳에 있는 사람들 역시 죄를 지은 채로 회개하지 않았기 때문에 지옥에 떨어진 것이고요. 그런데 제가 이번에 지옥에서 본 사람들은 왠지 모르게 성경에 나오는 인물 중 하나였을 것이라는 생각이 자꾸 들어요. 성경에 나오는 사람들은 하나님을 잘 알고 경외해야 한다는 것을 배웠을 텐데 왜 저 사람들은 그걸 깨닫지 못하고 자기 생각과 쾌락을 좇아 저런 최후를 맞이했을까 하는 안타까운 생각이 자꾸 들었어요. 성경에 기록된 것을 보면 하나님이 돌이키고 회개할 수 있는 기회를 여러 번 주셨는데 그 기회를 다 놓친 거잖아요."

"그렇지. 내가 그들에게 여러 번 기회를 주었었지."

제가 말을 할 때 예수님의 얼굴이 보이지는 않았지만, 저의 말에 안타까운 마음이 드시며 눈가가 촉촉해지신 것 같다는 느낌이 들었습니다.

"그래서 그 모습들을 보면서 생각했어요. '아, 이 땅에서 사는 동안 반드시 죄에 대해 회개해야 하는구나. 그래서 하나님께 돌아가야 하는구나' 하고요. 오늘날 우리가 성경을 읽고 배우는 이유와 목적은 하나님을 알고 예배하기 위한 것도 있지만, 동시에 과거의 죄를 답습하지 않고 하나님이 기뻐하시는 자녀로 거듭나기 위함이라는 생각을 해요. 그리고 가장 대표적인 예로 분열왕국 때의 북이스라엘 왕들의 모습에서 그것이 가장 잘 나타나고 있는 것 같아요. 하나님께 돌이키지 않고 교만하여 우상을 섬기고 숭배한 자들의 모습이요."

"그렇지. 이스라엘이 분열된 것도 결국은 우상숭배의 죄 때문이니까. 하나님이 아닌 다른 우상을 섬긴 것에 대한 대가는 정말 어마어마하단다. 사람의 힘으로는 절대 그 대가를 다 감당할 수가 없단다. 그래서 그것을 해결할 수 있는 가장 확실한 방법은 자신의 죄를 직접 고백하고 뉘우치며 회개함으로 죄에서 벗어나 자유로워지는 것이란다."

"네, 주님! 잘 알고 있어요. 그러면 사람들이 이 땅에서 해야 하는 일은 죄를 회개하는 것 말고 또 어떤 일이 있어요?"

"신앙생활에서 가장 먼저 해야 하는 일은 죄를 뉘우치며 '회개'하는 것이란다. 그리고 자신이 뉘우치고 회개한 그 고백들이 삶에서 나타나야 해. 기도는 열심히 했지만, 삶에서 그 기도의 모습이 적용되지 않는 신앙생활은 아무런 의미가 없단다."

"맞아요. 기도는 열심히 했지만, 기도하고 나서 이전과 같은 모습으로 살거나 변화되지 않는 것은 의미가 없는 것 같아요."

"그렇지. 그런데 대부분의 성도는 기도와 삶이 연결되지 않더구나. 기도하면서는 혈기 부리지 않고 교만하지 않겠다고 해놓고 집에 가서 또 혈기 부리며 자신보다 못한 사람을 보면서 교만한 마음을 품는 일이 너무나도 많아. 그래서 신앙생활에서의 모습이 삶의 태도가 되지 않는 경우가 너무 많단다."

"저 역시도 삶의 모습과 신앙생활의 모습이 달랐던 적이 너무 많았어요. 그래서 더욱더 조심하고 회개에 대해 날마다 마음가짐을 새롭게 하게 돼요."

"맞아. 많은 사람이 신앙생활의 모습과 삶의 모습을 연결하지 못한단다. 삶과 신앙이 일치되어야 함을 알지 못하는 자들도 있고, 알면서도 지키지 못하는 자들이 너무나도 많지."

"그러면 그것들을 일치시키려면 어떻게 해야 하는 거예요?"

"회개함으로 자신의 죄를 뉘우치는 것이란다. 회개만큼 정결하게 될 수 있는 것은 없단다. 자신을 정결케 하고 계속해서 자신의 죄를 뉘우치면서 하나님의 형상을 닮아가려고 노력해야 하지. 하나님을 닮아가면서 삶에서 신앙생활의 모습이 나타나게 되는 거란다."

"아, 그렇구나! 저도 예전부터 그게 너무 궁금하고 답답했던 것 같아요. 저는 예수님을 닮아가고 하나님의 형상대로 창조되었다고 하는데 제 모습은 하나님의 형상과는 너무 다른 것 같았거든요."

"대부분의 사람이 그것을 알기에 지키려고 노력했지만 뜻대로 되지 않았을 거란다. 그래서 계속 회개하고 자신을 정결케 함으로 하나님과 친밀한 관계를 유지하면서 삶에서 신앙의 모습이 나타나게 되는 거란다."

"그러면 결국 어느 시대를 살아가든지 간에 하나님의 사람들은 회개함으로 자신을 깨끗케 하는 것이 가장 중요한 거네요."

"맞아. 십자가의 피로 모든 죄를 사함받았지만, 악한 영들은 언제든지 하나님의 자녀들을 위협하고 노리고 있단다. 그들에게서 자신을 안전하게 지키기 위해서라도 끊임없이 죄를 회개해야 해."

"네, 잘 알겠어요, 주님. 회개를 하는 것도 중요하지만 영적인 세계를 알고 나니까 더욱더 회개에 열심을 낼 수 있게 되는 것 같아요."

"그렇지. 내가 너를 통해서 영적인 세계를 전하려고 하는 것도 다 그 때문이란다. 영적인 세계를 아는 이들은 자신의 죄를 돌이키고 회개할 수밖에 없단다."

예수님과 대화를 나누다 보니 마음이 너무 평안해졌습니다. 저도 모르는 사이에 다시 졸음이 밀려왔습니다. 예수님이 저를 계속 바라보고 계시는 것이 느껴졌고, 제 귓가에 은은하게 들리는 예수님의 음성을 들을 수 있었습니다.

"사랑하는 나의 딸아, 평안히 쉬렴."

그 음성은 마치 따뜻한 햇살이 비치는 날에 기분 좋게 부는 산

들바람처럼 느껴졌습니다. 달콤하고 따뜻했습니다. 말로 표현할 수 없을 정도로 아름다운 음성이었습니다.

"네, 주님. 정말 감사해요."

예수님의 음성에 대답하고 나서 저도 모르는 사이에 잠이 드는 것 같았습니다. 제 머리를 누군가 쓰다듬어 주는 듯한 기분이 들었고, 폭신폭신한 구름 위에서 잠을 청하는 것처럼 기분이 좋았습니다.

우상을 섬김으로
가게 되는 지옥

영적인 세계를 보고 깨닫게 되면서 하나님이 주시는 은혜와 축복에 대해 감사하게 되었습니다. 천국을 보았을 때는 하나님이 주실 은혜와 상급을 소망하게 되었고, 지옥을 보고 난 이후에는 죄의 무게에 대해 더욱 깨닫게 되면서 하나님 앞에서 거룩한 삶을 살기 위해 회개하게 되었습니다.

저는 천국과 지옥을 여러 번 보았지만 볼 때마다 다른 느낌을 받았습니다. 사도 바울, 다윗, 스데반, 사도 요한 같은 분들의 모습은 볼 때마다 은혜를 받았습니다. 반면 지옥에 있는 수많은 사람의 모습을 볼 때면 가슴이 찢어질 것처럼 아프고 죄에 대한 두려움이 생겼으며 회개에 대한 마음을 다잡게 되었습니다.

성경을 읽으면서도 여러 생각이 들었습니다.

'왜 이스라엘은 하나님이 주신 은혜를 저버리고 우상을 섬겼을까?'

'자신들이 만든 신이 참 신이 아님을 알면서도 왜 우상을 섬기는 죄악을 지속적으로 범했을까?'

저는 그 질문에 대해 '죄의 무게에 따른 차이가 있을 뿐 모든 인간은 죄를 짓지 않고는 살 수 없는 존재다'라는 결론을 내릴 수 있었습니다. 그리고 예수님이 저에게 지옥의 모습을 보여주시는 것도 제가 계속해서 끝까지 회개함으로 죄를 뉘우치라는 메시지를 주시기 위해서임도 알게 되었습니다.

저는 성경에서 우상숭배의 죄악으로 분열된 이스라엘을 볼 때마다 그 죄악의 무게를 실감할 수 있었습니다. 그리고 우상숭배의 죄를 회개하고 뉘우치던 도중 하나님이 부어주시는 많은 은혜를 경험할 수 있었습니다.

천사의 모습을 보다

어느 날, 제 눈앞에 은은한 빛의 큰 날개를 가진 천사가 보였습니다. 저는 그 천사가 저를 보고 환하게 웃고 있음을 느낄 수 있었습니다. 천사는 머리에 아름다운 화관을 쓰고 있었고 손에는 물 주전자를 들고 있었습니다. 천사가 들 수 있을까 싶을 정도로 매우 큰 주전자였습니다. 저는 천사의 얼굴을 제대로 보지 못했지만, 매우 아름다운 얼굴이라는 것을 알 수 있었습니다. 천사는 다가와 제 머리에 주전자에 있던 물을 부어주었습니다. 저는 천사가 물을 부어주는 순간 진짜 제 머리에 물이 쏟아지는 것처럼 차가우면서 시원한 느낌을 받았습니다. 실제 물이 아니라 영적인 세계에서 경험하는 물이라는 것을 알면서도 진짜 물이 부어지는 것처럼 그 느낌이 생생했습니다.

천사는 물을 계속해서 부어주었는데, 제 몸이 물에 젖는 것과 동시에 밝고 환한 빛이 저를 감싸는 것을 볼 수 있었습니다. 마치 아름다운 별똥별이 제 몸 전체를 감싸고 있는 것 같았습니다. 빛나는 별들에 둘러싸인 듯한 기분이 들었습니다. 저는 너무 황홀했고, 천사가 물을 붓자 제 속사람이 서서히 육체를 빠져나오는 것을 알 수 있었습니다.

천사와 함께 지옥을 보다

천사는 주전자의 물을 다 붓고 제 손을 잡았습니다. 천사의 손을 잡고 어디론가 날아가는 듯한 기분이 들었는데, 몇 초도 지나지 않아 순식간에 어딘가에 도착했습니다. 어둡지도 밝지도 않은 곳이었지만, 그 공간을 본 순간 지옥이라는 느낌이 들었습니다. 처음에는 약간 회색빛 벽들에 둘러싸인 듯한 느낌이 들었지만, 이곳이 지옥이라는 것을 제가 깨닫자 순식간에 검고 어둠으로 가득한 벽에 둘러싸이는 느낌이 들었습니다.

천사는 계속해서 저의 손을 잡고 있었고 그의 빛나는 날개가 저를 감싸고 있었습니다. 그리고 아까 천사가 부어준 물이 제 몸을 계속해서 덮고 빛나고 있음을 볼 수 있었습니다. 저는 천사가 저를 보호하고 있는 것을 알기에 담대하게 지옥의 모습을 보려 했습니다.

이전에는 제가 직접 지옥에 가 있다는 생각이 들었지만, 이번에는 지옥에 있기는 하지만 지옥에서 고통받는 사람의 모습을 직접 본다는 느낌이 들지 않았습니다. 지옥이기는 하지만 저와 천사 그리고 지옥에 있는 악한 영들과 고통받는 사람 사이에 투명한 벽 같은 것이 있는 것처럼 느껴졌습니다. 그렇기에 지옥의 모습을 직접 보더라도 머리가 아프거나 몸이 힘든 것이 평소보다 훨씬 작았습니다.

유리바닥이 있는 지옥

그럼에도 지옥의 모습을 보는 것은 힘들었습니다. 제 눈앞에 보인 지옥은 너무 끔찍했습니다. 지옥에는 검은 액체처럼 보이는 악한 영이 무수히 많았습니다. 그 악한 영들은 지옥 여기저기를 쓸고 돌아다니고 있었습니다. 악한 영들이 돌아다니는 자리마다 껌과 같이 검고 끈적이는 액체가 생겨났습니다.

저는 처음에 악한 영들이 아무 의미 없이 돌아다니는 것이라고 생각했습니다. 그러나 바닥에 약간 불투명한 유리가 있었고 사람들이 그 위에 누워 있었습니다. 악한 영들이 이 사람들을 밟고 다니는 것이었습니다. 악한 영들이 다닐 때마다 껌과 같은 검은 액체가 사람들 위로 떨어졌고, 그 액체들이 사람들을 움직이지 못하도록 꽁꽁 묶어두었습니다. 저는 그 모습을 보면서 그곳에 오래 있을수록 검은 액체가 더 많이 묻게 된다는 것을 알 수 있었습니다.

그 중 한 사람은 검은 액체가 온몸을 감싸서 거의 미라와 같은 모습이었습니다. 악한 영들이 그 사람을 마구 밟았지만, 그는 온몸이 묶여 있어서 그런지 아무런 소리도 내지 못하고 저항도 하지 못했습니다. 그때 악한 영이 발을 세게 내리치자 불투명한 유리바닥이 조금 깨졌습니다. 유리바닥은 딱 한 사람만 떨어질 정도로 구멍이 났고 그 아래로 그 사람이 떨어지는 것이 보였습니다. 그는 끝도 없이 아래로 떨어졌는데, 구멍 사이로 조금 더 큰 악한 영들이 사람이 떨어지는 것을 기다리며 두 팔을 벌리고 있는 모습이 보였습니다. 그 사람이 유리바닥의 구멍 아래로 떨어지자 놀랍게도 그 유리바닥은 원래대로 복구되며 구멍이 생겼던 흔적도 없이 말끔해졌습니다.

전기톱이 가득한 지옥

이후 제 앞에는 아까 떨어진 사람이 가게 된 지옥이 보였습니다. 저는 그 지옥을 보는 순간 더 놀라서 말을 잇지 못했습니다. 천사가 저를 지키고 있다는 것을 알고 있는데도 온몸이 얼어붙은 것처럼 눈조차 깜빡일 수 없었습니다. 그 지옥의 모습은 제가 이제껏 본 지옥과는 조금 다르게 느껴졌습니다. 지옥에는 무수히 많은 전기톱이 있었고 생각보다 사람이 많이 보이지 않았습니다. 저는 아까 위에 있던 사람들이 유리바닥 아래로 떨어진다고 해도 다 같은 지옥으로 떨어지는 것은 아니라는 생각이 들었습니다.

위에 있던 사람이 떨어진 지옥은 더 어둡고 악취가 나는 곳이었습니다. 그 지옥에는 무수히 많은 전기톱이 있었고, 그 톱들은 톱니바퀴처럼 모든 각도가 다 날카로웠습니다. 그 톱에 찔리거나 조금 스치기라도 한다면 살점이 바로 뜯어질 듯 날카로웠습니다. 톱들은 상하좌우를 마구 왔다 갔다 했는데 나름의 규칙이 있는 것 같았습니다. 어떤 톱은 위로 갔다가 아래로 가고 이후에는 왼쪽에서 오른쪽으로만 왔다 갔다 했고, 또 다른 톱은 그 반대로 움직였습니다. 또 다른 톱은 하늘 위에서 갑자기 떨어지기도 했습니다. 각기 다르게 움직였지만, 모든 톱이 그곳에 있는 사람들을 고통스럽게 했습니다.

지옥에서 영원히 고통받는 사람의 모습

그 중에 한 사람의 모습에 유난히 눈이 갔습니다. 그 사람을 보았을 때 오랜 시간 고통당한 것처럼 얼굴을 알아볼 수 없었습니다. 그 사람은 온몸이 다 말라비틀어진 **뼈**와 같았고 그 **뼈**마저도 다 썩어 문드러진 것처럼 보였습니다. 머리에는 진흙 같은 것이 잔뜩 묻어 있었는데, 그 진흙이 하나의 고리를 이룬 것처럼 보였습니다. 처음에는 그것이 진흙이라고 생각했으나 계속 보다 보니 냄새가 제 코끝을 찔렀습니다. 그 냄새를 맡고 진흙을 더욱 유심히 보니 진흙이 아닌 어느 짐승의 변이라는 느낌이 들었습니다. 제 눈에 짐승이나 동물이 보이지는 않았지만, 그것을 보는 순간 진흙이 아니라는 생각이 들었습니다.

그 변의 사이에는 각종 더러운 곤충이 있었고, 그 안에서 곤충들이 알을 낳은 모습도 보였습니다. 알에서 곤충의 새끼가 순식간에 깨어나 또 다른 알을 낳는 모습이 반복되어 보였습니다. 알에서 태어난 곤충은 사마귀의 앞발 같은 발을 가졌고 시뻘건 눈을 가지고 있었습니다. 몸통에는 10개 정도의 다리가 붙어 있었고 다리에는 무수히 많은 털이 나 있었습니다. 그 털들에도 모두 뾰족한 가시가 돋아 있었습니다. 곤충은 순식간에 사람의 몸 여기저기로 튀어가 몸을 갉아먹기도 하고 자신의 뒷다리로 몸 여기저기를 찌르기도 했습니다. 곤충의 다리에 찔릴 때마다 몸에서 피가 나고 멍이 무수히 많이 생겼습니다. 그리고 사람의 몸 곳곳에는 틈이 보이지 않을 정도로 셀 수 없이 많은 벌레가 달라붙어 있었습니다.

그 모습만으로도 너무 끔찍한데 지옥에 있는 톱들은 계속해서 끊임없이 움직이고 있었습니다. 톱들이 움직이면서 때로는 다리가 잘리기도 하고 팔이 잘리기도 했으며, 몸이 세로로 잘리기도 했습니다. 톱이 위에서 아래로 계속해서 떨어지면서 몸에 구멍이 나기도 했습니다. 너무나도 징그럽고 끔찍한 그 모습을 보는 저의 얼굴은 자연스레 찌푸려졌습니다. 말로 표현할 수 없을 정도로 잔인한 모습이었고 코를 녹여버릴 것만 같은 지독한 악취가 코끝을 찔렀습니다.

톱들이 지나다니면서 사람의 몸 여기저기를 자를 때마다 곤충들의 몸도 같이 잘려나갔습니다. 곤충과 톱 때문에 사람은 쉬지 않고 소리를 지를 수밖에 없었습니다. 톱에 잘려 나간 곤충은 그 자리에서 새 살이 돋아나면서 한 마리가 두 마리가 되었습니다. 그렇게 사람의 몸은 단 하나의 틈도 없이 곤충으로 덮였고, 머리에 있는 짐승의 변 때문에 새로운 곤충이 끊임없이 태어났습니다.

그 모습을 보던 악한 영들은 낄낄거리면서 비웃었습니다. 사람의 머리에 있는 짐승의 변을 잡아 톱에 문지르면서 지옥 곳곳에 냄새를 더욱 퍼트리고 있었습니다. 지옥에 있던 사람 모두가 악취에 코가 썩어가는 고통을 느끼는 듯했지만, 아무도 소리도 지르지 못하고 저항조차 하지 못했습니다. 톱은 매우 날카로운 가시를 가지고 있었기에 한 번만 움직여도 사람의 몸을 반으로 가를 수가 있을 정도였고, 단 몇 번만 움직여도 사람의 몸이 거의 다 조각이 날 정도였습니다.

곤충들로 둘러싸여 있었기에 사람의 몸이 어떻게 갈라졌는지, 어느 정도 조각이 났는지 악한 영들도 알지 못하는 것 같았습니다. 그러나 악한 영들이 따로 무언가를 하지 않아도 시간이 지나니 사람들의 몸이 알아서 다시 붙는 것이 보였습니다. 계속해서 고통을 당하고 있지만, 벌레들이 더 많아지고 톱들이 더 많이 지나갔기에 더 큰 고통을 당하는 것으로 보였습니다. 저는 그 모습을 보면서 지옥에서 벌을 받는 사람들의 죄악에 대해 그리고 회개함으로 돌이키지 않은 것에 대해 안타까운 마음이 들었습니다.

저는 그 지옥에 있는 사람들이 어떠한 고통을 당하는지는 보았지만, 어떠한 얼굴을 하고 있는지는 볼 수 없었습니다. 이미 너무 많은 고통을 반복해서 당하고 있었기에 형체를 알아보는 것조차 힘들었기 때문입니다. 지옥에 있는 사람들의 모습을 보면서 여러 생각이 들었습니다.

'지옥에 간 사람들은 자신이 지은 죄를 회개할까?'

'지옥에서 고통을 받으면서 어떤 생각을 할까?'

지옥에 있는 사람들의 생각을 알거나 듣지는 못했지만, 악한 영들은 회개하지 않은 영혼들이 지옥에 오는 것을 누구보다 기뻐한다는 것을 알 수 있었습니다. 지옥에 왔을 때 그 사람이 지은 죄의 값에 대해 최대의 형벌을 주는 존재라는 것도 깨달았습니다. 저는 지옥의 모습을 보면서 회개하는 것의 중요성을 더욱 깊이 깨닫게 되었습니다.

지옥의 모습을 보는 동안 머리가 어지럽고 아팠습니다. 머리가 깨질 듯이 아파서 천사가 저를 계속해서 감싸주고 있었음에도 불구하고 힘이 많이 들었습니다. 지옥에서 사람들이 계속해서 고통당하는 모습을 어느 정도 보고 난 후 천사가 자신의 날개로 저를 안아주는 것이 느껴졌고, 제 속사람이 육체 속으로 들어왔음을 알 수 있었습니다. 속사람이 육체 속으로 들어온 이후 천사가 아까 부어주었던 물 주전자에 물을 가득 채워서 부어주는 것이 느껴졌습니다. 눈으로 그 물을 볼 수는 없었지만, 아까처럼 이 물에서 나오는 빛이 저를 감싸 안아주는 것이 느껴졌습니다. 물이 부어질수록 제 마음에는 평안이 찾아왔습니다.

지옥의 모습을 볼 때는 두려운 마음과 죄에 대한 회개의 마음이 항상 같이 올라왔습니다. 저는 지옥의 모습을 보고 나면 하나님께 지옥의 모습을 본 것으로 인해 저의 마음이 힘들지 않게 해달라는 기도를 항상 드렸습니다. 그때마다 하나님은 제 기도를 들어주셨고 저는 지옥의 모습을 본 이후에도 두려워하거나 동요하지 않고 평안한 하루하루를 보낼 수 있었습니다.

지옥의 모습을 본다는 것은 하나님의 엄청난 은혜인 동시에 죄에 대한 가장 확실한 경고라고 생각합니다. 지옥에 간 사람들은 모두 죄를 짓고 뉘우치지 않으며 회개하지 않은 것에 대한 대가를 받고 있기 때문입니다. 제가 지옥에서 본 사람들 모두 자신이 지은 죄의 무게만큼 벌을 받고 있다는 느낌을 받았습니다. 저는 천국과 지옥의 모습을 여러 번 보면서 우리의 힘으로는 알 수 없지만, 하나님이 그 사람에게 알맞은 대가를 치르게 하시고 가장 좋은 것을 주시는 분임을 알 수 있었습니다.

3장_빛 가운데 있는 자들의 모습

영성 훈련을 받으며 영적인 눈이 밝아지고 회개를 하고 나니 천국과 지옥의 모습을 더 많이 볼 수 있게 되었습니다. 저는 천국의 모습을 보면서 하나님의 사람들이 받은 축복과 상급에 대해 감탄했습니다. 제가 생각한 것과 비슷할 때도 있었고 조금 다를 때도 있었습니다. 그럼에도 확실히 말할 수 있는 것은 사람의 기준으로는 알 수 없지만, 하나님이 내리신 가장 합당한 기준에서 각 사람에 대한 평가를 내리신다는 것이었습니다.

스데반의
천국에서의 모습

천국과 천국에 있는 인물들을 보면서 많은 것을 느낄 수 있었습니다. 바울의 모습을 보고 하나님을 향한 사랑이 더욱 커지는 것을 느꼈고, 다윗이 찬양하는 모습을 보며 예배에 대한 마음가짐과 행동을 바로잡을 수 있었습니다. 이에 대해서는 이전에 출간한 『하늘 세계의 문이 열리다』에 기록했습니다. 천국에서 본 인물 중 기억에 남는 인물이 여럿 있지만, 그 중에서도 스데반이 가장 기억이 납니다.

스데반이 순교할 때의 모습은 사도행전에 기록되어 있어서 오늘날 많은 성도가 알고 있습니다. 저도 그 이야기를 읽으면서 큰 은혜와 도전을 받았습니다. 어렸을 때에는 도대체 무엇이 스데반의 마음을 감동하게 했고 자신의 목숨을 버리면서까지 하나님을 위해 순교하게 할 수 있었을까 하는 궁금함이 있었습니다. 그리고 저도 하나님을 위해 생을 바치겠다는 도전을 받았습니다.

2020년 가을 어느 날, 회개 기도를 하고 말씀을 묵상하고 있었습니다. 그때 읽은 본문이 스데반의 이야기가 기록되어 있는 사도행전 6장과 7장이었습니다. 특히 스데반이 하나님 우편에 서 계신 예수님을 보았다는 구절(행 7:55)에서 여러 생각이 들었습니다.

'예수님과 하나님을 볼 수 있을 정도라면 스데반은 하나님과 얼

마나 친밀한 관계에 있었던 것일까?'

'스데반이 하나님과 예수님의 보좌를 보았다는 것인가?'

'그때 스데반의 얼굴은 어떠했을까? 스데반을 박해하던 이들이나 하나님을 보지 못하는 사람들이 보았을 때 스데반은 어떠한 모습으로 보였을까?'

'오늘날 은혜가 임한 사람들을 믿지 않는 사람들이 볼 때 어떤 시선으로 바라보는 걸까?'

'죽기 직전 하나님의 모습을 본 스데반은 어떤 생각을 했을까?'

이런 여러 가지 생각을 하면서 저는 이 말씀을 묵상했습니다. 저는 이때의 스데반의 마음을 알게 해주시고 스데반을 향한 하나님의 마음을 알게 해달라고 기도했습니다. 스데반의 모습을 보면서 오늘날 하나님을 믿는 사람들이 세상을 향해 가져야 하는 마음자세를 가진 사람이 바로 스데반이라는 생각이 들었기 때문입니다.

빛에 감싸여 천국을 보다

기도하고 말씀을 묵상하고 있을 때 제 눈앞에 별똥별처럼 보이기도 하고 광선처럼 보이기도 하는 빛이 왔다 갔다 했습니다. 그 빛은 제 눈앞에 머물기도 했고, 멀리서 저를 향해 날아오는 것처럼 보이기도 했으며, 제 몸을 감싸는 듯이 보이기도 했습니다. 너무 놀라면서 동시에 하나님이 부어주시는 은혜라는 생각이 들어 그 빛을 계속해서 바라보았습니다. 그 빛을 보고 있을 때 제 눈앞에 놀라운 모습이 보였습니다. 처음에는 줄처럼 보였던 빛이 하나의 책처럼 보이기도 했고 영화 스크린처럼 느껴지기도 했습니다. 그 때 제 속사람이 육체에 있는지 아니면 빛에 이끌려 빠져나온 것인지 헷갈릴 정도였습니다. 그 빛은 너무도 선명하게 제 눈앞에 펼쳐졌습니다.

환상 속에 보인 스데반의 모습

얇은 줄처럼 보였던 빛은 크게 넓어져 그 빛 안에서 하나의 그림 같은 모습들이 보였습니다. 그 속에서 한 남성이 보였습니다. 갈색의 곱슬머리가 어깨 정도 오는 단발의 남성이었습니다. 그의 옷은 여기저기 찢겨 있었고 온 몸에는 핏자국이 가득했습니다. 겉모습을 보았을 때에는 너무나도 힘들고 지쳐 보였지만, 그의 눈은 푸르고 맑은 호수 같았고 반짝반짝 빛나고 있었습니다. 저는 그의 눈을 유심히 보았습니다. 그 눈은 땅에 머물러 있지 않고 하늘을 바라보는 것처럼 보였습니다. 저는 그를 보자마자 스데반이라는 것을 알 수 있었습니다.

이후 책장이 넘어가는 것 같은 소리가 들리더니 다른 모습이 보였습니다. 제 눈에 보인 모습은 아름다운 궁전 같았습니다. 빛이 가득했고, 황금으로 꾸며진 곳도 있었으며, 별빛이 흐르는 것처럼 맑고 아름다운 호수도 보였습니다. 처음에는 이스라엘의 다른 곳인가 하는 생각이 들었지만, 계속 보다 보니 천국이라는 느낌이 들었습니다. 천국은 아라비안나이트에 나오는 궁전보다 더욱더 화려해 보였습니다.

천국에서 예배드리는 스데반의 모습

또 책장이 넘어가는 소리가 들리며 이번에는 다른 모습이 보였습니다. 궁전 안으로 들어온 것임을 느낄 수 있었습니다. 그 안에는 빛이 가득했고 아름다운 음악 소리가 들렸습니다. 가장 앞에는 크리스털 같은 소재로 만들어진 십자가가 보였고 그 옆에는 오르간, 피아노, 첼로, 바이올린 등 많은 악기가 보였습니다.

그리고 궁전 안에 있는 보좌자리들이 보였습니다. 앞에 있을수록 빛이 가득했고 황금으로 뒤덮여 있었습니다. 그 중에 한 자리가 눈에 들어왔습니다. 그 자리에 어떤 사람이 앉아 있었습니다. 단발의 곱슬머리를 한 남성이었습니다. 머리부터 발끝까지 눈부시게 빛나고 있어서 처음에는 얼굴을 제대로 볼 수가 없었습니다. 시간이 지나자 그의 얼굴을 볼 수 있게 되었는데 처음에 보았던 스데반임을 알 수 있었습니다. 스데반의 얼굴은 제가 상상했던 것보다 더 평안하고 온화했으며 아름다웠습니다. 사람이 이렇게 아름다울 수가 있구나 하는 생각이 들 정도로 빛으로 가득한 사람임을 알 수 있었습니다.

스데반은 그곳에 무릎을 꿇고 앉아 기도했습니다. 하나님께 자신을 구원해주신 것에 대한 감사 기도를 올려드리는 듯이 보였습니다. 음성이 들리지는 않았지만, 하나님이 스데반의 기도를 기쁘게 받으신다는 느낌이 들었고, 스데반도 하나님께 기도할 수 있다는 것에 감사하고 있음이 느껴졌습니다.

스데반의 천국 집의 모습

이후 책장이 넘어가는 소리가 들리면서 다른 장면이 보였습니다. 왠지 그 장면은 스데반의 집인 것 같았습니다. 그 집은 매우 크고 아름다웠는데, 절제된 아름다움이 느껴졌습니다. 크고 넓은 집이었지만, 아늑한 오두막 같은 느낌도 들었고 화려한 성 같은 느낌도 들었습니다. 말로 표현할 수 없는 화려함과 절제된 아름다움이 공존하는 듯한 느낌이었습니다.

제가 본 스데반의 집 앞에는 표지판 같은 것이 하나 있었습니다. 그 표지판에는 영어로 'Stephen'이라고 쓰여 있었습니다. 저는 그것을 보고 스데반의 집이라는 것을 알 수 있었습니다. 스데반의 집은 동화책에 나오는 아름다운 집 같았습니다. 아름다운 색깔들로 칠해져 있었고 태양이 집을 비추는 것처럼 환하고 빛이 가득했습니다. 이 땅에서는 절대 지을 수 없다고 느껴질 정도로 아름다웠습니다.

이후 책이 넘어가는 소리가 들리면서 또 다른 모습이 보였는데 스데반의 집 안이라는 느낌이 들었습니다. 크고 넓은 울타리가 둘러 있고 그 안에 아름다운 꽃들과 열매, 나무들이 심겨져 있었습니다. 꽃마다 아름다운 향기를 내고 있다는 것이 느껴졌고, 맺힌 열매들도 단 하나도 덜 익었거나 상했거나 버릴 것이 없이 잘 익은 모습이었습니다. 꽃과 열매가 탐스럽다는 말은 이런 것들을 두고 하는 말이구나 싶을 정도로 아름다웠습니다.

꽃과 열매들을 보고 있을 때 제 눈앞에 보이던 장면이 조금씩 움직이는 것처럼 느껴졌고 제 시선도 같이 따라가는 것이 느껴졌습니다. 집 안의 정원 중 한편에 돌들이 쌓여 있었습니다. 큰 돌들은 거의 보이지 않았고 작은 돌들이 많이 쌓여 있었습니다. 검은 돌들도 보였고 회색빛의 돌들도 보였습니다. 돌들에는 붉은색의 자국들이 묻어 있는 것이 보였습니다. 저는 그 자국들을 보자 스데반이 순교했을 때 맞은 돌들과 같은 모양의 돌들이 집에 쌓여 있는 것임을 알 수 있었습니다.

그 돌들을 보자 안타까운 마음이 들었지만, 스데반은 하나님 앞에서 복음을 전하다가 순교한 것에 대해 부끄러워하거나 후회하는 마음이 없다는 것을 알게 되었습니다. 그리고 하나님도 스데반의 마음을 어여삐 받으셨음을 알 수 있었습니다. 스데반의 집 안에 돌무더기가 있음을 보게 하신 것도 하나님과 스데반의 마음을 알게 하시려는 것임을 알 수 있었습니다. 그 돌무더기를 보자마자 저도 모르게 눈물이 흘렀습니다. 그리고 지난날 제 모습에 대해 반성과 회개의 기도를 드렸습니다.

"주님, 너무 죄송해요. 저는 주님을 믿는다고 하면서도 복음을 전하는 일에 열심을 다하지 않았고 복음을 전하는 것에 대해서도 당당하지 못했습니다. 하나님을 믿고 하나님의 영광을 위해 제 삶을 다하겠다고 해놓고서는 정작 가장 중요한 복음을 전하는 일에는 최선을 다하지 못한 죄악을 회개합니다."

엎드려 눈물로 기도를 드리다가 저도 모르는 사이에 잠이 든 것 같았습니다. 꿈을 꾸고 있는 것인지, 제 속사람이 육체에서 나와 입신 상태에 든 것인지 헷갈렸습니다.

꿈에서 본 스데반의 모습

그날 밤 제 꿈에 환상으로 보았던 스데반의 모습이 보였습니다. 스데반은 짙은 갈색의 곱슬머리였고 여전히 아름다웠습니다. 그의 얼굴에는 빛이 가득했고 눈빛도 선해 보였습니다. 그는 희고 깨끗한 세마포를 입고 있었습니다. 발에는 짙은 갈색의 샌들을 신고 있었는데 그 샌들은 아름답고 빛이 나는 듯이 느껴졌습니다. 스데반의 모습은 아까 제가 환상에서 본 모습과 거의 비슷했지만, 딱 하나 달랐던 것은 그의 몸에 있던 여러 상처가 보이지 않았다는 것입니다. 상처 하나 없이 깨끗한 그의 몸을 보자 뜨거운 눈물이 참을 수 없이 흘러내렸습니다.

꿈에서 본 스데반은 환상으로 본 모습보다 더 빛나고 아름다웠고 광채가 그를 비추고 있는 것 같았습니다. 스데반은 무릎을 꿇고 예수님께 기도하고 있었습니다.

"나의 주님이시여, 죄 많은 저를 구원해주시고 이 아름다운 천국에서 주와 함께 거하게 해주시니 감사합니다. 주의 거룩하심과 인자하심이 너무나도 크고 아름답습니다. 제가 땅에서 주를 위하여 저의 생명을 다해 주님의 말씀을 전했지만, 나의 맡은 바 사명을 다 감당하지 못한 것이 참으로 안타깝습니다. 이제 저의 육신은 썩어 없어졌으나 나의 영혼이 주님 곁에 있사오니 빛나고 아름다운 천국에서 주님과 함께 영원히 살기를 원합니다. 나의 주 여호와시여, 제가 주를 경외하나이다. 주여, 저의 찬양과 기도를 받아주시옵소서."

스데반의 기도는 마치 노랫소리처럼 아름답게 느껴졌습니다. 그의 기도 소리에 멜로디가 입혀져 하나님을 향한 찬양의 소리로 들렸습니다. 스데반이 기도하며 예수님을 찬양할 때 스데반의 주위에 너무나도 밝은 빛이 채워지는 것이 보였습니다. 그 빛은 마치 십자가 모양처럼 보였는데, 빛으로 가득한 십자가가 스데반을 비추는 것 같았습니다. 그리고 그 십자가가 스데반을 감싸 안아주는 것이 느껴졌습니다.

"사랑하는 나의 아들 스데반아, 네가 나를 위하여 또 복음을 위하여 주께서 맡기신 사명을 잘 감당한 것을 내가 아노라. 복음을 향한 너의 사랑과 열정이 이 땅 곳곳에 내렸노라. 내가 맡긴 너의 사명을 잘 감당하고 하늘을 사모한 나의 충성된 일꾼 스데반아. 내가 너를 알며 너를 항상 지키고 있었노라. 내가 너를 보호하며 너의 모든 발걸음을 이끌었느니라. 나의 아들아, 그동안 너의 수고와 헌신이 얼마나 귀하였느냐. 주께서 너의 모든 수고와 헌신을 아시나니 빛나고 아름다운 천국에서 영원히 내 품에 안겨 안식을 누리거라."

이것은 예수님의 목소리였습니다. 예수님의 모습은 보이지 않았지만, 스데반과 예수님이 깊이 교제하고 있다는 것을 알 수 있었습니다. 스데반은 예수님의 음성을 들으며 눈물의 기도를 올려드렸고, 저 역시도 스데반의 모습을 보며 같이 눈물을 흘렸습니다.

꿈속에서 본 스데반은 환상으로 본 모습보다 더 빛나고 아름다웠습니다. 하나님이 기뻐하시는 빛으로 가득한 사람은 이런 사람이라는 생각이 들었습니다. 꿈속에서 본 스데반은 계속해서 하나님께 감사의 기도와 찬양을 올려드렸고, 하나님이 그 찬양을 모두 기쁘게 받으심이 느껴졌습니다.

스데반이 기도하고 찬양할 때마다 천사들도 함께 찬양하는 모습이 보였습니다. 천사는 모두 빛나는 세마포를 입고 있었는데, 비파와 수금을 들고 있는 천사, 기타를 들고 있는 천사, 작은 하프를 들고 있는 천사 등 다양한 모습을 하고 있었습니다. 천사들의 머리에는 아름다운 화관이 씌워져 있었고 천사들이 움직일 때마다 아름다운 선율이 무지개처럼 은은하게 퍼져 나오는 것이 보였습니다. 그 모습은 말로 표현할 수 없을 정도로 아름다웠습니다.

천사들과 함께 찬양하며 기도하는 스데반의 모습은 점점 더 강한 빛으로 보였고, 그를 감싸고 있던 십자가도 더욱더 강하게 빛이 났습니다. 하나님을 찬양하고 예배하는 것을 하나님이 얼마나 기쁘게 받으시는지가 느껴졌습니다. 스데반은 천사들과 함께 춤을 추며 찬양하기도 했고, 기쁘게 박수를 치며 찬양하기도 했습니다. 예수님의 십자가를 바라보며 눈물로 찬양을 올려드리기도 했습니다. 저는 그 모습을 보며 '하나님이 진짜 기쁘게 받으시는 예배'라는 생각이 들었습니다.

천사들과 스데반이 함께 찬양하며 기뻐할 때 커다란 손이 보였습니다. 그 손은 단단한 쇠처럼 보이기도 했고 황동으로 만든 것처럼 느껴지기도 했습니다. 거대한 광선처럼 보이기도 했고 불처럼 보이기도 했습니다. 보는 것만으로도 말로 표현할 수 없을 정도로 압도되었습니다. 저는 그 손을 보자마자 하나님의 손인 것을 알 수 있었습니다. 그 손은 빛이기도 하면서 불같기도 했고, 동시에 급하고 강한 바람같이 보이기도 했습니다. 두 눈으로 바라본다면 눈이 멀 것처럼 느껴졌고, 바로 옆에 선다면 회오리바람에 휩쓸려 떠내려갈 것처럼 느껴지기도 했습니다. 강한 불이 순식간에 삼켜버릴 것처럼 느껴지기도 했습니다. 그 손이 스데반의 머리를 쓰다듬고 보듬어주는 것이 보였습니다. 그렇게 크고 강하게 느껴지는 손이 너무나도 조심스럽게 스데반의 머리를 쓰다듬는 것이 보였습니다. 스데반은 하나님의 손길을 받고 겸손한 자세로 그 자리에 무릎을 꿇고 엎드렸습니다.

저는 그 모습을 보며 이렇게나 크고 강하신 힘을 가진 하나님이 자신의 자녀들을 얼마나 아끼고 보호하시며 귀하게 여기시는지가 느껴졌습니다. 마치 갓난아기를 처음 품에 안은 아버지의 모습처럼 느껴졌습니다. 하나님이 사람을 어떻게 창조하셨고, 그 사람이 하나님 안에서 어떠한 삶을 살아야 하며, 하나님이 원하시는 하나님의 형상을 닮은 사람은 어떠한 모습인지가 그 모습을 볼 때 너무나도 선명하게 깨달아졌습니다.

하나님이 기뻐하시는 모습은 하나님의 자녀가 자신의 죄를 회개하고 하나님 앞에서 기뻐하며 오직 하나님 한 분만을 높여드리는 것이며, 그러한 자들을 강하신 하나님이 너무나도 세심하고 귀하게 돌보신다는 것을 알 수 있었습니다. 저는 그 모습을 보며 눈물을 흘렸고 하나님 앞에 그분의 형상대로 살지 못한 것을 회개하게 되었습니다.

하나님은 스데반을 귀하고 어여쁘게 여기시며 그의 머리에 면류관을 씌워 주셨습니다. 그 면류관은 이 땅에서 본 그 어떤 왕관보다 크고 빛나고 아름다웠습니다. 그것은 마치 은하수가 흐르는 것처럼 보이기도 했고, 폭포가 흐르는 것처럼 빛이 흐르는 모습으로 보이기도 했습니다. 태양과도 같은 빛이 감싸고 있는 것처럼 보이기도 했고, 활활 타오르는 불로 만들어진 것처럼 보이기도 했습니다. 말로 표현할 수 없을 정도로 크고 강한 힘이 느껴졌는데, 그 모습을 보는 저는 손가락 하나도 움직일 수 없고 숨도 쉴 수 없을 정도의 강한 힘이었습니다.

하나님의 손은 스데반에게 면류관을 씌워주신 후 그의 등을 쓰다듬어 주셨습니다. 하나님은 크고 강한 분인 동시에 하나님 앞에 바로 선 자녀들을 얼마나 기뻐하시고 사랑하시는 분인지가 느껴졌습니다. 하나님의 불과 같은 손이 스데반을 감싸는 것이 보였습니다. 그 불은 몇백 도가 훨씬 넘는 불보다 몇 배가 더 강하게 느껴졌고, 태양이 그를 감싸 안은 것처럼 느껴지기도 했습니다. 크고 강한 불이 감쌌음에도 불구하고 스데반의 살결이나 세마포 등 그 어떤 것 하나도 타지 않았습니다. 저는 그 모습을 보며 하나님이 불과 같이 지키시고 보호하신다는 말이 이를 가리키는 것임을 알 수 있었습니다.

제가 꿈속에서 본 스데반은 누구보다 하나님을 기쁘게 예배했고 하나님은 그런 스데반을 누구보다도 어여삐 받아주셨음을 느낄 수 있었습니다. 그리고 꿈에서 스데반을 불로 감싸시는 모습을 볼 때 제 몸도 뜨거운 불이 감싸고 있음을 느낄 수 있었습니다. 제 몸도 뜨거운 불에 감싸였지만 어느 한 군데도 열이 나지 않았습니다. 불이 감싸는 동시에 크고 강한 바람이 저를 감싸고 있음을 느낄 수 있었습니다. 저는 성령이 저를 감싸시는 것임을 알 수 있었습니다.

불에 감싸인 채 저도 모르는 사이에 깊은 잠에 들었고 잠에서 깬 이후로도 크고 강한 불이 저를 감싸고 있음을 느낄 수 있었습니다. 그날 강한 불이 저를 감싸고 있기에 뜨겁게 느껴졌지만, 동시에 강한 바람이 저를 감싸서 뜨겁지 않았고, 또한 불이 감싸고 있기에 차갑지도 않았습니다. 어디를 가든지 구름 위를 걷는 듯한 기분이 들었고, 온몸이 하늘 위를 둥둥 떠다니는 것처럼 느껴졌습니다. 그 불은 꿈을 꾼 이후 며칠 동안 저를 감싸주었습니다. 저는 환상 속에서 본 스데반의 모습과 꿈에서 본 스데반의 모습, 그리고 그를 지키고 보호하셨던 하나님의 모습을 아직도 잊지 못합니다.

스데반의 모습을 보고 나서 약 일주일 후, 기도 중에 주님이 감동을 주셨습니다. 그 메시지는 산에서 울리는 메아리로, 혹은 아름다운 멜로디로 느껴졌습니다. 사람의 목소리와는 전혀 차원이 다른 달콤함이었습니다. 예수님은 저에게 이렇게 말씀하셨습니다.

"내가 너에게 스데반의 모습을 두 번이나 보여준 것은 나를 위해, 복음을 위해 헌신을 다한 자에게 베푸는 은혜와 축복이 얼마나 큰지 알려주기 위함이란다. 오늘날 복음을 부끄러워하고 주를 알지 못하는 자들이 복음을 위해 헌신하며 충성하는 것이 얼마나 큰 축복인지 알기 원한단다. 주를 사랑하고 주를 소망하는 삶을 사는 자가 되어라."

저는 예수님의 말씀을 듣고 그 자리에 무릎을 꿇고 순종하겠다는 고백을 드렸습니다. 그리고 이전에 성경을 읽으며 상상했던 스데반의 모습과 그를 천국에서 기쁘게 맞으시는 예수님의 모습이 겹쳐 보이면서 감사의 눈물이 흘렀습니다. 오늘날 저를 포함한 많은 그리스도인이 스데반의 모습과 헌신, 천국에서의 그의 모습을 보며 하나님을 아는 것을 기뻐하고 복음의 가치를 다시 한 번 깨닫게 되기를 원합니다.

사도 요한의 천국에서의 모습

스데반의 천국에서의 모습을 보고 난 이후 천국을 소망하는 마음이 더욱더 들었습니다. 그동안 예수님이 저에게 보여주신 천국의 모습을 기억하고 생각하며 하루하루를 은혜 안에서 보낼 수 있었습니다. 천국을 상상하면 상상할수록 천국에서 하나님을 만날 날이 기대되며 이 땅에서의 삶을 더욱더 풍요롭게 살겠다는 다짐을 하게 됩니다.

저는 영적인 세계를 보면서 사도 요한이 쓴 계시록에 많은 관심이 생겼습니다. 악한 영들의 모습과 실체, 그들의 특성을 알게 되니 이 세상의 최후 모습과 하나님이 내리실 심판 등에 많은 관심이 생겼고, 영적인 세계를 더욱 알기 위해 회개하고 노력했습니다. 저는 성경에 나오는 여러 인물의 천국 집을 보면서 하나님을 기쁘시게 한 사람들이 어떠한 상급을 받고 축복을 누리는지 알게 되었습니다.

빛과 함께 본 요한의 모습

그러던 어느 날, 밤에 잠을 자던 중 꿈속인 것처럼 느껴지면서 눈앞에 어떤 사람의 모습이 보였습니다. 그 사람은 머리에 월계수 잎으로 만든 화관 같은 것을 쓰고 있었고, 갈색의 조금 짧은 머리를 하고 있었습니다. 손에는 펜과 종이를 들고 있었는데, 종이가 빛이 난다고 할 수 있을 정도로 깨끗하고 밝았습니다. 저는 그 종이에 쓰인 내용이 무엇인지 궁금했습니다. 종이를 유심히 보려고 하자 그 종이에서 나오는 커다란 빛이 저에게로 급하고 강하게 다가오는 것을 느꼈고, 순식간에 제 속사람이 육체를 빠져나온 것을 알 수 있었습니다.

속사람이 육체를 빠져나왔을 때 저에게 다가온 빛이 저를 감싸고 있다는 것을 느낄 수 있었습니다. 저는 그 종이의 내용을 알지 못했지만, 엄청난 은혜와 힘을 가진 것이라는 생각이 들었습니다. 제 속사람은 육체를 빠져나와서 어느 들판 같은 곳으로 갔습니다. 그 들판은 푸른 나무들과 꽃들로 가득했고 새들이 지저귀는 소리가 들렸습니다. 하늘에는 태양이 뜨겁게 타오르고 있었지만, 춥지도 덥지도 않았고, 기분 좋은 시원한 바람이 불었습니다.

예수님이 부르시다

제 속사람이 두리번거리고 있을 때 제 주위로 빛들이 다가오는 것이 보였습니다. 너무나도 크고 강한 빛들이었기에 저는 그 자리에서 무릎을 꿇고 고개를 숙일 수밖에 없었습니다. 빛들이 다가와 저의 앞에 서는 것이 느껴졌는데, 그 중 한 빛이 저의 손을 잡아 일으켜주었습니다. 저는 그 빛이 예수님이시라는 생각이 들었습니다. 제 앞에서 음성이 들려왔습니다.

"사랑하는 나의 딸아."

"네, 주님, 저 여기 있어요."

그 음성에 대답하자 제 눈을 비추던 빛들이 여전히 강하게 빛나고 있었지만, 눈이 전혀 아프지 않았습니다. 환하게 빛나고 있었지만 그 빛을 보니 마음에 평안이 찾아왔고 따스함이 느껴졌습니다. 제가 음성에 대답하자 예수님과 천사들의 모습이 보였습니다. 예수님은 희고 깨끗한 세마포를 입고 계셨고 손에 종이와 펜을 들고 계셨습니다. 저는 그것이 아까 제가 보았던 것들이라는 생각이 들었습니다.

예수님은 제 생각을 아셨는지 환하게 웃으시면서 머리를 쓰다듬어 주셨습니다. 주위에 있는 천사들도 희고 깨끗한 세마포를 입고 있었습니다. 그러나 손에 칼이나 방패 등 무기를 들고 있지 않았습니다. 전쟁을 담당하는 천사들은 아니라는 생각이 들었습니다. 두루마리 같은 것을 가지고 있는 천사도 있었고 커다란 붓을 가진 천사도 보였습니다. 천사들의 모습은 다 조금씩 달랐으나 소식을 전하고 기록을 담당하는 천사들이라는 생각이 들었습니다.

예수님은 저에게 오늘 천국의 모습을 보여주실 것이라고 말씀하셨습니다.

"오늘은 너에게 천국에 있는 한 인물에 대해 보여줄 것이란다. 아까 꿈속에서 본 인물이 누구인지 알겠니?"

"아까 얼굴을 제대로 보지 못해서 정확히 누구인지는 잘 모르겠지만, 왠지 사도 요한이라는 생각이 들어요. 그 사람의 손에 들려 있는 종이가 너무나도 중요하고 엄청난 비밀을 담고 있는 것이라는 생각이 들었어요. 그리고 제가 마지막 때의 모습뿐만 아니라 영적인 세계에 대해서 알고 싶다는 마음도 많이 들었고요."

"맞아. 내가 너에게 요한의 모습을 보여주기 위해 그의 모습을 미리 짧게 보여준 것이란다. 나의 제자였으며 사도인 그가 천국에서 어떠한 모습으로 지내고 상급을 받았는지 네가 알고 전할 필요가 있다고 생각한단다."

"네, 예수님. 오늘도 알려주시는 내용들을 잘 기억하고 꼭 기록해서 전할게요."

제가 예수님과 짧게 대화하던 사이 주위에 있던 천사들은 보이지 않았습니다. 비록 모습은 보이지 않았지만 어딘가에서 항상 함께 하고 있다는 생각이 들었습니다.

사도 요한의 모습을 보다

예수님이 말씀하시자 눈앞에 영화관의 스크린 같은 화면이 보였습니다. 화면으로 보는 것 같았지만, 마치 제가 그 공간에 있는 것처럼 생생한 기분이 들었습니다. 제 눈앞에 보인 모습은 아까 꿈에서 본 것과 비슷했지만, 조금 더 선명했습니다. 그의 머리에는 월계수 잎으로 만든 화관이 씌워져 있었습니다. 아까는 잎만 보였는데 다시 보니 잎 사이사이에 연한 핑크빛의 작은 꽃들이 피어 있었습니다. 그는 짙은 갈색의 약간 곱슬머리에 얼굴은 매우 환하게 빛나고 있었습니다. 제가 본 사도 요한의 모습은 코가 약간 크고 밝은 갈색 눈동자를 가지고 있었으며, 볼이 약간 핑크빛으로 보였습니다. 요한이 입고 있는 세마포의 소매와 아랫단 부분에는 금빛으로 자수가 놓여 있었습니다. 그의 세마포는 은은한 별빛이 아름답게 쏟아지는 것처럼 빛났습니다. 저는 그 모습을 보며 '하나님이 기뻐하시는 사람은 이렇게나 아름답구나'라고 생각했습니다. 요한이 하나님과 예수님을 얼마나 사랑했는지 그리고 하나님이 그를 얼마나 어여삐 여기시는지가 그의 모습에서 느껴졌습니다. 저는 예수님과 함께 사도 요한의 모습을 보면서 여러 가지 생각이 들었습니다. 예수님은 요한의 모습을 보시고 환한 미소를 지으시며 흐뭇해하셨습니다.

사도 요한이 천국에서 예배드리는 모습

제가 본 요한은 천국에서의 모습인 것처럼 느껴졌습니다. 그가 있는 곳은 꽃들이 가득 피어 있고 빛으로 가득한, 말로 표현할 수 없을 정도로 아름다운 곳이었습니다. 제가 본 요한은 천국에서 하나님을 예배하는 것으로 보였지만, 그 장소가 천국의 예배당인 것처럼 느껴지지는 않았습니다. 요한이 있는 곳은 천국의 어느 한 공간이라는 생각이 들었습니다. 그러나 사람이 어느 공간에서 예배를 드리든지 간에 하나님은 사람 마음의 중심을 보시고 예배를 받으신다는 것을 알 수 있었습니다.

요한이 있는 곳은 숲처럼 보이기도 했고 정원처럼 보이기도 했습니다. 저는 그곳이 어디인지는 정확히 알 수 없었지만, 그가 하나님과 깊은 교제를 나누고 있다는 것만은 알 수 있었습니다. 요한은 그 자리에서 춤을 추기도 하고 하나님께 기도를 드리기도 했습니다. 하나님이 그의 말과 움직임, 행동 하나하나를 다 유심히 살피시고 기쁘게 받으신다는 느낌이 들었습니다.

사도 요한의 천국집의 모습

이후에 장면이 바뀌는 것처럼 보이기도 했고 순식간에 다른 곳으로 이동하는 것처럼 보이기도 했습니다. 요한의 모습을 따라 가니 어느 곳으로 들어가는 모습이 보였습니다. 저는 그곳이 사도 요한의 천국집이라는 것을 알 수 있었습니다. 요한의 집은 매우 크고 아름다운 궁궐처럼 보였습니다. 아름다운 저택 같은 집이었는데 집 주위를 밝은 빛이 감싸고 있었습니다. 집을 둘러싸고 있는 울타리는 흰색 페인트로 촘촘하게 칠해져 있었고, 장미와 해바라기, 튤립 등 예쁜 꽃들이 곳곳에 활짝 피어 있었습니다. 천사들이 요한의 집에 와서 꽃에 물을 주고 가는 모습도 보였습니다. 천사들의 모습은 너무나 신기하고 귀여웠습니다.

요한이 다니는 곳이 눈앞에 보였기에 요한의 집 내부를 볼 수 있었습니다. 요한이 집 안으로 들어가자 그곳에는 꽃들이 활짝 피어 있는 커다란 정원 같은 곳이 보였는데, 꽃들이 노래를 하고 있는 것처럼 느껴졌습니다. 그 노래는 하나님을 찬양하는 것 같았습니다. 저는 꽃들을 보며 하나님이 만드신 모든 생물이 하나님을 찬양한다는 말의 의미를 조금 더 깨달을 수 있었습니다.

요한의 집 안에는 다양한 동물도 있었습니다. 그 동물들은 땅에서 본 것과 거의 유사했지만 무언가 다른 느낌이 들었습니다. 동물들의 털에서 빛이 나는 것인지 정확히 무엇이 다른 것인지는 알 수 없었지만, 특별하다는 느낌이 들었습니다. 하나님이 사람을 만드시고 동물도 만드셨으며, 모두를 귀하게 여기신다는 생각이 들었습니다.

요한의 집 문은 금빛 나는 색이었고 문의 테두리에는 황금으로 자수가 놓여 있었습니다. 손잡이 역시 빛이 가득했습니다. 집은 정확한 수치로 말할 수 없을 정도로 크고 넓어서 한눈에 다 볼 수 없었습니다. 창문이 많이 보였고 창문들도 모두 빛이 가득했습니다.

문이 열리고 집 안을 본 저는 놀랍기도 하고 당황스럽기도 했습니다. 제가 생각한 것보다 화려하거나 빛이 나지 않았기 때문입니다. 수수하게 보였고 절제된 아름다움이 느껴졌습니다. 문을 열고 들어가자마자 새하얀 벽지가 가장 먼저 눈에 보였습니다. 일정한 간격으로 금빛 자수가 놓여 있는 벽지였습니다. 그곳에는 베이지색으로 보이는 커다란 소파가 하나 있었고 책들이 꽂혀 있는 책장 외에 다른 것은 보이지 않았습니다. 그리고 문을 열고 들어가자 바로 정면에 커다랗게 빛나는 십자가가 보였습니다. 그 십자가는 다이아몬드처럼 보이기도 했고 크리스털처럼 보이기도 했습니다. 아름다운 보석들을 더하여 만든 것처럼 보이기도 했습니다. 그 십자가가 요한의 집 전체와 정원, 밖과 주변까지 환하게 비추고 있다는 생각이 들었습니다.

집 안으로 들어간 요한은 자신이 있는 그 자리에서 무릎을 꿇고 예수님께 기도드렸습니다. 요한이 드리는 기도의 내용은 정확히 알 수 없었지만, 그의 마음 중심이 하나님을 너무나도 갈망하고 찬양하고 있음을 알 수 있었습니다. 그리고 예수님도 그의 그러한 마음을 너무나도 어여삐 여기시는 것이 느껴졌습니다.

예배드리는 사도 요한의 모습

이후 장면이 바뀌는 것처럼 순식간에 다른 모습이 눈앞에 보였습니다. 그곳은 예배를 드리는 곳으로 보였습니다. 금과 은, 아름다운 보석으로 가득 채워져 있었고 많은 의자가 보였습니다. 의자들은 하나님의 보좌 가까이에 있을수록 빛이 가득했습니다. 그 중에서 한 의자가 눈에 들어왔는데 저는 그것을 자세히 볼 수 있었습니다

다. 금으로 만든 것 같은 의자였고, 테두리와 손잡이에 붉은색의 실 같은 것으로 수가 놓여 있었습니다. 의자는 크고 화려했으며 왕이 앉는 것처럼 보이기도 했고 폭포가 쏟아지는 것처럼 보이기도 했습니다. 그리고 구름처럼 보이기도 했고 크리스털처럼 빛나는 투명한 유리 의자처럼 보이기도 했습니다.

저는 요한이 그 자리에 앉아 있는 것을 보고 그 자리의 주인이 요한인 것을 알 수 있었습니다. 요한의 머리에는 아름다운 면류관이 씌워져 있었습니다. 그 면류관은 금으로 화려하게 빛이 났는데, 머리 전체를 다 덮을 정도로 크고 화려했습니다. 면류관의 가장 위에는 크고 붉은색의 보석이 박혀 아름답게 빛나고 있었습니다. 또한 크고 작은 수많은 보석이 박혀 있었습니다. 처음에는 왕이 썼던 왕관의 모습으로 보였지만, 계속 보니 독수리의 날개처럼 느껴지기도 했고 빛 자체로 느껴지기도 했습니다.

요한은 그 자리에서 일어나 자신의 면류관을 하나님의 보좌 앞으로 올려드리고 무릎을 꿇고 경배의 찬양을 올려드렸습니다. 예배를 드리는 공간 가장 앞에는 하나님이 앉아 계신 것처럼 보였는데 그분의 얼굴은 빛 그 자체였기에 볼 수가 없었습니다. 태양보다 몇 배는 더 강한 빛을 가지고 계신 분이었습니다. 그렇기에 요한은 그 자리에서 무릎을 꿇고 하나님의 얼굴을 바라보지 못하는 것 같았습니다. 저는 그 모습을 보면서 하나님은 두려워해야 하는 분인 동시에 이 세상 만물 가운데 가장 거룩하시고 정결하신 분이라는 것을 느꼈습니다.

　예배를 드리는 동안 요한은 기쁨으로 가득했고, 빛이 그를 감싸 얼굴에 그늘진 곳이 하나도 없어 보였습니다. 하나님이 그가 드리는 모든 예배와 찬양을 기쁘게 받으심을 느낄 수 있었습니다. 요한은 그 어느 때보다 기쁘고 밝아 보였습니다. 예배드리며 찬양하는 요한의 모습은 보는 것만으로도 은혜가 되고 아름다웠습니다. 저는 그 모습을 보면서 제가 예배드리던 때의 모습을 돌이켜보게 되었습니다. 하나님께 예배를 올려드리는 것이 얼마나 기쁘고 감사한 것인지 깨달아지는 순간이었습니다.

　제가 본 요한의 모습은 항상 기쁨이 가득했고, 하나님을 예배하며 웃는 그의 얼굴은 꽃보다 빛나고 향기롭게 느껴졌습니다. 저는 사람에게 향기가 난다거나 아름다운 향기가 나는 사람이라는 등의 표현에 대해 정확히 깨닫지 못했는데 요한의 모습을 보고 그 의미를 알 수 있었습니다.

　요한의 모습을 보던 저와 예수님은 함께 춤을 추면서 기뻐했습니다. 그의 모습을 보는 것만으로도 은혜가 되고 힘이 되었습니다. 예수님도 요한의 모습을 보시며 입가의 미소가 떠나지 않으셨습니다. 저도 하나님이 기뻐하시는 삶을 살아야겠다고 다짐했습니다.

　요한이 예배드리는 모습을 보고 난 후 예수님의 모습을 본 저는 이런 생각이 들었습니다.

　'요한은 예수님을 무척이나 사랑했고 예수님도 요한을 무척이나 사랑하셨구나. 예수님은 요한이 기뻐 받으실 만한 예배를 드렸고, 그의 마음 중심을 아셨기 때문에 요한에게 많은 영적 비밀을 알려주신 것이 아닐까?'

저의 생각을 예수님께 직접 여쭤볼 수는 없었지만, 예수님이 요한의 모습을 보실 때마다 무척이나 기뻐하고 계심을 느낄 수 있었습니다. 저는 요한의 모습을 보며 예배에 대한 우리의 태도와 생각을 다시 새롭게 해야 한다는 마음이 들었습니다. 전심으로 하나님을 기뻐하고 찬양하는 예배를 드리는 것이 얼마나 아름다운 것인지 깨닫게 되었기 때문입니다.

요한의 모습을 다 보고 난 후 예수님은 저를 보고 환하게 웃으셨습니다. 저 또한 예수님을 보고 환하게 웃었습니다. 예수님은 저의 손을 잡으시며 이렇게 말씀해주셨습니다.

"오늘도 너와 교제할 수 있어서 너무나도 기쁘구나. 이제 다시 땅으로 돌아가 기뻐하며 나를 찬양하고 예배하는 삶을 살렴. 그것이 내가 너와 같은 수많은 영혼을 이 땅으로 보낸 이유란다."

"네, 예수님. 꼭 그럴게요! 오늘 요한의 모습을 보고 나서 예배에 대한 마음을 새롭게 할 수 있게 된 것 같아요. 하나님이 기뻐하시는 예배라는 것이 무엇인지 조금 알 것 같아요."

예수님은 저의 대답에 환하게 웃으셨고 저를 꼭 안아주셨습니다. 예수님 품 안에 안기자 마치 구름 위에 떠 있는 것 같고 솜사탕 위에 앉아 있는 것처럼, 아니 그보다 몇 배는 더 폭신하고 따뜻한 기분이 들었습니다. 그리고 저도 모르는 사이에 제 속사람이 육체 안으로 들어왔음을 알 수 있었습니다. 제 속사람이 육체 안으로 들어온 이후에도 저는 공중에 붕 떠 있는 기분이 들었고 마치 구름 위를 걷는 기분이 들었습니다. 머리가 어지럽고 제 몸이 제 것이 아닌 듯한 기분이 들었습니다.

D. L. 무디의 천국에서의 모습

사도 요한의 천국에서의 모습을 보고 나서 받은 은혜는 말로 표현할 수 없을 정도로 기쁘고 감사했습니다. 천국을 본다는 것은 정말 이 땅에서는 경험할 수 없는 황홀한 것임을 느꼈습니다.

저는 교회사를 배우면서 하나님 앞에 바로 선 믿음의 선배들에 대해 배웠습니다. 제가 교회사를 배울 때에도 하나님이 많은 은혜를 부어주셨습니다. 그리고 저 자신의 신앙생활과 앞으로의 삶의 태도 등 많은 것을 돌아보게 되었습니다. 그때 우연히 유튜브에서 D. L. 무디의 설교 영상을 보게 되었습니다. 1분도 되지 않는 매우 짧은 영상이었지만, 그의 설교에서 성령의 불이 강하게 역사함을 느꼈습니다. 그의 옆에 불기둥이 활활 타오르고 있는 듯한 느낌도 받았습니다. 이전에 무디의 신앙과 사역에 대한 이야기를 들었을 때에도 그에 대해 알고 싶었습니다. 그가 행한 사역에 대해 알게 되고 또 설교를 들으면서 어떻게 그렇게 강한 성령의 불이 역사할 수 있는지 더욱 궁금해졌습니다. 그래서 기도를 다 드리고 마지막에 예수님께 이렇게 말씀드렸습니다.

"예수님, 저는 너무너무 부족하고 아직도 제가 기도해야 할 제목들이 너무나도 많은 것을 알아요. 그리고 앞서 간 믿음의 선배들이 하나님이 주시는 어떠한 축복을 받았는지, 그들이 천국에서 어떠한 상급을 받았는지 알고 싶어요."

천사와 함께 천국에 가다

이러한 기도를 드린 지 약 일주일 정도 지났을 때 천사가 저를 찾아왔습니다. 그는 크고 흰 날개를 가지고 있었으며 손에는 빛나는 긴 창을 들고 있었습니다. 천사의 다른 한 손에서는 아름다운 향기가 났습니다. 천사가 손에 꽃을 들고 있는 줄 착각했을 정도로 너무나도 향기로웠습니다. 천사의 얼굴은 빛이 가득해서 정확히 볼 수 없었지만, 저를 보고 웃고 있음을 알 수 있었습니다. 천사의 주위에서 강한 빛이 뿜어 나왔는데, 저는 눈이 부셔서 눈을 찡그릴 수밖에 없었습니다. 제가 천사를 바라보지 못하자 천사가 제 손을 잡는 듯한 기분이 들었습니다. 저도 모르게 눈을 뜨자 눈앞에 천사의 모습이 보였습니다.

빛으로 가득한 천사의 얼굴은 너무나도 인자하고 아름다웠습니다. 저도 모르게 손을 뻗어서 천사를 향했을 때 제 속사람이 육체를 빠져나온 것을 느낄 수 있었습니다. 천사가 저를 안고 구름 위를 나는 듯한 기분이 들었고, 순식간에 어떠한 공간에 도착한 것을 보았습니다.

저는 그 공간에 와본 것 같았습니다. 천국도 아니고 지옥도 아닌 것 같았습니다. 예수님이 저를 위해 준비하신 특별한 곳이라는 확신이 들었습니다. 기분 좋은 바람이 불었고 햇살이 적당히 비추고 있었습니다. 제 속사람은 흰 세마포를 입고 있었습니다. 그 공간에는 푸른 들판이 있었는데 비가 온 뒤 물기가 채 마르지 않아 촉촉했습니다. 저는 발을 여기저기 옮기며 풀과 나무, 꽃 등을 구경했습니다.

제가 들판에 발을 디디며 걸어가자 제 발 밑에 있는 풀들이 저를 간지럽혔습니다. 그 풀들이 저에게 말을 거는 듯한 소리도 들렸습니다.

"아잇! 너무 간지럽잖아. 살살 밟아주면 좋겠어."

어린아이의 목소리 같았습니다. 너무 놀라 주위를 둘러보았지만 아무도 보이지 않았습니다. 아래를 내려다보니 작은 풀들과 개미들이 보였습니다. 땅에서 개미를 보았을 때는 생각하지 못했는데 그곳에서 본 개미는 너무 귀엽고 하나님이 만드신 생물이라는 생각이 들며 사랑스러웠습니다. 평소 같았으면 개미를 포함한 모든 곤충을 끔찍하게 싫어하는데 제가 생각해도 신기할 정도였습니다.

하나님께서 만드신 모든 피조물들이 아름다운 존재임을 다시 한번 느낄 수 있었습니다.

하나님이 만드신 자연의 모습

풀들과 개미들을 관찰하고 있을 때 하늘에서 밝고 큰 무지개가 보였습니다. 제가 태어나서 본 무지개 중 가장 크고 아름다웠습니다. 하나님이 만드신 자연에 감탄할 수밖에 없었습니다. 무지개와 주위 풍경을 보며 감탄하고 있을 때 빛이 다가오는 것이 보였습니다. 저는 그 빛이 예수님이심을 알았습니다. 태양처럼 강한 빛이었지만 눈이 아프지 않았습니다. 저는 그 자리에 무릎을 꿇고 예수님께 인사드렸고, 그곳에 있는 모든 생물도 예수님께 경례하는 것처럼 보였습니다.

예수님은 다가오셔서 저의 손을 잡아주셨습니다. 그 공간에 있는 모든 생물이 예수님을 기뻐 맞이하는 것처럼 보였습니다. '하나님이 처음 에덴동산을 창조하셨을 때 이런 모습이었을까?'라는 생각이 들 정도로 아름다운 모습이었습니다. 예수님은 손에 들고 계시던 꽃으로 만든 면류관을 저에게 씌워주셨습니다. 그 면류관은 얇은 잎들을 엮어서 만든 것처럼 보이기도 했고 빛들을 이어서 만든 것처럼 보이기도 했습니다. 그 면류관을 제 머리에 씌워주시자 면류관에서 뻗어 나오는 빛이 제 몸 전체를 감싸는 것이 보였습니다. 그 빛으로 인해 몸이 너무 가벼워져 폴짝폴짝 날아갈 것만 같은 기분이 들었습니다.

저는 너무 기뻐서 소리를 지르며 제자리에서 폴짝폴짝 뛰었습니다. 예수님은 저의 그런 모습을 보시고 환하게 웃어주시며 저와 함께 그 자리에서 손을 잡고 뛰셨습니다. 예수님은 저를 안아주시고 머리를 쓰다듬어 주셨습니다. 그때 느낀 기쁨은 평생 잊지 못할 정도로 너무나도 기쁘고 행복했습니다.

"내가 너에게 준 면류관을 기쁘게 받아주니 너무 고맙구나. 오늘도 나의 초대에 응해줘서 기쁘구나."

"예수님이 부르시면 언제든지 올 수 있어요! 당연히 올 거예요! 예수님과 교제하는 것보다 제게 더 중요한 것은 없으니까요!"

"그렇구나. 내가 오늘 너를 부른 이유는 너에게 또 다른 인물의 천국 집을 보여주기 위해서란다. D. L. 무디 역시 내가 기쁘게 여기고 사용한 자란다."

"아, 저는 무디에 대해서 많은 이야기를 들었어요. 무디가 행한 사역도 너무 놀라웠어요. 그리고 최근에 우연히 그의 영상을 봤는데 어떻게 그를 통해 그렇게 강한 성령의 불이 역사할 수 있었는지 너무 놀라웠어요!"

"그랬구나. 너의 기도소리를 듣고 내가 네가 말한 것들에 대해 알려주고 싶어서 너를 부른 거란다."

"네, 예수님! 진짜 너무너무 좋아요! 저 맨날 봐도 좋아요. 맨날 와도 진짜 너무 좋아요."

제 대답에 예수님은 흐뭇하게 웃으셨습니다.

천국에서의 D. L. 무디의 모습

저는 들판에 예수님과 함께 나란히 앉았습니다. 저와 예수님이 들판에 앉자 아까와는 달리 젖어 있는 풀이 하나도 보이지 않았습니다. 풀들이 저와 예수님을 감싸 안는 듯한 기분도 들었습니다. 저는 그 기분이 너무 신기하고 놀라웠습니다. 저의 눈앞에 어떠한 모습이 보였습니다. 그것은 천국의 모습이었습니다. 제가 천국의 그 공간에 있는 느낌은 아니었지만, 바로 제 앞에서 제가 보는 모습들이 펼쳐지는 것처럼 느껴질 정도로 생생했습니다.

제 눈앞에 보인 것은 D. L. 무디의 모습이었습니다. 그는 제가 유튜브에서 보았던 것과 매우 비슷한 모습이었습니다. 하얀 얼굴에 약간 어두운 눈동자를 가지고 있었습니다. 머리숱이 많지 않았고 목 아래까지 내려오는 기다란 수염을 가진 할아버지 같은 모습이었습니다. 그러나 그가 입고 있는 세마포는 희고 깨끗하며 은은한 빛이 났습니다. 겉으로 보인 모습은 할아버지였으나 할아버지라고는 할 수 없을 정도로 건강하고 맑은 영혼을 가진 것이 느껴졌습니다. 그는 어깨 위로 세마포 위에 얇은 망토 같은 것을 걸치고 있는 것처럼 보였습니다. 그 망토 역시 하얗고 빛이 났으며 망토 위에 금색과 은색 실로 자수가 놓여 있는 것이 보였습니다. 아름답고 화려했지만 과하다는 느낌이 들지 않는 아름다운 자수였습니다. 무디는 어두운 갈색의 깔끔한 구두를 신고 있었습니다. 손에는 책 같은 것이 들려 있었는데, 성경책이라는 느낌이 들었습니다.

저는 그것이 무디가 처음 천국에 갔을 때의 모습이라는 생각이 들었습니다. 예수님이 천국에 온 무디에게 다가가셔서 아름다운 면류관을 씌워주시는 모습이 제 눈앞에 환상처럼 보였기 때문입니다. 그 면류관은 너무나도 아름다웠습니다. 제 눈에 보인 면류관은 계단처럼 위로 갈수록 점점 높아지는 모양이었습니다. 전체가 금으로 뒤덮여 있었고 가장 위에는 크고 아름다운 보석이 박혀 있었는데 에메랄드인 것처럼 느껴졌습니다. 그 중에서 가장 기억에 남은 것은 면류관 양 옆에 아름다운 꽃이 피어 있는 것이었습니다. 제가 아는 꽃 중에서 라넌큘러스와 가장 비슷해 보였습니다. 연분홍색처럼 보이기도 하고 흰색처럼 보이기도 하는 아름다운 꽃이었습니다.

예수님이 면류관을 씌워주시자 무디는 그 자리에서 무릎을 꿇고 예수님을 경배했습니다. 예수님은 환하게 웃으시며 말씀하셨습니다.

"나의 사랑하는 아들아, 네가 이 땅에서 맡은 바 사명을 잘 감당하였구나. 참으로 기쁘구나."

"네, 주님. 이렇게 주님을 뵐 수 있어 기쁩니다. 이제 영원히 주님 곁에서 오직 주 여호와만을 찬송하겠나이다."

예수님은 환하게 웃으시면서 무디의 등을 쓰다듬어 주셨습니다.

D. L. 무디의 천국 집 모습

이후 제 눈앞에는 다른 모습이 보였습니다. 저는 그 모습을 보고 무디의 천국 집이라는 것을 알 수 있었습니다. 제 눈앞에 무디의 집을 포함하여 몇 개의 집이 같이 보였지만, 그 중 무디의 집이 가장 크게 보였습니다. 제가 본 무디의 집은 지붕이 붉은색이었고, 벽은 연한 핑크색과 다홍색 사이 정도의 색깔이었습니다. 집 주위에는 희고 큰 울타리가 쳐져 있었고, 울타리에는 장미 넝쿨이 활짝 피어 올라와 있었습니다. 장미는 이 땅에서 본 것보다 활짝 피어 있었지만, 왠지 가시가 없는 장미라는 느낌이 들었습니다. 무디의 집에는 생명수가 흐르고 있었는데, 생명수로 인해 집이 깨끗하고 밝게 유지되는 것처럼 보였습니다.

천국에서 예배하는 D. L. 무디의 모습

이후 또 장면이 바뀌면서 다른 모습이 보였습니다. 아까 예수님이 씌워주신 면류관을 쓰고 있는 무디가 보였습니다. 처음에는 무디의 얼굴이 보였으나 이번에는 빛이 너무 강해 얼굴을 볼 수가 없었습니다. 제가 보고 있는 장면은 천국에서 예배를 드리는 모습인 것 같았습니다. 바로 앞에 크고 빛나는 십자가가 보였습니다. 무디가 예배를 드릴 때 하나님이 보좌에 앉아계신 것처럼 보였습니다. 하나님의 얼굴은 빛 그 자체였기에 볼 수 없었습니다. 무디는 자신의 자리에서 춤을 추며 기뻐하면서 하나님을 찬양하고 예배드렸습니다.

　무디가 앉아 있는 자리는 하나님이 앉아계신 보좌에서 매우 가까웠습니다. 무디의 자리는 황금으로 칠해져 있었고 양 옆으로 강한 빛이 뻗어 나오고 있었습니다. 가장 놀라웠던 것은 의자의 모서리에서 붉고 강한 불이 나오는 것이었습니다. 저는 이제껏 여러 인물이 천국에서 예배드리는 모습을 보았지만 불이 나오는 것은 본 적이 없었습니다. 성령이 무디에게 얼마나 강권적으로 역사하셨는지가 느껴졌습니다. 너무 놀라웠습니다.

　기뻐하고 춤추며 예배하고 찬양하는 무디의 모습은 어린아이처럼 순수하게 느껴졌습니다. 빛이 강했기에 그의 얼굴 표정을 제대로 볼 수는 없었지만, 어떤 근심 걱정도 없이 해맑게 느껴졌습니다. 무디가 기뻐하며 찬양하는 모습을 보니 저도 너무 기쁘고 감사하는 마음이 올라왔습니다. 저도 그 자리에서 예수님과 함께 춤추며 즐거운 시간을 보냈습니다.

예수님과 D. L. 무디의 모습

　이후 장면이 바뀌면서 또 다른 모습이 보였습니다. 그곳은 제가 있는 곳과 비슷하게 보이는 들판 같은 곳이었습니다. 그리고 무디가 무릎을 꿇고 앉아 있었습니다. 처음에는 천국의 다른 공간이라는 생각이 들었습니다. 그러나 계속해서 그 공간을 보다 보니 무디의 집이라는 생각이 들었습니다. 무디가 있는 곳 주위에 수많은 꽃이 보였고 집의 모습도 어렴풋이 보였기 때문입니다.

무디는 그곳에서 예수님을 기다리는 것처럼 보였고, 그의 앞에 빛으로 나타나신 예수님의 모습이 보였습니다. 예수님은 빛 그 자체셨기에 형상이 명확히 보이지 않았습니다. 무디는 예수님의 모습을 보고 그 자리에 엎드렸습니다. 얼굴이 정확히 보이지는 않았지만 그 자리에 엎드려 우는 것처럼 느껴졌습니다. 예수님은 무디의 어깨를 살포시 잡아 일으키시며 그를 안아주셨습니다. 예수님이 무디를 잡아 일으키시며 안아주실 때 제 눈에 그분 손에 있는 못 자국이 보였습니다. 무디가 그 못 자국을 보고 눈물을 흘린 것이라는 생각이 들었습니다. 예수님은 계속해서 무디를 달래주셨습니다. 무디가 무릎을 꿇고 예수님의 얼굴을 마주하자 예수님이 그에게 자신의 손을 펼쳐 보여주셨습니다. 그때에는 놀랍게도 손의 못 자국이 붉은색이 아닌 빛으로 보였습니다. 그 모습을 본 무디는 더욱 놀라 눈물을 흘렸습니다.

"오, 주여. 주님 손의 못 자국을 제가 아나이다. 주님의 이 손과 희생으로 제 영혼이 구원받을 수 있었나이다. 나의 주님이시여, 주님만 높임을 받으소서."

"그래, 나의 착하고 충성된 자여. 내가 너의 마음의 중심을 알고 영혼을 향한 너의 마음 또한 내가 아노라. 나의 맡은 바 사명을 잘 감당하고 돌아왔으니 이제 이 천국에서 나와 함께 쉼과 안식을 누리자."

예수님과 무디가 대화하는 것을 보자 제 마음에도 평안이 찾아오는 것이 느껴졌습니다. 저는 예수님과 무디의 모습을 보면서 하나님이 기뻐하시는 자와 예수님과 친밀한 자가 누리는 영적인 축복과 은혜에 대해 자연스럽게 깨달아졌습니다. 그리고 하나님이 허락하신 삶 가운데서 하나님께 영광을 돌리며 사는 것이 얼마나 가치 있고 귀한 삶인지도 알 수 있었습니다.

예수님과 함께 무디의 모습을 보면서 많은 생각이 들었습니다. 예수님은 저를 살피시면서 저의 마음을 헤아려주시는 것 같았습니다.

"무디가 천국에서 지내는 모습을 보니 어떠한 마음이 들었니?"

"음. 제가 생각한 것보다 무디는 더 하나님을 사랑하고 예수님과 동행했고 성령님과 깊은 교제를 나눈 사람인 것 같아요. 제가 오늘 다 보지 못했고, 또 보더라도 다 이해하지 못할 부분이 훨씬 많겠지만 무디의 모습 하나하나가 다 은혜가 돼요. 이 땅에서 하나님의 자녀가 어떻게 살아야 하는지, 그리고 하나님이 기뻐하시는 삶을 살아야 하는 이유에 대해서도 다시 한번 깨닫게 되었어요."

"그렇구나. 영적인 세계란 미처 말로 다 표현하지 못하는 부분이 훨씬 더 많지. 그렇기에 네가 오늘 보고 느낀 것을 나에게 전달하고 표현하는 것에도 약간의 어려움이 있는 것 같아 보이는구나."

"맞아요. 저는 더 잘 말씀드리고 싶은데 어떻게 표현해야 할지 모르겠는 부분도 많았고 어떤 말과 단어를 사용해야 더 잘 설명할 수 있을지 헷갈리는 것도 많았어요. 어떻게 하면 더 잘 전달할 수 있을지 너무 고민이 돼요."

"허허. 아주 중요한 고민을 하고 있구나. 계속해서 영적인 세계를 사모하고 표현하려고 한다면 그것은 자연스럽게 성장할 거란다. 너무 걱정하지 말렴."

"네. 그리고 저는 오늘 무디의 모습을 보면서 느낀 점이 있는데요. 요즘 사람들은 교회를 나가도 예전만큼 열정적으로 하나님을 찬양하지 않는 것 같아요. 물론 교회에서 열정적으로 찬양하는 것만으로 그 사람의 신앙생활을 평가할 수는 없지만, 기도하는 시간도 줄고 예배드리는 시간도 줄고 있다는 생각이 들어요."

"그렇단다. 시간이 지날수록 세상은 더욱더 악해지고 신앙생활을 하던 성도들도 신앙을 지키기 어려운 시대가 온단다. 그래서 영적인 세계를 알고 무엇이 선이고 악인지, 또 하나님이 기뻐하시는 것이 무엇인지, 성경의 관점과 세상의 관점이 무엇인지 등을 잘 분별하는 것이 중요하단다."

"그런 것들을 잘 분별하기 위해서 영적인 세계를 알아야 하는 것이고, 그래서 저한테 자꾸 보여주시는 거죠? 맞죠?"

"하하, 그래. 이제 내가 말하지 않아도 아주 잘 알고 있구나."

"네, 예수님. 그런데 천국은 볼 때마다 너무 기쁘고 좋은데 지옥은 볼 때마다 너무너무 힘들어요. 지옥을 볼 때마다 한숨만 나올 정도로 너무 답답하고 힘들어요. 그래도 지옥을 알아야겠죠? 죄가 얼마나 무서운 것인지에 대해서 알려면요…."

"그렇지. 지옥을 보는 것은 매우 힘든 일이지만, 지옥도 반드시 알아야 하는 영적인 세계란다. 네가 지옥을 보더라도 힘이 들지 않게 내가 보호할 것이니 너무 걱정하지 않아도 된단다."

"네, 예수님. 걱정은 안 해요! 그저 천국이 더 좋을 뿐이에요. 저는 매번 예수님과 천국에 대해서 보고 천국에서 대화할 때마다 돌아가기 싫을 때가 많았거든요. 하지만 지금 가는 것보다 이 땅에서 예수님이 저에게 맡기신 일을 잘 감당하고 천국에서 더 기쁘게 예수님을 만나고 싶어서 참는 거예요."

예수님은 호탕하게 웃으시면서 제 머리를 쓰다듬어 주셨습니다.

"하하하, 그래. 아주 야무지구나. 언제나 내가 너와 함께 있다는 것을 잊지 말아라."

예수님이 제 이마에 뽀뽀를 해주셨고 제 속사람이 급하고 강한 바람과도 같이 제 육체 속으로 들어온 것이 느껴졌습니다. 저는 속사람이 육체 속으로 들어오고 나서 예수님이 제 곁에 머물고 계시는 것을 느꼈습니다. 영적인 눈으로 예수님의 모습이 보였고 예수님의 빛나는 손이 보였습니다. 그 손이 너무나도 선명하게 보였고, 예수님의 손바닥에 난 못 자국도 보였습니다. 그러나 그 못 자국은 붉게 물든 못 자국이 아닌 빛으로 가득한 못 자국이었습니다. 그것을 보는 순간 예수님의 사랑이 느껴졌습니다. 그리고 제 눈에서 뜨거운 눈물이 흘렀습니다. 저의 죄를 위해 죽으신 것에 대한 회개의 눈물이었습니다.

저는 천국과 지옥의 모습을 함께 보면서 천국은 빛으로 가득한 아름다운 곳이지만, 지옥은 어둠 속에서도 가장 어두운 곳이라는 느낌을 받았습니다. 그리고 예수님이 저에게 천국에서 바울과 사도 요한, 스데반, D. L. 무디의 모습을 보여주신 것은 그들이 천국에서 받은 상급을 보며 천국을 소망하는 삶을 살게 하려는 것임을 알게 되었습니다. 반면에, 제가 지옥에서 본 사람들의 모습은 성경에 나오는 인물 중 하나님이 진노하시는 죄악을 범해 지옥에 가게 된 이들의 모습이라는 것을 알게 되었습니다.

오늘날 많은 사람이 아무 목표 없이, 아무 소망 없이 살고 있습니다. 저는 그런 사람들이 예수님의 사랑을 진정으로 깨닫게 되면 소망을 가지고 이 땅의 삶을 살 수 있을 것이라는 생각이 들었습니다. 그리고 저도 영적인 세계를 알고 나서 천국을 더욱 소망하게 되었고 예수님을 갈망하게 되었습니다. 저는 천국과 지옥의 모습을 보며 하나님은 우리가 이 땅에서 소망을 가지고 하나님 나라를 위해 일하고 복음을 전하며 하나님의 형상대로 아름답게 회복되는 것을 원하신다는 것을 깨달았습니다.

많은 사람이 천국과 지옥이 존재한다는 것을 알고 있습니다. 그러나 정확히 천국에서 어떠한 상급을 받고 이 땅에서 어떠한 삶을 살아야 하는지를 잘 분별하기 위해 하나님이 제게 천국과 지옥을 보여주신 것이라는 생각이 들었습니다. 그리고 천국과 지옥의 모습을 통해 예수님의 십자가 사랑을 더욱 깨닫고 천국을 소망하며 살기를 원하신다는 생각도 들었습니다. 저는 많은 사람이 천국과 지옥의 모습, 영적인 세계를 깊이 깨닫고 이 땅에서의 삶에 소망을 얻으며 하나님의 형상대로 회복될 수 있기를 기도합니다.

Chapter 2.
교회의 모습

4장_소아시아 일곱 교회의 모습

2019년 여름에 실로암세계선교회에서 주최하는 영적 답사를 다녀왔습니다. 터키와 그리스의 유적지들을 보면서 영적인 상태를 진단하고 살펴보는 시간을 가졌습니다. 특히 소아시아 일곱 교회의 터는 하나님의 은혜가 부어졌던 곳이기에 영적인 은혜도 있었지만, 악한 영들이 퍼져 있는 상태도 달랐고 예수님이 하시는 말씀 등 많은 것이 달랐습니다. 각 유적지에서 그곳에 있는 악한 영들을 진단하고 살펴보면서 크고 작은 영적인 비밀을 알 수 있는 은혜를 받았습니다. 그 당시 교회의 터에서도 많은 것을 보여주셨고, 다녀온 후에는 더 많은 영적인 비밀을 알게 해주셨습니다.

에베소 교회

"에베소 교회의 사자에게 편지하라 오른손에 있는 일곱 별을 붙잡고 일곱 금 촛대 사이를 거니시는 이가 이르시되 내가 네 행위와 수고와 네 인내를 알고 또 악한 자들을 용납하지 아니한 것과 자칭 사도라 하되 아닌 자들을 시험하여 그의 거짓된 것을 네가 드러낸 것과 또 네가 참고 내 이름을 위하여 견디고 게으르지 아니한 것을 아노라 그러나 너를 책망할 것이 있나니 너의 처음 사랑을 버렸느니라 그러므로 어디서 떨어졌는지를 생각하고 회개하여 처음 행위를 가지라 만일 그리하지 아니하고 회개하지 아니하면 내가 네게 가서 네 촛대를 그 자리에서 옮기리라 오직 네게 이것이 있으니 네가 니골라 당의 행위를 미워하는도다 나도 이것을 미워하노라 귀 있는 자는 성령이 교회들에게 하시는 말씀을 들을지어다 이기는 그에게는 내가 하나님의 낙원에 있는 생명나무의 열매를 주어 먹게 하리라"(계 2:1-7).

예수님이 부르시다

터키를 다녀온 뒤 한동안은 시차 적응을 하는 것이 너무 힘들었습니다. 한 달이 조금 안 되는 기간 동안 밤에는 잠을 자지 못하다가 아침에 잠들어서 오후 3~4시쯤에 일어나는 생활이 반복되었습니다. 생활 패턴이 흐트러지고 잠을 자지 못하니 머리가 너무 어지러웠습니다. 낮에는 아무것도 하지 못할 정도로 머리가 아팠고 오후가 돼서야 겨우 잠에 들 수 있었습니다. 저는 이를 기도 제목으로 놓고 하나님께 기도했습니다.

"주님, 제가 제시간에 잠을 자지 못해서 몸이 너무 힘들어요. 편안히 잠을 잘 수 있도록 도와주세요."

제가 기도드리고 나서 조용히 묵상을 하면 예수님의 음성이 들렸습니다. 예수님의 음성은 들을 때마다 달콤하고 따스했습니다.

"얼른 나의 손을 잡으렴."

누워서 눈을 감고 조용히 하나님께 기도하는데 멀리서 울리는 듯한 목소리가 들렸습니다. 그것은 마치 산에서 외친 소리가 메아리가 되어 돌아오는 소리 같았습니다. 산을 울릴 정도로 크고 웅장한 목소리처럼 들리기도 했고, 아버지가 저를 부르는 목소리처럼 친근하게 들리기도 했습니다. 처음에는 제가 잘못 들은 건가 싶었습니다. 그러나 산에서 울리는 것 같은 소리가 집에서 들릴 리가 없다고 생각해서 그 음성에 대답했습니다.

"네? 다시 한 번 말씀해주세요."

"어서 내 손을 잡으렴. 내가 너에게 보여줄 것이 있단다."

두 번째 들었을 때에도 멀리서 울리는 듯한 목소리였지만, 그 소리가 바로 제 옆에서 나고 있다는 것이 느껴졌습니다. 또한 그것은 사람의 목소리가 아니라 예수님이 저를 부르시는 소리가 확실하다는 확신이 생겼습니다.

"네, 예수님! 예수님이 부르시는 데로 갈게요!"

예수님의 음성에 대답하자 제 주위로 급하고 강한 바람이 다가오는 것이 보였습니다. 너무 빨라서 눈에 보이지 않을 정도로 급하고 강했습니다. 그 바람은 천둥이 치는 것처럼 번쩍거리기도 하고 손전등과 같은 빛처럼 보이기도 했습니다. 시원한 기분이 들기도 했고 뜨거운 것처럼 느껴지기도 했습니다. 바람이 저를 덮친 것인지 불이 저를 덮친 것인지 헷갈릴 정도였습니다. 정확히 어떤 것인지 말로 표현할 수 없을 정도로 여러 느낌이 있었지만, 그 바람은 예수님이 보내신 것임을 확실히 느낄 수 있었습니다.

저는 눈을 감고 손을 바닥에 내려놓은 채로 편하게 누웠습니다. 바람은 순식간에 제 몸 전체를 감싸 안았고 속사람이 바람에 휩싸여 육체 밖으로 빠져나온 것을 알 수 있었습니다. 머리에서부터 발끝으로 순식간에 속사람이 빠져나왔지만, 전혀 빠르거나 급하다는 생각은 들지 않았습니다. 속사람이 밖으로 빠져나오자 제 몸이 공중에 붕 뜨는 것처럼 느껴졌습니다. 인간적으로는 조금 두려운 마음도 있었습니다. 그러나 바람이 이끄는 대로 제 몸을 맡기기로 하자 순식간에 어디론가 날아가는 것처럼 느껴졌습니다. 제 눈에 익숙한 장면들이 보였고 그 풍경들은 현실이 아닌 환상 속에서 보는 것이라는 느낌이 들었습니다.

에베소 교회의 모습

어느 한 곳에 다다랐습니다. 그곳에서 저는 큰 돌 위에 앉아 주위를 둘러보았습니다. 환상 속에서 주위를 둘러보다 보니 제가 터키에서 본 에베소 교회의 터임을 알 수 있었습니다. 그러나 실제로 가서 본 에베소 교회의 모습이나 사진으로 보았던 모습과는 다른 부분이 많았습니다.

주위를 둘러보고 있을 때 누군가 제 옆에 다가오는 듯한 느낌이 들었습니다. 그렇지만 전혀 무섭거나 겁나지 않았고 너무나 따뜻한 느낌이 들었습니다. 빛이 제 곁으로 다가오는 듯한 느낌도 들었습니다. 저는 예수님이 제 곁으로 다가오고 계시는 것임을 알 수 있었습니다. 저는 환한 얼굴로 예수님을 맞이했고, 예수님은 저를 보시고 저보다 더 밝게 웃어주셨습니다. 예수님은 제 옆으로 다가오셔서 같이 바위에 앉으셨고 제 손을 잡아주셨습니다.

"예수님! 역시 예수님이실 줄 알았어요! 환한 빛이 다가오는 걸 보자마자 눈치를 챘는 걸요."

예수님은 저에게 따뜻한 미소를 보여주시며 환하게 웃어주셨습니다.

"내가 너를 이곳으로 데리고 온 이유는 교회들의 모습을 보여주기 위해서란다. 각 교회마다 맺은 열매가 무엇이고, 어떤 반석이 교회들을 뒷받침하고 있는지 등을 알려주기 위해서란다."

"저는 교회들마다 열매가 있을 것이라고는 생각했지만, 예수님이 직접 보여주실 줄은 몰랐어요. 저희 교회도 제가 영적인 눈으로 보았을 때 어떤 열매가 맺혀 있고 자라고 있는지 등이 매번 달랐거든요. 어떤 날은 열매들이 싱싱해 보였고 어떤 날은 생기가 없어 보인 적도 있었어요. 교회들을 받치고 있는 반석도 다 다르다고는 알고 있었지만, 예수님이 직접 알려주실 줄은 몰랐어요."

"그렇구나! 네가 얼마 전에 일곱 교회가 세워진 터들을 다니면서 영적인 상태를 보고 진단하며 배우는 것을 내가 다 보았단다. 그 땅에 있을 때부터 너를 불러서 알려주고 싶었지만, 그곳에 있는 악한 영들이 가로막고 있어서 천사들을 보내지 못했지. 그래서 네가 한국에 돌아와 너의 교회 안에서 어느 정도 마음의 안정을 취한 것을 보고 너를 부른 것이란다."

"아아! 예수님! 정말 감사해요. 너무 좋아요! 오늘은 또 어떤 영적인 비밀들을 알려주실지 너무 궁금해요!"

예수님은 제 말에 웃으시면서 손으로 어딘가를 가리키셨습니다. 그러자 제 눈앞에 교회의 모습이 보였습니다. 터만 남아 있는 것이 아니라 실제로 교회 형태를 갖추고 있는 건물이 보였습니다.

에베소 교회의 열매

제 눈에 보인 교회의 건물은 하얗고 깨끗했습니다. 건물의 규모도 크고 넓었으며 하늘도 맑고 푸르게 보였습니다. 흙으로 잘 다져진 대지 위에 교회가 세워져 있었습니다. 특이한 것은 교회 옆에 둘레가 제법 두꺼운 나무가 보였습니다. 그 나무는 잎이 매우 푸르고 열매도 잘 익어 있었습니다. 나무의 열매는 천도복숭아와 비슷하게 보이기도 했고 하트 모양처럼 보이기도 했습니다. 약간 푸른빛이 도는 초록색의 잎이 무성히 달려 있었고, 나무 주위에 참새와 다람쥐 등 각종 동물이 머물러 있는 모습도 보였습니다.

나무와 열매를 보던 와중 특이했던 점은 열매의 색이 두 가지 이상으로 보인 것입니다. 붉은색 혹은 주황색으로 보이기도 했고 노란색으로 보이는 부분도 있었습니다. 새빨간 색으로 보이는 부분도 보였습니다. 저는 그 열매의 맛이 궁금해졌습니다. 예수님은 제 마음을 아셨는지 열매들에 대하여 설명해주셨습니다.

"저 열매 중 붉게 보이는 쪽이 잘 익은 열매란다. 잘 익은 열매는 물이 많고 신맛이 하나도 느껴지지 않으며 달콤하게 느껴지기까지 한단다. 반면에 노랗게 보이거나 약간 덜 익어 보이는 것, 혹은 가끔 가다가 짓눌린 것처럼 보이는 열매는 신맛이 느껴지거나 상한 것이란다. 열매의 맛이 느껴지니?"

예수님이 말씀하시자 제가 열매를 따 먹은 것도 아닌데 혀에서 열매의 맛이 느껴지는 것 같았습니다. 너무 놀랍고 신기했습니다.

제가 '붉은 부분의 열매를 먹어야지'라고 생각하면 달콤한 맛이 느껴졌고, '덜 익은 부분의 열매를 먹어야지'라고 생각하면 시큼한 맛이 느껴져 인상이 찡그려졌습니다.

"예수님, 같은 교회에서 맺힌 하나의 열매인데 왜 이렇게 맛이 다른 거예요? 으, 너무 셔!"

"하하! 많이 시니? 열매가 반만 익어서 그렇단다. 아직 나무에 맺힌 열매들이 다 익을 정도로 뿌리를 내리지 못했기 때문에 그런 것이란다. 다시 앞의 모습들을 보렴."

예수님이 말씀하시자 언제 그랬냐는 듯이 혀에서 느껴졌던 맛들이 느껴지지 않았습니다.

에베소 교회의 반석

제 눈앞에는 교회 건물이 보였습니다. 그리고 건물 아래에는 두꺼운 반석이 보였습니다. 그 반석은 흰 대리석처럼 보였는데, 긁힌 자국이나 흠집이 하나도 보이지 않았습니다. 세로는 가로 길이의 절반 정도 되는 것 같았고, 매우 두껍게 느껴졌습니다. 그 반석은 네모난 틀에 넣어서 만든 것처럼 완벽한 직사각형으로 보였습니다. 예수님은 저에게 이 교회의 반석과 열매의 모양을 잘 기억해두라고 말씀하셨습니다.

"에베소 교회의 반석과 열매의 모양을 잘 기억해두렴. 에베소 교회의 성도들은 거짓된 자들을 드러냈고, 참고 견디면서 게으르지 않았지. 그들의 모든 행동과 마음을 내가 잘 안단다. 그러나 그들은 바울이 떠난 후, 예수 그리스도에 대한 처음 사랑을 잃어버렸단다. 그리고 모양과 형태도 서서히 변해갔단다."

예수님의 말씀을 들으면서 반석과 열매의 모양을 보았습니다. 그 말씀대로 모양들이 서서히 조금씩 변해가는 것이 보였습니다. 너무 놀라우면서 믿기지 않았습니다.

"예수님, 바울이 3차 전도 여행 중에 2년 3개월간 머물며 강론했을 때는 앞에서 제가 보았던 모습이었는데 이후에 처음 사랑을 잃어버리면서 모양이 이렇게 조금씩 변해갔다는 거죠?"

"그렇단다. 바울이 에베소 교회에 머물며 성도들을 이끌어주었을 때에는 앞에서 네가 보았던 모습이었단다. 그러나 바울이 떠나고 난 이후 이들은 서서히 신앙에 대한 흥미를 잃어갔단다. 처음 사랑을 잃어버린 것이지. 이들의 영적인 상태가 이렇게 서서히 변해간 것을 보여주는 거란다."

점차 변해가는 에베소 교회의 모습을 보며 말씀하시는 예수님의 목소리에서 힘이 없게 느껴졌습니다. 예수님은 너무 강하시고 한없는 은혜를 부어주실 수 있는 분인데 에베소 교회의 성도들이 예수님께 기도하고 구하지 않았다는 생각이 들었습니다.

점차 식어가는 에베소 교회

제가 처음에 환상 속에서 에베소 교회의 모습을 보았을 때는 넓고 광활하며 온기가 남아 있는 것이 느껴졌습니다. 그러나 바울이 떠난 이후 시간이 지나면서 차갑게 식어가고 남아 있던 교회의 온기도 서서히 사라지는 것이 느껴졌습니다. 교회의 하얀 건물은 더 차갑게 식어서 냉기가 감도는 것 같았습니다. 날카로운 바람이 교회에 불어오자 사람의 온기를 느끼기 힘들 정도로 차갑게 식은 것입니다.

반석의 모습도 처음에 보았을 때와 차이가 있었습니다. 처음 보았을 때는 비교적 튼튼하고 단단하게 보였습니다. 그러나 대지가 서서히 메말라가고 반석도 조금씩 금이 가며 차가운 공기들이 감싸는 것이 눈에 보였습니다. 네모난 틀에 넣어서 만든 것 같았던 반석의 모양도 점차 흐트러지는 것이 보였습니다.

이후 교회 안의 모습이 보였습니다. 저는 그 모습을 유심히 보았습니다. 교회 안에서는 성도들끼리 진리가 무엇이냐고 서로 따지고 다투는 모습이 보였습니다. 처음에는 자신들의 의견을 내세우다가 이내 다툼으로 번졌습니다. 이러한 논쟁과 다툼이 계속되면서 성도들의 마음이 차갑게 식어가고 사랑이 사라져가는 것이 느껴졌습니다.

시간이 지나면서 반석도 점차 식어가는 것이 보였습니다. 대리석 같던 반석이 나중에는 얼음과 같아서 맨손으로는 잡기가 어려울 정도로 차갑게 식었습니다. 처음에는 하얀색이었던 반석이 점차 투명해졌습니다. 돌이 아닌 투명한 유리, 마치 얼음과 같은 모습으로 보였습니다.

반석이 식어가면서 그 속에 있던 나무로 된 십자가가 보였습니다.

"예수님! 저기 보세요! 에베소 교회의 반석 안에 십자가가 보여요!"

"그렇지. 그러나 십자가를 자세히 보렴. 십자가가 생기를 띠고 있는 것처럼 보이니?"

예수님의 말씀을 듣고 십자가를 자세히 살펴보았습니다. 십자가는 아무 생기도 없이 형태만 있는 것처럼 느껴졌습니다. 나무로 된 십자가가 수분이 하나도 없이 마른 것처럼 느껴졌습니다. 십자가를 보는 순간 '보이는 것에만 치중하다 보니 교회가 본질적으로 추구해야 하는 것에 대해 은혜를 구하지 못한 것은 아닐까?'라는 생각이 들었습니다.

십자가를 보고 나서 대지의 모습을 보았습니다. 대지는 처음에는 수분을 많이 머금고 있는 어두운 갈색의 흙으로 보였습니다. 그러나 다시 보았을 때는 모래와 같은 모습으로 변해가고 있었습니다. 바람이 불면 흩날릴 것 같이 힘이 없어 보였고, 바람이 부는 방향에 따라 이리저리 흔들릴 것처럼 느껴졌습니다.

교회 옆에 있던 나무의 모습을 다시 보니 처음에 푸르렀던 나무의 잎도 점차 생기를 잃어가고 있었습니다. 잎은 푸른빛을 잃고 점차 말라가며 갈색의 낙엽 같은 모습으로 보였습니다. 푸르렀던 잎이 갈색으로 변해가는 것이 보였고 손에 닿기만 해도 바스락거리며 으스러질 것 같았습니다. 그중에서는 이미 말라 비틀어져 땅으로 떨어진 잎들도 보였고, 간신히 나무 끝에 매달려 있는 것처럼 보이는 잎들도 있었습니다.

잎의 모습을 본 이후 열매가 눈에 들어왔습니다. 열매 역시 처음에는 대부분의 열매가 절반만 익은 것으로 보였습니다. 그러나 잎과 대지가 말라가고 교회 안에 사랑이 식어가면서 열매들이 모두 생기를 잃고 먹기 힘들 정도로 마르고 쪼그라들었습니다. 제 눈에는 쪼그라든 열매들이 곶감과 같은 모습으로 보였습니다. 열매 속에서 조금 늦게 수분이 빠지거나 마른 열매들을 벌레들이 갉아 먹은 흔적도 보였습니다. 이미 썩어서 땅에 떨어진 열매들을 먹으려고 각종 벌레가 모여드는 모습도 보였습니다. 열매들 아래와 사이에 개미들이 집을 짓는 모습도 보였고, 나무에는 거미줄이 생기는 것도 보였습니다. 처음에 보았을 때는 하늘이 푸르고 맑다고 생각했는데 어둡고 먹구름이 끼어 있는 것처럼 보였습니다. 나무 주위에서 놀던 새들과 동물들도 사라져서 보이지 않았습니다.

사랑을 잃어버린 에베소 교회

제 눈앞에 보이던 에베소 교회의 모습이 순식간에 이렇게 변한 것을 보니 너무 충격적이고 놀라움을 감출 수가 없었습니다.

"예수님, 어떻게 교회가 이렇게 변할 수가 있는 거예요? 바울이 머물러 있다가 떠났을 뿐인데, 심지어 진리가 무엇인지를 구하고,

진리에 대해서 찾다가 처음 사랑을 잃어버릴 수가 있다니요…."

"물론 모든 교회가 다 이렇게 된다거나 이렇다는 것은 절대 아니란다. 교회 안에서 방향을 바로잡아줄 지도자가 없고 그리스도에 대한 사랑을 잃어버리는 것이 문제인 거란다. 교회는 근본적으로 사랑이 있어야 한단다. 교회 안에 사랑이 없는 것은 절대 있어서는 안 되는 일이니까. 그리스도를 사랑하고 이웃을 사랑하며 하나님이 창조하신 세상을 사랑해야 하지. 그 사랑을 잃어버리면 아무리 열심히 진리를 찾고 추구한다고 해도 결국은 차갑게 식어버리게 된단다."

"아, 교회에서 사랑을 잃어버리는 것은 너무나도 위험한 것이네요. 교회는 무슨 일이 있어도 하나님과 예수님에 대한 사랑을 잃으면 안 되는 것이고요. 그리고 그 사랑을 세상에 전하는 것이 교회의 역할이니까요."

"그렇지. 교회는 절대 사랑을 잃어버려선 안 된단다. 이 땅에 교회를 세운 이유는 사랑으로 섬기고 사랑으로 하나님을 전하기 위함이니까. 교회가 근본적인 진리를 찾는 것도 물론 중요하지. 그러나 그것을 찾기 위하여 사랑이라는 또 다른 근본적인 것을 잃어버리는 것은 절대 옳지 않단다."

"저는 진리를 추구하는 것이 굉장히 중요한 것이라고 생각했어요."

"물론 진리를 추구하는 것도 굉장히 중요한 일이란다. 교회가 진리를 추구하지 않으면 대체 이 세상에 어느 누가 진리를 추구할 수 있겠니? 그렇지만 어느 한쪽으로 치우쳐서는 안 된단다. 진리를 추구하되 예수 그리스도에 대한 사랑을 잃지 말아야 하며 그 사랑을 세상에 반드시 전해야 해."

"네, 예수님. 잘 알겠어요. 교회가 해야 하는 일과 교회의 입장에 대해서도 잘 알 것 같아요."

"그래. 잘 이해했다니 다행이구나. 내가 너에게 교회들의 모습을 보여주는 데에는 다 이유가 있단다."

"어떤 이유요?"

"오늘날 교회들이 취해야 할 올바른 모습과 입장에 대해 알려주기 위해서란다. 하나님 앞에서 교회가 바로 서기 위해 어떻게 해야 하는지, 또한 영적인 지도자들이 어떻게 분별하고 하나님 앞에서 바로 설 수 있는지를 알아야 한단다. 앞으로 갈수록 교회를 향한 영적인 공격은 더욱 심해질 거란다. 그로 인해 자신의 신앙이 흔들리는 자들도 많고 교회를 떠나는 자들도 많이 생겨나겠지. 신앙을 잘 지켜내고 교회가 교회로서의 소명과 역할을 잘 감당하기 위해서는 영적인 지도자들이 먼저 깨어 있어야 한단다."

"네, 예수님. 어떠한 이유로 교회들의 모습에 대해 보여주시는지 잘 알겠어요!"

예수님이 흐뭇하게 웃으시며 저를 안아주셨습니다.

"잘 알았다니 기쁘구나! 이제 네가 해야 할 일이 무엇인지 잘 알겠지?"

"네, 잘 알겠어요. 필요한 때에 이 내용을 사람들에게 전해야 해요. 저도 오늘날 신앙생활을 하는 주위 친구들의 모습이나 사람들의 모습을 보면서 안타까울 때가 많았어요. 그래서 어떻게 하면 하나님이 기뻐하시는 삶을 살 수 있을지, 하나님이 주신 처음 사랑을 어떻게 하면 잊지 않고 잘 가지고 갈 수 있을지에 대해서 생각하고 있었어요."

"그렇구나. 앞으로 내가 얼마 동안 너에게 교회들의 모습과 함께 영적인 것들에 대하여 이야기해 줄 거란다. 잘 보고 잘 기억해 두렴."

"네!"

예수님이 저를 안아주셨습니다. 그러자 이곳에 올 때 다가왔던 바람이 저에게로 다시 다가오는 것이 느껴졌습니다. 바람 같기도 하고 불 같기도 한 바람은 저를 다시 감싸 안았고 또 순식간에 제 속사람이 육체 속으로 들어오는 것을 느꼈습니다. 제 속사람이 육체 속으로 들어가는 것을 예수님이 계속 보시는 것처럼 느껴졌습니다. 제 속사람이 육체 속으로 들어오자 예수님이 제 눈에 손을 얹으셨습니다. 약간 찌릿한 느낌이 잠깐 들면서 눈으로 빛이 서서히 들어오는 것이 느껴졌습니다. 예수님은 제 눈에 손을 얹으셨고 그 이후 편안히 잠을 자다가 깨어날 수 있었습니다.

서머나
교회

"서머나 교회의 사자에게 편지하라 처음이며 마지막이요 죽었다가 살아나신 이가 이르시되 내가 네 환난과 궁핍을 알거니와 실상은 네가 부요한 자니라 자칭 유대인이라 하는 자들의 비방도 알거니와 실상은 유대인이 아니요 사탄의 회당이라 너는 장차 받을 고난을 두려워하지 말라 볼지어다 마귀가 장차 너희 가운데에서 몇 사람을 옥에 던져 시험을 받게 하리니 너희가 십 일 동안 환난을 받으리라 네가 죽도록 충성하라 그리하면 내가 생명의 관을 네게 주리라 귀 있는 자는 성령이 교회들에게 하시는 말씀을 들을지어다 이기는 자는 둘째 사망의 해를 받지 아니하리라"(계 2:8-11).

에베소 교회의 모습을 본 다음 날이었습니다. 여전히 시차 적응이 어려워 잠을 설치고 깊은 잠에 들지 못했습니다. 그때 누군가 저를 부르는 듯한 느낌이 들었습니다. 그것은 아버지의 목소리처럼 왠지 친근하게 들렸습니다. 그래서 저는 누워 있다가 그 자리에서 일어나 아버지가 주무시고 있는 곳으로 갔습니다. 그러나 아버지는 저를 불렀다고는 생각할 수 없을 정도로 편안하게 코를 골면서 주무시고 계셨습니다. 잘못 들은 건가 생각하고 방으로 돌아와서 다시 누웠습니다. 자리에 눕자마자 아까와 같은 목소리로 저를 부르는 소리가 들렸습니다.

저는 "아빠?" 하고 불렀습니다. 그러자 "내 목소리가 아버지의 목소리와 비슷하게 들릴 수도 있겠구나!"라는 응답이 들려왔습니다.

"예수님? 예수님이세요?"

"그래, 나의 목소리를 들었구나. 고맙구나!"

"예수님, 아빠 목소리랑 너무 비슷하게 들려서 아빠가 저를 부르시는 줄 알았어요. 죄송해요."

"아니야. 네가 놀라지 않게 네가 가장 친근해하는 목소리로 너를 부른 거란다."

"아! 그렇구나!"

"오늘도 나와 교제하겠니?"

"네, 좋아요!"

어제 예수님이 에베소 교회의 모습을 보여주신 것이 예수님과 교제하는 것이라는 말씀에 기분이 너무 좋았습니다. 예수님과 함께 시간을 보낸다는 것이 너무 기뻤습니다. 그 시간을 통해 저는 예수님과 더 친밀해지는 느낌이 들었습니다.

빛과 함께 속사람이 육체 밖으로 나오다

저는 눈을 감고 예수님이 저를 찾아와 주시기를 기다렸습니다. 얼마 시간이 지나지 않은 후에 눈이 부실 정도로 강한 빛이 저를 비추고 있는 것이 느껴졌습니다. 그 빛은 눈을 뜨고 볼 수 없었고,

보게 된다면 바로 눈이 멀 것이라는 생각이 들 정도로 강했습니다. 그 빛은 잠시 저를 비추고 제 머리도 함께 비추었습니다. 빛이 눈과 머리를 비추자 육체의 눈이 너무 부시고 아팠습니다. 그러나 속사람의 눈과 머리는 맑아지는 기분이 들었습니다.

몸이 가벼워지는 느낌이 들었고 그 자리에서 속사람이 붕 뜨는 것이 느껴졌습니다. 제 속사람이 위로 붕 뜨자 빛이 제 속사람을 감싸 안았습니다. 또 순식간에 어디론가 날아가는 듯한 기분이 들었습니다. 속사람이 구름 위에 누워 있는 것 같았습니다. 제 주위에 무지개가 떠 있는 것 같은 기분이 들기도 했습니다. 눈을 떠보니 예수님이 제 옆에 계신 것이 보였습니다. 예수님을 보는 순간 너무 기쁘고 놀라서 예수님 품에 안겼습니다.

"예수님! 너무 보고 싶었어요!"

예수님이 웃으시며 저를 안아주시고 제 등을 토닥여주셨습니다.

"나도 많이 보고 싶었단다."

예수님의 품에 안겨 있으니 앉아 있었던 곳이 더 푹신하게 느껴지고 하늘 위에 떠 있는 것 같은 무지개도 더 아름답게 느껴졌습니다.

"오늘은 너에게 다른 교회의 모습을 보여주고 싶어서 불렀단다. 어제 에베소 교회의 모습을 보고 어떠한 마음이 들었니?"

"음, 많이 놀라기도 했고 신기하기도 했어요. '지도자 한 명이 있고 없고의 차이가 이렇게 크구나!'라는 생각도 들었고, 교회가 절대 본질을 잃어버려서는 안 된다는 생각도 들었어요. 그리고 악한 영이 언제 어떠한 방법으로 교회를 공격할지 모르니 항상 잘 무장하고 있어야겠다는 생각도 했어요."

"많은 것을 배웠구나. 맞아. 악한 영들은 항상 교회를 노리고 성도들을 노리기 때문에 항상 그들로부터 잘 지키고 보호해야 한단다. 그러기 위해선 어떠한 모습이 올바른 신앙생활의 모습인지도 알아야 한단다. 그것을 세상에 알리기 위한 도구로서 너를 사용하려고 내가 너를 자꾸 부르는 거란다."

"네, 주님! 무슨 뜻으로 말씀하시는지 다 이해돼요! 언제든지 부르셔도 저는 너무 좋아요!"

"그래, 기뻐해준다니 다행이구나. 오늘은 여러 교회의 모습을 보여줄 거란다."

"네, 다 좋아요! 주님이랑 함께 있는 것이면 뭐든지 다 좋아요! 진짜로!"

예수님이 제 말을 들으시고 환하게 웃으셨습니다. 빛으로 가득한 예수님과 함께 있으니 제 마음도 같이 따뜻해지는 기분이 들었습니다. 예수님에게서 나오는 맑고 환한 빛들이 저를 따뜻하게 감싸는 것이 느껴졌습니다.

서머나 교회의 모습

예수님이 손으로 가리키신 곳에는 교회 건물이 보였습니다. 건물 자체는 크지 않았습니다. 베이지색의 둥근 지붕이었고, 지붕 위에는 붉은색의 십자가가 보였습니다. 그리 크지는 않았지만 나무로 잘 짜인 십자가의 모습으로 보였습니다. 그러나 십자가 주위에 까마귀와 같은 새들이 자꾸 날아와 십자가를 짓누르고 무너뜨리려고 했습니다.

"예수님, 왜 까마귀가 교회의 십자가를 누르는 거예요?"

"저것은 서머나 교회의 죄악을 보여주는 거란다. 서머나는 항구 도시로서 황제 숭배의 중심지였단다. 소아시아 도시들 가운데 정치, 경제, 문화적으로 우위에 있었지. 상업적으로나 사회적으로 볼 때에는 위치가 좋은 도시였어. 그러나 복음이 순수하게 전달되지 못했고, 황제 숭배가 성행했으며, 혼합화와 박해가 뒤따른 도시였단다. 까마귀는 교회를 공격하는 악한 세력을 네가 이해하기 쉽게 보여주는 거란다."

예수님의 말씀을 들은 후 교회를 더 자세히 보았습니다. 까마귀가 공격하고 있음에도 불구하고 건물에는 은은한 빛이 계속해서 들어오고 있었습니다. 그러나 빛의 폭이나 세기가 일정하지 않고 흔들리고 있었습니다. 빛이 흔들리는 모습을 보며 '까마귀가 공격하고 있으니까 빛이 더 크고 강하게 들어오면 좋겠는데…'라는 생각이 들었습니다.

서머나 교회의 반석

교회 건물을 보고 나니 반석이 보였습니다. 반석은 화강암과 같은 재질로 튼튼해 보였습니다. 가로가 세로보다 조금 더 길어 보였고, 두께는 에베소 교회의 반석보다 더 두껍게 보였습니다. 반석은 흔들리지 않고 땅에 깊이 뿌리박혀 있는 것처럼 느껴졌습니다. 그러나 악한 영이 다가올 때마다 반석이 미세하게 떨리는 것처럼 보였습니다.

"예수님, 교회의 반석이 떨리는 것처럼 보이는데 혹시 제가 잘못 본 건가요?"

"아니, 제대로 보았구나. 반석이 떨리고 있는 것이 맞단다. 악한 영과의 싸움에서 담대하지 못하고 세상을 두려워하는 모습이 저렇게 보이는 거란다. 또한 서머나 교회에는 유대주의가 강하게 자리를 잡고 있었단다. 유대인들은 하나님을 믿으면서 예수님을 구주로 믿지 않았지. 성도들이 하나님과 예수 그리스도에 대한 확신을 갖지 못하는 것이 너의 눈에 반석이 떨리는 모습으로 보인 거란다."

예수님의 말씀을 듣고 나서 서머나 교회가 세워진 대지를 보았습니다. 마치 푸른 들판과 같아 보였습니다. 그러나 벌레들이 땅속에 머리를 파묻고 있는 것이 보였습니다. 악한 영도 계속해서 교회가 뿌리내리는 것을 방해하는 모습이 보였습니다. 악한 영들은 반석을 깨물기도 하고 발로 차서 일부가 무너지도록 하면서 방해하고 있었습니다. 그 모습을 보는데 악한 영들끼리 말하는 소리가 어렴풋이 들렸습니다. "하나님의 교회가 절대 세워지지 못하게 막아!" "이 땅에 교회는 절대 뿌리 내리면 안 돼!" 이렇게 말하며 욕도 했습니다.

그때 반석 주위로 한 줄기 빛이 스며들었습니다. 그 빛이 어디서 온 것인지, 어떻게 온 것인지는 보이지 않았습니다. 얇고 별로 강해 보이지 않는 빛이었지만, 그 빛은 반석으로 조용히 스며들어가서 반석을 감싸 안았습니다. 그 빛이 반석으로 스며들자 반석에서 나던 빛의 세기가 점점 강해졌습니다. 반석 안에서 빛이 반석과 그 주위를 비치고 있었습니다. 마치 땅속에서 손전등을 비추는 것처럼 느껴졌습니다.

"예수님, 어떻게 반석 안으로 빛이 들어온 거예요?"

"교회를 둘러싼 환경들은 좋지 않았지만, 교회 안에서 굳건히 믿음을 지킨 사람이 있단다. 그 사람의 기도와 헌신이 교회를 지지하고 있었단다. 그 모습이 너에게 반석으로 빛이 들어오는 모습으로 보인 거란다."

서머나 교회의 열매

반석을 보고 나자 교회 건물 옆에 있는 나무가 보였습니다. 그 나무의 기둥은 두껍지는 않았지만 뿌리가 두껍고 힘이 있게 느껴졌습니다. 처음에는 얇아서 이리저리 흔들리는 것처럼 느껴졌습니다. 그러나 점차 담대해지고 믿음을 지키기 위해 노력하자 반석으로 빛이 들어오고 나무의 뿌리가 서서히 두터워지면서 둘레가 튼튼해지는 것처럼 보였습니다. 그 후 크고 굵은 가지들도 조금씩 생겨나는 것이 보였습니다.

나무의 잎은 약간 주황빛이 돌기도 하고 노란빛이 도는 것처럼 보이기도 했습니다. 나뭇잎의 색상이 약간 오묘했습니다. 윗면은 부드럽고 아랫면은 거친 것처럼 보였습니다. 열매의 개수는 많아 보이지는 않았지만, 열매의 모양이 예쁘고 튼튼해 보였습니다. 열매는 체리 같은 모양으로 크기는 작았지만, 둥글고 예뻤습니다. 그러나 금세 잘 뭉개지고 말라 있는 것처럼 느껴졌습니다. 그것을 보니 저는 열매가 조금 더 튼튼하고 컸으면 좋았을 텐데 하는 아쉬운 마음이 들었습니다.

서머나 교회의 순교자

교회 뒤편에는 백합 한 송이가 피어 있었습니다. 처음에는 보이지 않았던 백합화가 제 눈에 들어왔습니다. 그런데 고고하고 숭고한 모양의 백합이 칼에 베이듯 순식간에 갈라졌습니다. 백합이 갈라지면서 피가 났고 그 피가 땅으로 스며들었습니다. 땅으로 스며든 피가 흘러서 반석 주위에 이르렀습니다. 그리고 피가 반석을 감싸는 듯한 형상이 되었습니다. 그 피는 얇지만 밝은 빛을 머금은 하나의 물줄기 같았습니다. 물줄기의 두께는 얇았지만 반석을 따뜻하게 감싸 안았습니다. 물줄기가 반석을 감싸자 교회 건물에 흘러 들어가던 빛도 조금씩 강해졌습니다. 빛이 강해지자 교회의 분위기도 밝아졌습니다.

"예수님, 저 백합은 무슨 의미예요?"

"서머나 교회에 순교자가 있다는 말 들어봤니?"

"어, 폴리갑이요?"

"맞아. 서머나 교회의 성도였던 폴리갑이 신앙과 믿음을 잘 지키고 순교를 했잖니? 그의 순교가 서머나 교회에 조금이나마 힘을 불어넣어 준 것이란다."

"예수님, 그러면 백합이 칼에 베이는 것은 폴리갑의 순교를 보여주신 거예요?"

"그렇단다. 그의 순교로 인해 영적으로 교회에 어떠한 일들이 일어났는지를 보여준 거란다."

"예수님, 그런데 아까 백합이 칼에 베이기 전에는 열매가 작은 체리 같았어요. 지금은 자두 같은 모양에서 참외, 복숭아보다는 조금 작지만 점점 열매가 커지는 것 같아요!"

"맞아. 교회 안에서 믿음을 잘 지킨 성도의 헌신이 이렇게나 중요하단다. 잎도 더 푸르러지고 윤기를 머금은 것이 보이니? 대지도 더욱 푸르러졌구나. 대지가 푸르고 건강하면 교회의 모든 것은 믿음 안에서 더욱 깊게 뿌리를 내릴 수 있단다."

"와! 믿음을 지키는 것이 이렇게나 중요하네요. 한 사람이 이렇게나 선한 영향력을 끼칠 수 있다는 것을 몰랐어요."

"서머나 교회의 환경으로는 믿음을 지키는 것이 힘들 수밖에 없단다. 악한 영들이 주위에 계속해서 도사리고 있었고, 교회를 노리고 박해하는 세력들이 많았기 때문이란다."

"그러면 서머나 교회 성도들이 믿음을 지키지 못하도록 가장 많이 방해한 것은 어떤 거예요?"

"어느 것이 특별히 많은 영향을 끼쳤다고 말하기에는 어려울 것 같구나. 그러나 서머나 도시가 황제 숭배의 본거지가 되었기에 기독교가 복음의 뿌리를 내리기에는 한계가 많았단다."

"아. 그렇군요."

예수님의 말씀을 들은 후 서머나 교회의 모습을 더 자세히 보았습니다. 실제로 그 터에 가서 영적인 상태를 보았을 때에도 큰 빛은 없고 메마르고 답답한 느낌이 들었습니다.

저는 영적 답사를 마치고 한국에 돌아온 후 궁금증이 생겨 서머나 교회에 대해서 알아보았습니다. 현재 서머나를 부르는 공식 명칭은 이즈미르입니다. 이즈미르에서 기독교는 주후 80년에 이단으로 규정되었다고 합니다. 그 정보를 알고 나니 정말 초대 교회 성도들은 사회적으로나 정치적으로 신앙생활을 뿌리내릴 수 없게 박해를 받았다는 사실이 더욱 실감났습니다. 예수님은 서머나 교회가 더 깊게 뿌리내리지 못한 것을 보시고 안타까워하셨습니다. 하나님의 교회들이 악한 세력들의 방해로 굳건히 자리 잡지 못하는 것을 마음 아파하시는 것이 느껴졌습니다. 예수님은 서머나 교회를 한동안 바라보셨습니다.

"서머나 교회의 모습을 잘 기억해두렴. 이제 다른 교회의 모습을 보여줄게."

버가모 교회

"버가모 교회의 사자에게 편지하라 좌우에 날선 검을 가지신 이가 이르시되 네가 어디에 사는지를 내가 아노니 거기는 사탄의 권좌가 있는 데라 네가 내 이름을 굳게 잡아서 내 충성된 증인 안디바가 너희 가운데 곧 사탄이 사는 곳에서 죽임을 당할 때에도 나를 믿는 믿음을 저버리지 아니하였도다 그러나 네게 두어 가지 책망할 것이 있나니 거기 네게 발람의 교훈을 지키는 자들이 있도다 발람이 발락을 가르쳐 이스라엘 자손 앞에 걸림돌을 놓아 우상의 제물을 먹게 하였고 또 행음하게 하였느니라 이와 같이 네게도 니골라 당의 교훈을 지키는 자들이 있도다 그러므로 회개하라 그리하지 아니하면 내가 네게 속히 가서 내 입의 검으로 그들과 싸우리라 귀 있는 자는 성령이 교회들에게 하시는 말씀을 들을지어다 이기는 그에게는 내가 감추었던 만나를 주고 또 흰 돌을 줄 터인데 그 돌 위에 새 이름을 기록한 것이 있나니 받는 자 밖에는 그 이름을 알 사람이 없느니라"(계 2:12-17).

예수님이 말씀하시자 눈앞에 다른 건물이 보였습니다. 그 건물은 그리스에서 본 신전과 비슷해 보였습니다. 여러 개의 기둥이 보였고 그 위에 커다란 지붕 같은 것이 있었습니다. 하얀 대리석으로 지어진 것 같았고, 처음에는 지붕 위에 십자가가 있었던 것 같다는 느낌이 들었습니다. 그러나 악한 영과 죄로 인해 십자가가 꺾이고 부러져 보이지 않게 된 듯한 느낌이 들었습니다.

버가모 교회에 있는 악한 영의 모습

"이 교회가 어떤 교회인지 알겠니?"

"아니요. 건물만 봐서는 잘 모르겠어요."

"이것은 버가모 교회란다. 버가모는 아시아의 종교 중심지로 우상숭배가 난무하던 곳이란다. 지역에 우상숭배의 영들이 너무 강하여 성도들이 신앙을 잘 지키지 못하도록 방해했단다."

예수님의 말씀을 들으며 '악한 영의 공격이 얼마나 심하면 신앙을 지키지 못할 정도일까?' 하는 생각이 들었습니다.

"저 위를 보렴."

예수님이 손으로 하늘을 가리키셨습니다. 예수님의 손끝을 따라 위를 보니 공중에 악한 영들이 의자와 비슷한 모양으로 뭉쳐져 있는 것이 보였습니다. 하나님의 보좌를 악한 영이 따라 만든 것 같은 느낌이 들었습니다. 그 악한 영들이 교회와 교회 주위 전체를 검고 어두침침하게 만들고 있었습니다. 악한 영들은 공중에서 의자와 같은 모양을 하고 각각 바깥 방향으로 입을 벌리고 있었습니다. 영들의 입 안에는 뾰족하고 날카로운 이빨이 많이 나 있었고, 혓바닥을 길게 날름거리고 있었습니다. 영들이 숨을 쉬고 꿈틀거릴 때마다 어두운 안개 같은 것이 뿜어져 나왔습니다. 그 안개가 큰 구슬 모양으로 뭉쳐지면서 점점 커지려 했습니다. 안개가 실제로 다가오지는 않았지만, 저 안개들이 더 커지면 교회를 잡아먹겠다는 생각이 들 정도였습니다.

"예수님, 왜 악한 영들이 의자 같은 모양을 하고 있는 거예요?"

"요한계시록에 버가모 교회에 대하여 기록되어 있는 말씀을 보렴. '사탄의 권좌가 있는 데'라고 기록되어 있단다. 사탄이 권좌를 만들고 거룩한 척, 고고한 척을 하며 하나님의 흉내를 내고 있기에 그런 거란다. 실제로 악한 영들이 하고 있는 형태가 너에게 보인 거란다."

"의자 모양 같기도 했고 피라미드와 비슷해 보이기도 했어요. 특이하게 옛날 사람들의 무덤 같은 모양으로 보기도 했고, 의자 같은데 위에 왕관을 쓴 듯한 모양으로 보였어요"

"맞아, 아주 잘 보았구나. 대부분은 권좌의 모양으로 보이지만, 가끔 비슷한 형태로 모양이 조금씩 달라 보이기도 한단다."

예수님의 말씀을 듣고 악한 영들의 모습을 보니 더 징그럽고 속이 메스꺼웠습니다. 속이 울렁거리고 토할 것 같았습니다. 예수님이 제 등을 토닥여주시자 언제 그랬냐는 듯이 금세 속이 편안해졌습니다.

버가모 교회의 반석

"그럼 이제 교회 아래 있는 반석의 모양을 보렴. 어떻게 보이니?"

"붉은 돌인데 모양은 정사각형으로 보여요. 두께는 앞에 본 교회들에 비해 별로 두꺼워 보이지는 않아요. 생김새는 절벽 위에 있는 바위 같아요. 반석 위에 문양이 새겨진 것처럼 보이는데 연꽃 모양 같아 보이기도 하고요."

"원래 저 돌은 새하얀 돌이었단다. 그러나 이 땅에 있는 악한 영들과 공중에 있는 악한 영 등 수많은 영이 대지 속으로 뚫고 들어옴으로써 공격을 받았지. 붉고 노란색의 점들, 줄무늬 선 등이 생겨나게 되었단다."

"예수님, 그런데 반석의 한쪽 부분이 스티로폼이 부서진 것처럼 약간 부서진 모양으로 보여요."

"저것 또한 악한 영의 공격으로 그렇게 된 거란다. 악한 영들의 목적은 교회를 무너뜨리는 것이니까."

"아…"

예수님의 말씀을 들은 후 대지를 자세히 보았습니다. 대지는 광활하고 넓었으며 흙과 돌이 많았습니다. 실제로 그 땅에 갔을 때도 넓고 광활한 대지에 크고 작은 돌들이 많았습니다. 짙은 고동색의 흙과 조약돌 크기의 흰 돌이 많이 떨어져 있었습니다. 흰 돌이 좋은 것이라는 생각이 들었지만, 그 돌을 줍는 사람이 많지 않았다는 생각이 들었습니다. 대지의 흙들은 부드럽고 좋아 보였기에 꽃이나 열매들이 뿌리를 내리기 좋은 것 같다는 생각이 들었습니다. 그 대지에 피어 있는 꽃들을 예수님이 보여주셨습니다.

"이 꽃들을 보렴."

"어? 분명히 아까 대지를 봤을 때는 흙이 좋아서 꽃이 잘 필거라고 생각했는데…."

"그렇지. 원래 이 땅의 기본 토양은 좋단다. 그러나 이 지역에 역사하는 악한 영들, 특히 우상숭배로 인한 죄악이 많기 때문에 꽃이나 다른 열매들이 깊이 뿌리내리지 못했단다. 거의 마르거나 잎이 시들기도 하고 꽃이 피지 못한 채로 말라서 죽어가는 생명도 많았단다."

예수님의 말씀을 들으면서 보니 아까 하늘 위에 떠 있던 악한 영들, 땅에 있는 악한 영들 등 많은 영이 이 도시를 메마르고 피폐하게 한다는 생각이 들었습니다. 터키에서 한국으로 돌아온 후, 버가모 교회에 대해서도 찾아보니 우상숭배가 극심한 지역이었음을 알 수 있었습니다. 처음 교회가 세워질 때도 어려움이 많았음을 알게 되었고 실제로 그곳의 영적인 상태를 보았을 때도 다른 교회들보다 자리를 잡기 어렵다는 생각이 들었습니다.

"버가모 지역에는 발람의 교훈을 지키는 자들이 있었단다. 지역의 특성상 우상숭배가 난무했고, 다른 종교와 기독교를 같이 믿는 자도 많았지. 때문에 종교가 혼합되어 나타나기도 했단다."

"그러면 발람의 교훈에 대해서 책망하신 것도 버가모 교회 내에서 갑자기 생긴 것이 아니라 그것에 대한 죄가 찼기 때문에 책망하신 거예요?"

"그렇지. 죄의 책임을 바로 묻지는 않는단다. 그 죄에 대한 값이 찼을 때 죄를 지은 자들에게 죄의 책임을 묻는 거란다."

예수님의 말씀을 들은 후 사탄의 권좌가 있는 곳을 더 자세히 보았습니다. 처음에는 보통 의자와 비슷하게 보였지만, 다시 보니 그 권좌가 지역의 영들을 조종하는 것처럼 느껴졌습니다. 뿐만 아니라 악한 영이 움직이는 것이 인형을 줄에 매달아 조종하듯이 사람들과 영들을 이리저리 조종하는 것처럼 보이기도 했습니다.

버가모 교회의 열매

"교회 뒤편에 있는 나무를 한번 보겠니?"

예수님의 말씀을 듣고 교회 뒤편을 보자 건물 왼쪽 뒤편에 나무가 있었습니다. 그 나무는 생기가 없었고 가지와 뿌리도 말라 있었습니다. 앙상하다는 느낌이 들었습니다. 나무의 빛이 검은색과 비슷하게 보였고, 나무 위로 개미와 거미 등 각종 벌레가 기어 다니고 있었습니다. '저 나무가 저대로 죽으면 어떡하지' 하는 생각도 들었습니다.

"예수님, 저 나무가 정말 저대로 죽어버리면 어떡하죠?"

"꼭 그렇지만은 않단다. 다시 한번 보렴."

예수님의 말씀을 듣고 보니 나무가 아까와는 조금 다르게 보였습니다. 나무에 잎이 서서히 돋아나고 작은 새싹들이 돋아나고 있는 것이었습니다. 이내 목련처럼 새하얀 꽃도 피어났습니다.

"어? 아까는 분명히 꽃이 없었는데…."

"그렇지? 아까는 꽃이 없었지만 지금은 보이지? 믿음을 지키고 신앙생활하기 어려운 환경이었지만, 그중에서도 믿음을 끝까지 지키려고 노력한 자들이 소수 있었단다. 그들의 믿음과 신앙의 고백이 꽃을 피워낼 수 있도록 한 거란다."

활짝 핀 꽃은 향기가 났고 그 주위로 벌들이 날아들었습니다. 꽃이 피어났기에 나무도 생기를 찾고 교회도 활력을 찾을 수 있을 거라고 생각했습니다. 그러나 교회 주위를 돌고 있던 악한 영들이 꽃을 향해 몰려가고 있었습니다. 악한 영들이 몰려가자 꽃의 주위로 핏방울들이 튀었습니다. 그 핏방울들은 튀어서 노란 빛으로 변했고, 그것이 튄 곳 여기저기로 눈에 보이지 않게 스며들어갔습니다.

"예수님! 악한 영들이 꽃을 공격하고 있어요! 이제 어떡해요?"

"악한 영들은 언제나 교회를 공격하려 한단다. 하나님의 교회를 무너뜨리는 것이 저들이 해야 하는 일이라고 생각하니까. 그러나 하나님이 세우신 교회는 무너지지 않아. 비록 악한 영들의 공격에 힘을 잃을지라도 말이야."

예수님의 말씀을 듣고 보니 악한 영들이 공격하고 있지만, 꽃과 나무, 교회의 바로 옆에서 빛이 머물러 있는 것이 보였습니다. 그 빛은 마치 별이 빛났다 저물었다 하는 것처럼 보였습니다. 빛들이 바닥에 있는 흰 돌을 감싸 안는 것이 보였습니다. 빛이 감싸 안은 돌이 있었던 자리에는 작고 푸른 잎이 피어나 있었습니다. 그 모습을 보니 예수님의 말씀처럼 악한 영의 공격이 아무리 강하더라도 하나님이 교회를 지키신다는 것이 믿어졌습니다.

"예수님의 말씀대로 교회가 공격을 받기는 하지만, 하나님이 교회를 지키시고 계신다는 것이 보여요."

"그렇지? 악한 영들의 공격을 아예 받지 않을 수는 없지만, 교회에 속한 자들이 교회를 포기하지 않고 믿음을 저버리지 않으려고 노력한다면 하나님이 그 교회를 도우신단다."

"저렇게 공중에서 악한 영이 자신의 권좌를 만들어서 조종하고 있는데도요?"

"그럼. 비록 악한 영이 저렇게 공중에 자리 잡고 있지만 하나님은 교회를 포기하지 않으신단다."

예수님의 말씀을 듣고 많은 생각이 들었습니다. 버가모 교회의 주변 환경을 보면 교회가 자리를 잡고 뿌리를 내리는 것이 매우 어려워 보였습니다. 실제로 그 지역에 가서 보았을 때에도 사탄의 권좌가 아직까지도 보였고, 눈앞이 뿌옇게 보일 정도로 악한 영들이 활발하게 움직이고 있는 것이 느껴졌습니다. 이런 상황에서도 버가모 교회에 꽃이 핀 모습이 보였다는 것 자체가 하나님이 교회를 도우신 것이라는 생각이 들었습니다.

두아디라 교회

"두아디라 교회의 사자에게 편지하라 그 눈이 불꽃 같고 그 발이 빛난 주석과 같은 하나님의 아들이 이르시되 내가 네 사업과 사랑과 믿음과 섬김과 인내를 아노니 네 나중 행위가 처음 것보다 많도다 그러나 네게 책망할 일이 있노라 자칭 선지자라 하는 여자 이세벨을 네가 용납함이니 그가 내 종들을 가르쳐 꾀어 행음하게 하고 우상의 제물을 먹게 하는도다 또 내가 그에게 회개할 기회를 주었으되 자기의 음행을 회개하고자 하지 아니하는도다 볼지어다 내가 그를 침상에 던질 터이요 또 그와 더불어 간음하는 자들도 만일 그의 행위를 회개하지 아니하면 큰 환난 가운데에 던지고 또 내가 사망으로 그의 자녀를 죽이리니 모든 교회가 나는 사람의 뜻과 마음을 살피는 자인 줄 알지라 내가 너희 각 사람의 행위대로 갚아 주리라 두아디라에 남아 있어 이 교훈을 받지 아니하고 소위 사탄의 깊은 것을 알지 못하는 너희에게 말하노니 다른 짐으로 너희에게 지울 것은 없노라 다만 너희에게 있는 것을 내가 올 때까지 굳게 잡으라 이기는 자와 끝까지 내 일을 지키는 그에게 만국을 다스리는 권세를 주리니 그가 철장을 가지고 그들을 다스려 질그릇 깨뜨리는 것과 같이 하리라 나도 내 아버지께 받은 것이 그러하니라 내가 또 그에게 새벽 별을 주리라 귀 있는 자는 성령이 교회들에게 하시는 말씀을 들을지어다"(계 2:18-29).

두아디라 교회의 모습

예수님이 말씀을 마치시자 눈앞에 다른 교회의 모습이 보였습니다. 네모난 건물에 둥근 지붕이 얹어져 있었습니다. 돔 모양으로도 보였습니다. 지붕 위에는 붉은색의 십자가가 세워져 있었습니다.

"이 교회는 어떤 교회의 모습인지 알겠니?"

"아니요. 잘 모르겠어요. 그런데 다른 교회들보다 빛이 조금 더 많이 보이는 것 같아요."

"두아디라 교회의 모습이란다. 두아디라 교회는 사업과 사랑, 믿음, 섬김, 인내의 덕목을 칭찬받을 만했단다. 그러나 지역에 역사하는 우상숭배의 영, 특히 교회 내에서 이단을 허용했기에 어두움이 서서히 피어 올라오게 되었지."

예수님의 말씀을 듣고 두아디라 교회는 왜 칭찬을 받았음에도 불구하고 이단을 허용했는지 궁금하기도 했고 이해가 되지 않기도 했습니다. 한국에 와서 두아디라 교회에 대해서 알아보니 그 지역은 군사적 전략 도시로 아폴로 신이 최고의 숭배 대상이었음을 알게 되었습니다. 악한 영들이 문화와 사회를 통해서 자연스럽게 교회 안으로 스며들어온 것이 아닐까 하는 생각이 들었습니다.

"예수님, 악한 영들이 땅에서부터 아지랑이처럼 피어 올라와서 교회 전체로 퍼져 들어가는 것 같아요."

"그렇지? 악한 영이 처음부터 교회 전체로 퍼져 들어간 것은 아니란다. 서서히 시간이 지날수록 어두움의 정도가 진해지고 영들이 영향을 끼칠 수 있는 곳도 넓어지는 거란다."

"에베소 교회는 사랑이 없었지만 두아디라 교회는 사랑에 대해 칭찬하셨잖아요. 그런 거에 비하면 정말 하나님이 아닌 잘못된 것을 허용한 대가가 큰 것 같아요. 저렇게 많은 악한 영들이 멀리 퍼져 나가다니…."

"그래. 그래서 교회는 항상 진리를 추구해야 하며 하나님의 말씀과 조금이라도 어긋나는 것은 과감하게 배제할 줄 아는 결단력도 있어야 한단다. 교회는 세상의 등불이 되어야 해. 사람들을 세상 속에서 빛 가운데로 바르게 인도하기 위해서 항상 깨어서 기도해야 한단다."

저는 예수님의 말씀을 들으며 많은 생각이 들었습니다. 소아시아 일곱 교회가 받은 칭찬과 책망을 비롯한 여러 가지 모습은 오늘날 교회에서도 일어날 수 있는 일들이라는 생각이 들었습니다. 악한 영들은 점점 그 세력을 넓혀가고 다양한 방법으로 세상 속으로 들어오라고 손짓하는 느낌이었습니다. 일곱 교회를 통해 우리가 받은 교훈을 바탕으로 교회가 더욱 깨어서 진리를 간절히 추구해야만 한다는 생각이 들었습니다. 그리고 예수님이 '왜 나에게 일곱 교회의 영적인 모습을 보여주시는 것일까?'에 대해 궁금했던 것도 풀린 것 같았습니다.

두아디라 교회의 반석

두아디라 교회를 받치는 반석도 거의 정사각형과 같은 모양이었습니다. 가로세로의 길이와 두께가 비슷하게 보였습니다. 앞에 본 교회들에 비해 반석의 크기가 조금 더 크고 단단하게 보였습니다.

"예수님, 두아디라 교회는 칭찬받은 교회여서 그런지 앞에서 본 다른 교회들보다 반석이 좀 더 큰 것 같아요."

"그러니? 원래는 이것보다 조금 더 작았단다. 두아디라 교회의 성도들이 믿음을 가지고 영적으로 성장하여 칭찬받았기에 반석 또한 더욱 단단해진 거란다."

"처음에는 이 크기가 아니었다고요?"

"그래. 교회의 반석이 처음과 같은 크기를 유지하는 교회도 있고, 더 작아지는 교회도 있지. 반대로 더욱 크고 단단해지는 교회도 있단다."

"그럼 교회의 반석이 처음과 같은 경우는 왜 그런 거예요?"

"처음과 같은 경우는 처음 교회가 세워졌을 때와 같은 상태를 유지하기 때문에 그렇게 보이는 거란다."

"그럼, 그 교회는 처음과 교회가 세워진 10년 후도 같고, 20년 후도 같고, 100년 후도 계속 같다면 영적으로 성장하지 못한 거 아닐까요?"

"그렇다고 볼 수 있지. 그 안에서 개인의 믿음은 자랄 수 있지만, 교회의 영향력과 교회 공동체가 성장했다고 볼 수는 없겠구나."

"그러면 반석이 더 작아지는 경우는 악한 영에게 공격을 받아서 그런 것일까요?"

"그래, 교회의 반석이 작아지는 경우는 악한 영의 공격 때문이란다. 그 공격을 이겨내지 못하거나 약간의 틈만 주어도 악한 영은 그것을 비집고 공격한단다."

"성장하지 않아서도 안 되지만, 악한 영에게 틈을 내주어도 안 되겠네요. 그렇다면 반석이 더욱 크고 단단해지는 것은 영적으로 성장한 거겠죠?"

"영적인 성장이 중요하지. 그러나 그 성장에는 교회가 맺어야 할 열매를 맺는 것도 포함되어 있단다. 사랑이 더욱 커지고 믿음과 섬김, 인내 또한 두터워지는 것도 성장이자 열매를 맺는 거라고 할 수 있단다. 두아디라 교회처럼 말이야."

"그렇게 보면 두아디라 교회는 정말 칭찬받을 만한 교회지만, 이단을 허용했다는 사실이 너무나도 안타까워요"

"그렇기에 교회들의 모습을 교훈 삼아 똑같은 실수가 반복되지 않도록 더욱 깨어 있어야 한단다."

"네, 꼭 기억할게요!"

예수님과 대화를 나누며 두아디라 교회의 반석을 보니 악한 영의 공격을 받은 부분도 있고, 공격을 받았지만 그것을 잘 버텨내고 견뎌낸 흔적도 보였습니다. 반석 여기저기에 흠집이 생기고 불에 그을린 듯 검게 탄 부분도 보였습니다. 그러나 그 위에 다른 작은 돌들이 더해지면서 악한 영의 공격을 막아내려고 노력한 흔적도 조금 보이는 것 같았습니다. 두아디라 교회의 모습을 지켜보시는 예수님은 왠지 안타까워하시면서도 대견해하시는 것처럼 보였습니다.

두아디라 교회의 열매

반석의 모습을 보고 나니 자연스레 대지가 눈에 들어왔습니다. 흙으로 되어 있는 땅이지만 씨를 뿌리고 열매를 맺기에 좋은 땅처럼 보였습니다. 그러나 그 땅에 우상숭배의 영들이 있고 이단을 허용한 것에 대해 주님이 크게 실망하셨을 것이라는 생각이 들었습니다. 교회 안으로 들어온 악한 영들은 대지 속으로 파고 들어갔고, 계속해서 여기저기로 퍼져 나가는 모습이 보였습니다. 특이했던 것은 악한 영들이 퍼져 나가기는 해도 위로 올라오지 못하고 땅 밑으로 자꾸만 가라앉는 것이었습니다.

"예수님, 왜 악한 영들이 땅 밑으로 자꾸만 가라앉는 것처럼 보일까요?"

"아래만 보지 말고 위도 자세히 보렴."

예수님의 말씀을 듣고 위를 보니 놀라운 모습이 보였습니다. 교회 주위에 빨강, 노랑, 초록, 파랑, 보라색의 다섯 가지 빛이 교회를 비추고 있었습니다.

"예수님, 교회 안과 위에 다섯 가지 색상의 빛이 보여요. 저 빛들은 뭐예요?"

"두아디라 교회가 칭찬받은 사업과 사랑, 믿음, 섬김, 인내의 덕목들이 너에게 다섯 가지 색상의 각기 다른 빛으로 보인 거란다. 저 빛들이 악한 영이 들어오더라도 크게 영향을 끼치지 못하도록 교회를 지키고 비추고 있는 거란다."

칭찬과 책망을 받은 두아디라 교회

두아디라 교회가 칭찬받은 부분도 있고 책망받은 부분도 있었지만, 칭찬받은 것들을 유지하고 지켜냈기에 교회 안에 빛이 머무는 것처럼 보인 것 같았습니다. 위로 올라오지 못하는 악한 영들은 몇 백 년, 몇천 년 묵은 자라의 형태로 보였습니다. 자라가 교회 주위를 돌아다니는 모습이 보였고, 자라가 기어 다니는 길을 따라 악한 영들이 아지랑이 같은 형태로 하나의 고리가 되어 따라다니는 모습이 보였습니다. 마치 자라의 머리와 꽁무니를 시작점과 끝나는 점으로 하여 둥근 원을 끊임없이 만들어내는 모습으로 보였습니다.

"예수님, 그런데요, 저렇게 악한 영들이 아래쪽으로 둥글게 원을 그리면서 돌아다니면 교회 주위에 꽃이나 열매가 피어도 낮게 자라면 못 자라지 않을까요?"

"그렇지. 그래서 두아디라 교회의 나무나 열매, 꽃들이 전부 다른 교회에 비해 조금 높게 자라 있단다."

예수님의 말씀을 듣고 보니 더 선명하게 보였습니다. 다른 교회들보다 나무, 열매, 꽃들 모두가 높게 자라 있었습니다. 낮은 곳에 자라난 새싹이나 풀들은 갈색으로 변해 있었고, 약간 썩은 것처럼 보이는 것도 있었습니다.

두아디라 교회 옆에 자라나 있는 나무는 지금껏 본 나무들보다 더 높게 보였습니다. 나무는 높게 자랐는데 특이하게 줄기는 포도 넝쿨과 비슷한 모습으로 보였습니다. 열매는 귤과 비슷한 모양이었고 익은 정도나 모양은 다 다르게 보였습니다. 그중에서 가장 잘 익은 것처럼 보이는 것은 새빨간 사과와 비슷한 색으로 보였고, 그 외에 다른 것들은 초록색, 노란색 등 푸른빛이 도는 것이 많아 보였습니다.

열매 중에서도 더 상태가 좋지 않아 보였던 것은 썩어 있는 것처럼 보였습니다. 썩은 포도 같은 모양으로 보이기도 했고, 쉰내가 나는 듯이 느껴지기도 했습니다. 수분이 하나도 없이 말라 비틀어져 보이기도 하고, 어두운 갈색빛으로 보이기도 했습니다. 그 열매들은 모두 비교적 낮은 곳에 자라 있었고, 낮은 곳에 있는 대부분의 열매가 모두 악한 영에 의해 서서히 죽어가고 있었습니다.

"와, 예수님, 정말 같은 교회에서 자란 열매인데도 어디에 열렸느냐에 따라 상태가 다르네요?"

"악한 영의 공격을 잘 피할 수 있는 곳에 있느냐, 그렇지 못한 곳에 있느냐의 차이란다. 악한 영에게 공격을 받는다면 아무리 좋은 씨가 뿌려져 맺힌 열매더라도 잘 자라기 힘들단다."

"악한 영에게 공격을 받지 않는 게 제일 좋지만, 최대한 공격을 피하는 것도 중요한 것 같아요"

"맞아. 그리스도인들은 하나님을 믿는 믿음도 중요하지만, 악한 영의 공격에서 큰 영향을 받지 않는 것도 중요하단다."

두아디라 교회의 모습은 지금까지 본 교회 중에서 제일 신기하고 특이한 느낌이 들었습니다. 두아디라 교회의 영적인 모습을 보면 하나님께 속한 것들은 위를 향하고 그렇지 않은 것들은 아래로 가라앉아 있었습니다. 그 사이에 차갑고 매서운 바람이 부는 듯한 느낌도 들었습니다. 그 모습이 마치 하나님과 악한 영과의 차이라는 생각이 들었습니다.

사데
교회

"사데 교회의 사자에게 편지하라 하나님의 일곱 영과 일곱 별을 가지신 이가 이르시되 내가 네 행위를 아노니 네가 살았다 하는 이름은 가

이 땅을 넘어서

졌으나 죽은 자로다 너는 일깨어 그 남은 바 죽게 된 것을 굳건하게 하라 내 하나님 앞에 네 행위의 온전한 것을 찾지 못하였노니 그러므로 네가 어떻게 받았으며 어떻게 들었는지 생각하고 지켜 회개하라 만일 일깨지 아니하면 내가 도둑 같이 이르리니 어느 때에 네게 이를는지 네가 알지 못하리라 그러나 사데에 그 옷을 더럽히지 아니한 자 몇 명이 네게 있어 흰옷을 입고 나와 함께 다니리니 그들은 합당한 자인 연고라 이기는 자는 이와 같이 흰옷을 입을 것이요 내가 그 이름을 생명책에서 결코 지우지 아니하고 그 이름을 내 아버지 앞과 그의 천사들 앞에서 시인하리라 귀 있는 자는 성령이 교회들에게 하시는 말씀을 들을지어다"(계 3:1-6).

사데 교회의 모습

제 눈앞에 또 다른 교회가 보였습니다. 그 교회의 모습은 다 쓰러져가는 폐허처럼 느껴졌습니다. 건물도 크지 않았고 밝은 갈색의 건물 여기저기에 부서지고 찍힌 흠집이 많았습니다. 교회 위에는 십자가도 보이지 않았습니다. 교회 안에는 빛이 있었지만, 별로 강하지 않았고 그 빛이 교회 밖으로 흘러가지도 못하는 것 같았습니다.

"이번 교회는 빛이 정말 작게 보여요"

"이 교회는 사데 교회란다. 사데 교회에는 자신의 옷을 더럽히지 아니한 자가 몇 명 있었단다. 사데 교회 성도들은 대부분 경제적으로 부유했기에 자신들의 의를 높였지. 문화적으로도 타락한 모습을 많이 보였단다. 교회 안에 있는 빛은 옷을 더럽히지 않은 자 몇 명이 비춘 빛이란다."

예수님의 말씀을 들으면서 같은 교회에서도 진리를 지키고 믿음을 지키는 자가 많지 않음을 다시 한번 느꼈습니다. 같은 교회에서 신앙생활을 하더라도 모든 사람이 영적으로 성장하는 것이 아닌 것처럼 신앙생활은 '하나님과 나' 사이의 개인적인 관계라는 것이 더욱 깊이 와 닿았습니다.

사데 교회의 모습을 보면서 이런 의문과 걱정이 들었습니다. '교회는 세상의 빛과 소금이 되어야 하는 존재인데 교회가 이런 모습이면 그 역할을 제대로 감당할 수 있을까? 오늘날 교회들도 사데 교회와 같은 모습이 아니라고 장담할 수 있을까?' 교회 안에서 빛나고 있는 빛은 작은 혜성과 비슷하게 보였고, 폭죽이 터지는 것처럼 보이기도 했습니다. 빛이 일정한 세기로 계속 빛나고 있는 것이 아니라 전구가 깜빡이는 것처럼 빛이 생겼다 사라졌다 하는 느낌이었습니다. 빛이 계속 깜빡이고 있었기에 정확한 정도를 말할 수는 없지만, 빛의 세기가 강하다는 느낌이 들지 않았습니다.

사데 교회의 모습을 보면서 의문점이 생겼습니다.

"예수님, 교회 안과 주위에 있는 이끼나 곰팡이처럼 보이는 저 거뭇거뭇한 것들은 악한 영이죠?"

"그렇단다. 악한 영들이 조금씩 흩어지기도 하고 때에 따라 합쳐지기도 하면서 퍼져 있는 모습이구나."

"악한 영들이 교회 안에서는 흩어져 보이고 교회 밖에서는 토성의 고리처럼 교회를 감싸고 있는 것이 보여요. 그리고 교회 안에 있는 악한 영들이 한 곳으로 모인다면 펑 터질 것 같은 느낌이에요."

"악한 영들은 여러 가지 형태로 성도와 교회를 방해하고 어지럽히려고 한단다."

악한 영들의 모습을 보면서 말씀하시는 예수님의 목소리는 왠지 기운이 없고 힘이 없으신 것처럼 느껴졌습니다. '악한 영들이 저렇게 여기저기 퍼져 있는 상태에서 빛을 유지할 수 있을까?' 하는 의문과 안타까운 마음이 들었습니다. 악한 영 때문에 빛도 주변으로 퍼져 나가지 못하고 주위에서 맴돌기만 하는 것처럼 보였습니다. 계속해서 악한 영이 돌아다니고 방해해서 대지도 메마르고 가뭄이 든 것처럼 갈라진 듯한 느낌이 들었습니다. 사데 교회의 모습을 보면서 악한 영들을 이기려면 더 크고 강한 빛이 필요하다는 생각이 강하게 들었습니다.

사데 교회의 반석

악한 영과 대지의 모습을 보다 보니 반석의 모습이 눈에 들어왔습니다. 가로가 세로보다 조금 더 길고 두께가 그렇게 두꺼워 보이지 않았습니다. 색상은 약간 주황빛이 도는 것으로 보였고, 반석에도 교회와 마찬가지로 금이 가고 찍히고 흠집이 난 것이 보였습니다. 악한 영들의 공격을 받아서 제대로 뿌리 내리지 못한 것이 느껴졌습니다. 반석에 연탄처럼 크고 작은 구멍이 여러 개 보였습니다.

"예수님, 사데 교회의 반석은 다른 교회보다 더 작은 데다 공격도 많이 받은 것 같아요"

"그렇지. 그래서 교회는 항상 악한 영들과의 싸움에서 이길 수 있도록 준비해야 한단다."

저는 사데 교회의 모습을 보면서 교회가 살아 있다는 느낌을 받지 못했습니다. 다른 교회들은 악한 영이 있어도 그 속에서 나름대로 조금이나마 생기를 찾고 유지하려고 노력하는 것이 느껴졌는데 사데 교회에서는 그런 것이 느껴지지 않았습니다. 그 부분이 제일 안타깝고 마음이 아팠습니다.

사데 교회의 대지 위에는 꽃 한 송이조차 보이지 않았습니다. 무언가 피어나더라도 금세 말라비틀어지고 바스락거리며 부서질 것만 같은 느낌이 들었습니다. 대지로 물이 떨어지더라도 강력한 소나기와 같은 물이 아니라면 마르고 갈라진 대지를 다 적실 수 없을 것 같다는 생각이 들었습니다.

"사데 교회에는 정말 생기가 느껴지지 않는 것 같아요."

예수님은 제 말에 동의하시며 조용히 고개를 끄덕이셨습니다. 고개를 살짝 돌려 예수님의 표정을 보았을 때 예수님의 눈에는 눈물이 맺혀 있는 것처럼 보였습니다.

사데 교회의 열매

예수님의 손을 잡고 사데 교회의 나무를 보았습니다. 장승이나 고목처럼 보이는 나무였습니다. 제가 교회를 보며 느꼈던 것처럼 생기가 없고 겉으로만 나무의 형태를 유지한 것처럼 보였습니다. 저는 나무에서 조금이라도 생명력이 있는 것을 찾기 위해 더욱 열심히 살펴보았습니다. 나무에 아주 작은 새싹들이 올라온 것이 보였습니다. 그러나 그 새싹들이 더는 자라지 못할 것 같다는 생각이 들었습니다.

사데 교회의 모습을 자세히 보니 작은 귤 같은 열매들이 몇 개 보였습니다. 초록빛이 많이 보이는 완전히 익지 않은 열매였지만, 약간 빨갛게 익은 부분도 간간이 보였습니다. 열매가 완전히 싱그럽게 익지는 않았지만, 영글려고 노력하는 모습처럼 보였습니다. 열매 주위에는 작은 빛들이 머물러 있었습니다.

"어? 예수님, 저기 작은 열매가 있어요!"

예수님이 옅은 미소를 띠시며 열매를 보고 기뻐하셨습니다.

"그렇구나. 열매가 보이는구나."

열매가 있었음에도 다른 교회들에 비해 열매도, 빛도, 교회의 모습도 많이 뒤처진 것이 느껴졌습니다.

"그러나 이 중에서도 구원받은 사람이 몇 명 있단다."

"정말요?"

"그럼. 사데 교회가 다른 교회들에 비해 빛을 많이 가지고 있지는 않았지만, 교회 내에서 믿음을 지킨 소수에게는 은혜가 있었단다."

예수님의 말씀을 듣고 보니 교회 안에 얇은 한 줄기의 빛이 흐르고 있는 것이 보였습니다. 그 빛은 강하지는 않았지만 곧게 뻗어 있었습니다. 그동안 악한 영들에게 둘러 싸여 제가 그 빛을 보지 못했다는 생각이 들었습니다.

사데 교회 뒤편에는 공동묘지와 같은 돌들이 많이 보였습니다. 그 주위에는 악한 영들이 칠흑과 같은 어두운 모습으로 존재하고 있었습니다. 그곳에 있는 악한 영들이 교회 안에 있는 악한 영들과 서로 세력을 공유하며 합쳐지기도 하고 분리되기도 하는 광경이 펼쳐졌습니다.

사데 교회의 모습을 보면서 마음이 많이 아팠고, 보기에 어렵고 조심스러운 부분도 많았습니다. 그러나 그 가운데서도 하나님이 주시는 은혜가 분명히 있었다는 것이 느껴졌습니다. 예수님이 제 생각을 아셨는지 이렇게 물으셨습니다.

"왜 너에게 사데 교회의 모습을 보여준 것 같니?"

"사데 교회는 죽은 교회라고 평가받았기에 다른 교회보다 보는 것도 어려웠고 잘 보기도 힘들었어요. 그런데도 보여주신 이유는 오늘날 이런 평가를 받는 교회가 다시 일어나지 않기를 바라는 주님의 마음을 알고 또 교훈을 얻고 깨달으라고 하신 것이 아닐까 생각했어요."

"맞단다. 이전에도 계속 말했듯이 어떠한 교회든지 간에 칭찬받을 수도 있고 책망받을 수도 있단다. 이 교회는 언제나 잘하고 저 교회는 언제나 못한다는 것은 정해져 있지 않으니까. 그렇기에 좋은 것은 본받고 나쁜 것은 멀리하면서 하나님이 보시기에 더 합당한 교회가 되기 위해 노력하는 것이 중요하단다."

"네, 예수님! 꼭 기억할게요!"

"그럼 이제 또 다른 교회를 보여주마. 아직 너에게 보여줄 교회의 모습이 두 개나 더 있단다."

저는 예수님의 말씀을 들으면서 예수님이 보여주시는 일곱 교회의 모습이 오늘날 교회들의 모습이라는 생각이 들었습니다. 교회 안에 좋은 모습도 분명히 있지만, 하나님이 보시기에 옳지 않은 모습도 있을 것입니다. 그렇기에 오늘날 그리스도인들이 일곱 교회의 모습을 교훈 삼아 과거의 죄악을 답습하지 않게 하시려고 환상으로 교회의 모습들을 보여주시는 것임을 알게 되었습니다.

빌라델비아 교회

"빌라델비아 교회의 사자에게 편지하라 거룩하고 진실하사 다윗의 열쇠를 가지신 이 곧 열면 닫을 사람이 없고 닫으면 열 사람이 없는 그가 이르시되 볼지어다 내가 네 앞에 열린 문을 두었으되 능히 닫을 사람이 없으리라 내가 네 행위를 아노니 네가 작은 능력을 가지고서도 내 말을 지키며 내 이름을 배반하지 아니하였도다 보라 사탄의 회당 곧 자칭 유대인이라 하나 그렇지 아니하고 거짓말 하는 자들 중에서 몇을 네게 주어 그들로 와서 네 발 앞에 절하게 하고 내가 너를 사랑하는 줄을 알게 하리라 네가 나의 인내의 말씀을 지켰은즉 내가 또한 너를 지켜 시험의 때를 면하게 하리니 이는 장차 온 세상에 임하여 땅에 거하는 자들을 시험할 때라 내가 속히 오리니 네가 가진 것을 굳게 잡아 아무도 네 면류관을 빼앗지 못하게 하라 이기는 자는 내 하나님 성전에 기둥이 되게 하리니 그가 결코 다시 나가지 아니하리라 내가 하나님의 이름과 하나님의 성 곧 하늘에서 내 하나님께로부터 내려오는 새 예루살렘의 이름과 나의 새 이름을 그이 위에 기록하리라 귀 있는 자는 성령이 교회들에게 하시는 말씀을 들을지어다"(계 3:7-13).

빌라델비아 교회의 모습

예수님이 말씀하신 후 또 다른 교회의 모습이 눈앞에 보였습니다. 그날은 다른 날에 비해 임재 속으로 깊이 들어갔고, 속사람 역시 육체 속에서 비교적 긴 시간 동안 빠져나와 있다는 느낌이 들었습니다. 저는 예수님이 왜 짧은 시간 안에 교회들의 모습을 보여주시려고 하실까 하는 생각이 들었습니다. 시간이 조금 지나고 생각해보니 제가 그 땅에 다녀온 직후가 교회들의 모습에 대해 더 많이 이해하고 깨우칠 수 있기 때문이라는 생각이 들었습니다.

사데 교회 이후 제 눈에 보인 교회의 모습은 그동안 보았던 교회와는 조금 다르게 느껴졌습니다. 양쪽에 나무로 만들어진 크고 두꺼운 기둥이 있었는데 그 기둥이 교회를 받치고 있었습니다. 기둥 위에 이끼나 작은 벌레들이 기어 다니고 있었습니다. 지붕은 투명한 유리 같은 모습이었습니다. 지붕 위에 있는 투명한 십자가도 크고 두껍게 잘 붙어 있었습니다.

지붕이 투명해서인지 지붕을 통해 교회 안으로 빛이 잘 들어오고 있었습니다. 지금까지 본 교회의 모습 중에서 빛이 가장 강하게 비추고 교회 속으로 들어가고 있었습니다. 그러나 그 모습을 보면서 지붕이 투명해서 빛이 잘 들어온다는 장점이 있지만, 반대로 어둠도 잘 들어올 수 있지 않을까 하는 생각이 들었습니다.

"예수님, 이 교회는 건물의 지붕이 투명해서 그런지 빛이 잘 들어오는 것 같아요. 반대로 어둠도 잘 들어올 것 같은데 영적으로 공격을 더 많이 받을 수도 있지 않을까요?"

"그 부분을 잘 보았구나. 물론 어둠이 들어올 수도 있지. 그렇지만 빛이 더 많이 들어온다면 그 빛이 어둠을 이길 수가 있단다."

예수님의 말씀을 듣고 보니 어둠이 들어올 수도 있지만, 빛이 훨씬 더 크고 넓게 들어오고 있는 것이 보였습니다. 정말 빛이 어둠을 잡아먹는 것처럼 보였습니다. 어둠의 모습을 자세히 보니 콩나물과 비슷한 모양의 것들이 여러 개가 하나로 합쳐져 있는 것처럼 보였습니다. 그러한 영들이 여기저기 뒤엉켜서 공중에 떠다니고 있었습니다. 그리고 순간 이 교회의 모습이 제가 터키에서 본 빌라델비아 교회와 비슷하다는 생각이 들었습니다.

"예수님, 혹시 빌라델비아 교회의 모습을 보고 있는 건가요?"

"그렇단다. 빌라델비아 교회는 초대 교회가 신앙의 박해를 받을 때에도 믿음과 신앙을 잘 지켜냈단다."

예수님의 말씀을 듣고 본 빌라델비아 교회는 확실히 앞에서 본 다른 교회들과는 다르게 빛이 더 많고 교회가 훨씬 더 밝게 느껴졌습니다.

빌라델비아 교회의 반석

교회를 본 후 대지의 모습을 보았습니다. 대지 또한 잘 다듬어져 있었습니다. 자갈이나 찌꺼기들이 여기저기 떨어져 있는 것이 종종 보였지만, 그 수가 많아 보이지는 않았습니다. 땅속에 집을 지은 벌레들도 조금씩 보이는 것 같았습니다.

"빌라델비아 교회의 반석을 보렴."

예수님의 말씀을 듣고 반석을 자세히 보았습니다. 가로보다 세로가 조금 더 길게 느껴졌고, 지금까지 본 반석 중에서는 가장 크고 튼튼하게 느껴졌습니다. 흰색의 반석은 대리석과 비슷해 보였고, 그 위에 옅은 주황색의 줄무늬가 간간이 보였습니다. 그러나 반석 주위에 악한 영들이 조금씩 흠집을 내고 부딪친 자국도 보였습니다. 하지만 그 흠집이 깊게 패이거나 반석의 조각이 떨어져 나가게 하는 등 큰 타격을 입히지 못했습니다.

"예수님, 빌라델비아 교회는 다른 교회에 비해서 빛도 많이 들어오고 반석도 튼튼해 보이는데 무엇이 문제일까요?"

"빌라델비아 교회는 출신에 따른 구원을 중요시했단다. 할례받은 것이나 유대인이라는 출생을 구원의 자격으로 믿은 것이 가장 큰 문제였단다. 이런 요소 때문에 신앙이 그리스도의 십자가 안에서 온전히 자리 잡지 못했고, 신앙이 바르게 뿌리내리지 못하도록 방해를 받았단다."

"구원은 모두에게 공평하게 주어지는 것인데 빌라델비아 교인들은 유대주의와 같이 신분에 따라 구원을 받는다고 주장한 거네요?"

"그렇지. 그 부분이 빌라델비아 교회가 더욱 영적으로 성장하지 못하게 가로막은 것이란다."

예수님의 말씀을 듣고 보니 빛이 많이 나오기는 하지만 교회 안에서 더 깊이 자리 잡지는 못하는 것으로 보였습니다. 빛은 그저 교회 안을 맴도는 것처럼 보였습니다. 저는 그 모습을 보며 빌라델비아 교인들은 믿음을 가지고 있었지만, 믿음에 대한 잘못된 지식도 가지고 있었기에 믿음이 더 굳건히 세워지지 못했다는 생각이 들었습니다.

빌라델비아 교회의 열매

교회 옆에는 비교적 크고 튼튼해 보이는 나무가 보였습니다. 사과나무와 비슷하게 보였습니다. 잎이 푸르고 싱싱했는데, 그 중에서도 일부 가지에 달린 열매는 더 붉고 잘 익어 있었습니다. 가지도 크고 굵었는데, 그 가지에서 작은 가지들이 여러 방향으로 뻗어나가 있었습니다. '씨를 뿌리고 하나님이 보시기에 기뻐하시는 열매를 맺은 것은 이런 모습일까?' 하는 생각이 들었습니다. 열매 주위에서 기분 좋은 향기가 나는 것 같았습니다. 나무에는 꽃이 피어 있었고, 나무 주위에는 들국화와 같은 흰 꽃이 많이 보였습니다. 꽃의 주위로 벌들이 모여 들었는데, 아름답고 좋은 향기가 점점 멀리 퍼져나가는 느낌이었습니다. 하나님이 세우신 교회가 이렇게나 아름다운 것이라는 생각이 절로 들었습니다.

교회와 나무를 보며 아름다움에 감탄하고 있을 때 눈앞에 보이는 장면들이 지진이 나는 것처럼 흔들렸습니다. 깜짝 놀라면서도 교회가 무너지거나 타격을 입으면 어떡하나 하는 걱정이 들었습니다.

"예수님, 만약에 교회가 무너지면 어떡하죠?"

그러나 저와는 달리 예수님은 걱정하지 않으시는 것 같았습니다. 저는 예수님을 보며 '예수님은 어쩜 저렇게 평안하실까?'라고 생각하며 교회의 모습을 다시 한 번 보았습니다. 악한 영은 교회를 통째로 흔들려고 하고 있었습니다. 그러나 놀랍게도 교회는 크게 요동치지 않았습니다. 악한 영들은 도마뱀, 악어, 상어, 사자 등의 형태로 모습을 수시로 바꿔가면서 교회를 집어삼키려 하고 있었습니다. 그런데도 교회는 작고 사소한 흔들림만 있을 뿐, 크게 흔들리지 않고 굳건하게 버텨냈습니다.

"왜 빌라델비아 교회가 악한 영들의 공격에도 흔들리지 않았다고 생각하니?"

"제 생각에는 빌라델비아 교회나 다른 교회나 모두 칭찬할 부분도 있었고 책망받아야 할 부분도 있었어요. 그렇지만 빌라델비아 교회는 믿음이 두터웠고, 빛도 많이 들어오고 있었으며, 무엇보다 하나님을 신뢰하는 마음이 가장 컸기 때문이라고 생각해요. 비록 출신이나 할례로 구원을 받는다는 잘못된 생각을 가지고 있었지만, 그런 잘못된 생각보다 하나님을 믿는 믿음과 신앙이 더욱 단단했기 때문이 아닐까요?"

"허허. 맞아! 아주 잘 보았구나! 모든 교회마다 하나님이 보시기에 잘한 부분도 있고 잘하지 못한 부분도 있지. 그러나 그 속에서도 하나님을 믿는 믿음을 지키고 확신이 있었기에 악한 영의 공격에도 크게 요동치거나 흔들리지 않았던 거란다."

"악한 영의 공격을 아예 피하기는 어렵지만, 공격이 다가올 때를 대비하여 믿음을 굳건히 지키는 것이 정말 중요하네요."

"그렇지, 믿음은 정말 중요한 거란다!"

빌라델비아 교회는 제가 앞서 본 교회 중 가장 튼튼하고 굳건해 보였습니다. 그러나 같은 교회 안에서도 믿음의 정도는 개인마다 차이가 있을 것이라고 생각했습니다. 신앙의 뿌리를 깊게 내린 교회였지만, 성도들의 믿음과 신앙의 성숙도는 분명히 개인마다 다르기 때문입니다.

"예수님, 빌라델비아 교회 성도들 사이에도 믿음의 차이는 있었겠죠?"

"그럼, 잘 세워진 교회라고 해서 교회 성도가 모두 최상의 믿음을 가지고 있는 것은 아니란다. 교회가 잘 세워져 있다면 성도들이 더 강한 믿음을 갖는 데 도움이 되지만, 그렇다고 모두가 같은 믿음을 가지고 있는 것은 아니니까."

"갑자기 조금 다른 모습이 보였어요."

"어떤 모습이니?"

"교회 안에 있는 성도의 모습인데 어떤 성도는 악한 영이 주위에서 빙빙 돌고 혼란스럽게 해도 흔들리지 않아요. 그런데 다른 성도는 악한 영이 이끌 때 끌려가기도 하고 이리저리 흔들려요."

"아까 말했듯이 모두가 같은 믿음을 가질 수는 없단다. 흔들리는 성도도 잘 세워진 교회 안에 있으면 악한 영의 공격을 받아 잠시 흔들리더라도 믿음 안에서 자신을 방어할 수 있단다. 교회와 지도자가 잘 서 있다면 악한 영들이 공격하더라도 더욱 빨리 방어하고 믿음 안에서 교회를 보호할 수 있기 때문이란다."

"성경에서 봤는데 빌라델비아 교회 사람들은 소수만 주께 충성했다고 들었어요. 소수만 충성했는데도 교회의 반석이나 열매는 앞서 보았던 다른 교회들보다 더 강해 보여요. 튼튼해 보이고요."

"어떤 교회든지 간에 성도들의 믿음에는 조금씩 차이가 있단다. 다만 빌라델비아 교인 중 주께 충성했던 그 소수는 남들보다 더욱 강하고 굳센 믿음을 가지고 있었기에 그런 거란다."

저는 예수님의 말씀을 들으며 빌라델비아 교회의 모습을 다시 보았습니다. 악한 영들이 모습을 다채롭게 바꿔가며 교회를 흔들 때 거기에 맞춰 흔들리는 자들과 그런 상황에서도 굳건히 서 있는 자들이 있었다는 것이 느껴졌습니다. 하나님은 교회의 사람 수를 보시는 것이 아니라 각 사람, 즉 개인의 믿음을 보신다는 것이 느껴졌습니다. 또한 단 한 사람만 하나님을 믿고 경외하더라도 그 사람의 마음과 생각의 중심을 가장 먼저 보시는 분이라는 것이 느껴졌습니다.

라오디게아 교회

"라오디게아 교회의 사자에게 편지하라 아멘이시요 충성되고 참된 증인이시요 하나님의 창조의 근본이신 이가 이르시되 내가 네 행위를 아노니 네가 차지도 아니하고 뜨겁지도 아니하도다 네가 차든지 뜨겁든지 하기를 원하노라 네가 이같이 미지근하여 뜨겁지도 아니하고 차지도 아니하니 내 입에서 너를 토하여 버리리라 네가 말하기를 나는 부자라 부요하여 부족한 것이 없다 하나 네 곤고한 것과 가련한 것과 가난한 것과 눈 먼 것과 벌거벗은 것을 알지 못하는도다 내가 너를 권하노니 내게서 불로 연단한 금을 사서 부요하게 하고 흰옷을 사서 입어 벌거벗은 수치를 보이지 않게 하고 안약을 사서 눈에 발라 보게 하라 무릇 내가 사랑하는 자를 책망하여 징계하노니 그러므로 네가 열심을 내라 회개하라 볼지어다 내가 문 밖에 서서 두드리노니 누구든지 내 음성을 듣고 문을 열면 내가 그에게로 들어가 그와 더불어 먹고 그는 나와 더불어 먹으리라 이기는 그에게는 내가 내 보좌에 함께 앉게 하여 주기를 내가 이기고 아버지 보좌에 함께 앉은 것과 같이 하리라 귀 있는 자는 성령이 교회들에게 하시는 말씀을 들을지어다"(계 3:14-22).

라오디게아 교회의 모습

빌라델비아 교회를 본 후 제 눈앞에 다른 교회의 모습이 보였습니다.

"자, 이제 마지막 교회의 모습이란다."

"네, 라오디게아 교회요!"

"라오디게아 교회가 받은 평가 중에 기억나는 것이 있니?"

"라오디게아 교회는 차지도 뜨겁지도 않은 교회라는 평가가 기억나요."

"맞아, 라오디게아 교회는 차지도 뜨겁지도 않은 교회라는 평가를 받았단다. 영적인 면에서 열정도 없고 뜨겁지도 차지도 않은 애매한 상태였지. 라오디게아 교인들의 모습을 보렴. 어떠한 모습처럼 보이니?"

제가 라오디게아 교회의 모습을 보았을 때 제 눈앞에는 교인들이 예배를 드리고 교회를 드나드는 모습이 보였습니다. 겉으로 볼 때는 사람들이 교회에 열심히 왔다 갔다 하는 것처럼 보였습니다. 그러나 '겉으로만 교회를 왔다 갔다 하고 신앙적 조언이나 충고는 잘 받아들이지 않을 수도 있지 않을까?' 하는 생각이 순간 머릿속을 스쳐갔습니다.

"왠지 교인들이 교회에 오는 것을 하나의 일처럼 생각하는 것 같아요. 딱히 교회에 오는 것을 즐거워하는 것 같지도 않고, 그냥 한번 와서 앉아 있다가 가면 된다고 생각하는 느낌이 들어요."

"맞아. 신앙생활에 열정도 없을 뿐만 아니라, 교회에 대한 마음도 그러했단다. 이제 교회의 모습을 자세히 보렴."

라오디게아 교회의 모습은 건물의 형태가 이루어진 것 같기도 하고 이루어지지 않은 것처럼도 보였습니다. 겉으로 보기에는 건물의 형태를 이룬 것 같았으나, 그 모습이 일반적인 건물과는 무언가 달라 보였습니다. 건물의 재질은 하얀 대리석 같은 것으로 보였으며 기둥이 높게 솟아 있었습니다. 문이 있었지만 열리는 것이 보이지 않았습니다. 사람들이 왔다 갔다 할 때에 교회의 오른쪽 귀퉁이에 사람이 지나다닐 수 있을 정도의 개구멍이 보였습니다. 그 구명을 보니 당황스럽기도 하고 약간 놀라기도 했습니다. '어떻게 문을 놔두고 저런 구멍을 만들 생각을 했지?'라는 생각이 들었습니다. 하나님이 차지도 뜨겁지도 않은 교회라고 책망하신 이유가 저런 것과 같은 맥락인가 하는 생각도 들었습니다. 교회의 문이 열리지 않는다는 것이 마치 교회가 세상과 사람들을 향해 마음을 열지 않은 것처럼 느껴졌습니다.

개구멍으로는 빛도 들어갔으나 악한 영도 들어갔습니다. 그 모습을 보면서 '사람들이 문으로 드나들었으면 악한 영이 들어가지 않을 수도 있지 않았을까?'라는 생각도 들었습니다. 안타까운 마음이 많이 들었습니다. 처음에는 빛이 많이 들어가는 것처럼 보였으나 시간이 지날수록 빛은 조금씩 줄어들었습니다. 어둠이 더 많이 들어간 것인지, 빛이 더 많이 들어간 것인지 알아채기 힘들었습니다. 그렇기에 제 눈에는 교회 안에서 빛과 어둠이 공존하는 이상한 모습으로 보였습니다.

"아니, 대체 왜? 왜 문을 열지 않은 거예요?"

"문이 열리지 않았다는 것은 라오디게아 교회의 영적인 상태를 의미한단다. 저들은 하나님에 대한 갈망과 사랑의 마음이 없었기 때문이란다. 문이 열리지 않은 것을 보며 무엇이 느껴졌니?"

"교회가 사람들과 세상을 향해 마음을 열지 않았다고 느껴졌어요."

"그래, 맞아. 그 마음은 곧 하나님을 향해 마음을 더욱 활짝 열지 않았다는 것이기도 한단다. 교회가 하나님을 찾고 갈망했으면 하나님이 들어오시기 위해 문을 열지 않았을까?"

"맞아요. 차지도 뜨겁지도 않다는 것이 교회를 책망하시는 말씀이기도 하고, 하나님을 향한 교회의 마음이기도 한 것 같아요."

라오디게아 교회가 신앙생활에 대한 열정을 가지고 있지 않은 것이 하나님에 대한 마음과 사랑을 더욱 크게 갖지 못한 것 때문이라는 생각이 많이 들었습니다. '모든 성도는 신앙생활을 하면서 하나님을 알아가는 기쁨을 누리는데 라오디게아 교회의 교인들은 신앙생활을 하면서 어떠한 유익과 기쁨을 얻었을까?' 하는 질문이 남았습니다.

라오디게아 교회의 반석

교회의 대지는 푸른 초원과 같아 보였습니다. 그러나 곳곳에 큰 웅덩이 같기도 하고 호수 같기도 한 물들이 여럿 보였습니다. 교회 바로 위에 있는 대지 또한 땅 한가운데 있는 호수 같아 보이기도 하고, 호수 한가운데 있는 땅처럼 보이기도 했습니다.

"예수님, 교회의 대지가 호수 같기도 하고 땅 같기도 한 것처럼 보이는 것도 문과 같은 맥락이죠?"

"맞아, 교회의 위치가 너에게 그렇게 보인 거란다."

반석의 모습도 특이했습니다. 화강암과 같은 밝은 색을 가진 반석으로 보였으나 크고 작은 돌이 여럿 합쳐져 있는 것처럼 보였습니다. 크기가 커 보이기도 했고 작아 보이기도 했습니다. 반석의 모양은 산호초 같기도 했고, 큰 바위 같아 보이기도 했습니다. 볼 때마다 모양이 조금씩 달라 보이기도 한 신기한 형태를 하고 있었습니다.

라오디게아 교회의 열매

나무도 조금 특이해 보였습니다. 대지에 물웅덩이가 많아서 그런지 나무뿌리의 절반 이상이 물에 뿌리를 내린 것처럼 보였습니다. 나무뿌리의 절반은 물로 인해 자라고 절반은 흙으로 인해 자라는 느낌이었습니다.

나무의 형태는 호박과 같은 넝쿨과 위로 솟으며 자라는 소나무가 합쳐진 형상이었습니다. 가운데 가지들은 위로 솟아 있었고, 양옆의 가지들은 넝쿨처럼 아래로 가라앉아 있었습니다. 태어나서 단 한 번도 본 적이 없는 특이한 모양의 나무였습니다. 예수님도 그 모습을 보시며 안타까워하시는 것 같았습니다. 저는 그 나무의 모양이 어지럽게 느껴졌습니다.

"라오디게아 교회의 모습을 보면서 신앙의 온도가 정말 중요한 것을 다시 한번 느끼는 것 같아요"

"맞아, 그래서 신앙도 차지도 않고 뜨겁지도 않아선 안 된단다. 각자의 온도를 가지고 하나님을 알아가고자 하는 것이 정말 중요하단다."

나무 위로 자란 나뭇잎들 또한 노란빛과 푸른 잎이 같이 보였습니다. 열매는 포도와 비슷했습니다. 한 열매에 맺힌 알의 크기도 제각각 불규칙해 보였습니다. 교회 안에도 빛과 어둠이 공존해서 열매가 잘 자라는 것인지, 잘못 자라는 것인지 분별할 수 없었습니다.

"라오디게아 교회의 모습을 보면서 신앙생활에서 열정이 얼마나 중요한지 느끼게 되었어요. 뜨겁지도 않고 차지도 않은 온도로 신앙생활을 하게 된다면 신앙생활에서 옳고 그른 것이 무엇인지, 선과 악을 어떻게 구별해야 하는지 등과 같은 중요한 것들을 다 놓치게 될 것 같아요"

"맞단다. 누누이 이야기하지만 신앙생활에서 온도는 정말 중요하단다. 일곱 교회의 모습은 제각기 다 달랐지만, 다 각자의 온도를 가지고 있었단다. 그러나 라오디게아 교회는 차지도 뜨겁지도 않은 애매한 온도를 가지고 있었지. 그 사이에서 중심을 잡지 못한 모습들이 너에게 이러한 모습들로 보인 거란다."

"다른 것도 중요하지만 교회가 하나님에 대한 갈망과 사랑을 가지고 있는 것이 무엇보다 중요한 것 같아요."

"그렇지. 그럼 일곱 교회를 보면서 깨달은 것이 있다면 말해줄 수 있겠니?"

"각 교회마다 색깔이 다 다르게 느껴졌어요. 어떤 교회는 노란색 같았고 어떤 교회는 파란색이나 초록색 같았어요. 그런데 계속 보면서 느낀 점은 어떤 교회든지 전부 다 책망받을 수도 있고, 일부만 책망받을 수도 있으며, 다 칭찬받을 수도 있는 것 같아요. 하나님이 원하시는 선한 방향으로 흘러가는 교회는 하나님이 잘했다고 칭찬해주시지 않을까요? 그리고 저에게 일곱 교회의 영적인 상태를 이렇게나 자세하게 보여주신 것은 오늘날 교회들이 일곱 교회의 모습을 교훈 삼아 똑같은 영적인 실수를 반복하지 않도록 그것을 알려주라고 보여주신 거고요!"

"맞아. 내가 너를 통해서 여러 가지 영적인 비밀을 알려주고 교훈도 알려주었잖니? 그 모든 것을 잘 기억해두었다가 사람들에게 전해주렴. 교회가 더욱 바르게 세워지고 성장하는 데 많은 도움이 될 거란다."

"네, 주님! 꼭 그렇게 할게요!"

예수님은 환하게 웃으시면서 저를 안아주셨습니다. 예수님의 품에 안기자 순식간에 속사람이 제 육체 속으로 빨려 들어가는 것이 느껴졌습니다. 속사람이 다른 때에 비해 비교적 오랜 시간 밖에 나가 있어서 그런지 몸이 정말 피곤했습니다. 한동안 움직일 수 없을 것 같은 기분이었습니다. 그러나 또 다른 영적인 비밀을 알게 되어서인지 제 마음이 기쁨과 만족함으로 가득 채워지는 것이 느껴졌습니다.

속사람이 제 몸 안으로 들어온 후, 예수님이 보여주신 것들을 머릿속으로 계속 생각하며 떠올려보았습니다. 다시 생각해보아도 저에게 이러한 비밀들을 알려주시고 보여주신다는 것이 놀랍고 감사했습니다. 보고 느낀 것을 생각하다가 저도 모르는 사이에 잠이 들었고, 두세 시간 더 잠을 청한 후 깨어났습니다. 평소에 비하면 훨씬 적은 시간을 잤지만, 몸이 가볍고 상쾌했습니다. 예수님이 저에게 알려주신 비밀들을 생각하고 떠올릴 때마다 벅차고 감사한 기분이 들어 잠에서 깨어난 후 감사의 기도를 올려드렸습니다.

5장_교회를 향한 예수님의 말씀

저는 예수님이 왜 저에게 교회의 모습들을 보여주셨는지에 대해 더 자세히 알고 싶어졌습니다. 영적인 세계를 보여주시는 것은 다 이유가 있고, 교회의 모습에 대해 알게 해주신 것은 더 특별한 이유가 있다고 생각했기 때문입니다.

"예수님, 왜 저에게 교회의 모습들에 대해 이렇게나 자세히 보여주신 것인지 더 분명히 알고 싶어요. 이 내용들을 가지고 사람들에게 어떠한 이야기를 전해야 하나요?"

저의 질문에 예수님은 환상 속에서 빛 가운데 계신 모습으로 이렇게 응답해주셨습니다.

"나는 이 땅에 교회들이 세워지는 것을 기뻐하고 그 교회들이 하나님 나라 확장을 위해서 선한 사역을 감당할 때 누구보다 기뻐한단다. 복음을 모르는 많은 사람에게 진리를 전하고 십자가의 사랑을 전할 수 있다는 것은 그 무엇보다 귀하고 값진 일이니까. 그런데 오늘날 교회의 모습을 보렴. 교회 안에 선하고 귀한 일도 많지만, 서로 시기하고 질투하며 다투고 싸우며 험담하기에 좋은 영향력을 나타내지 못하는 모습도 있단다. 교회가 세상 가운데서 빛과 소금의 역할을 감당하기 위해서 반드시 해야 할 선한 일과 행하지 말아야 할 일, 혹 잘못 행하였더라도 그 일에 대해서 사랑으로 품고 해결하며 그리스도인으로서 덕을 보여야 하는데 그러지 못한 일들도 많단다. 소아시아 일곱 교회도 마찬가지였단다. 교회라는 공동체가 사람이 모인 곳이기에 잠시라도 진리를 잊고 자신의 유익을 추구하며 하나님이 진정으로 기뻐하시는 것이 무엇인지 분별하기가 어려워진단다. 그래서 너를 통해 많은 사람과 교회가 더욱더 하나님이 기뻐하시는 모습으로 바로 서게 하려고 이러한 모습들을 보여준 거란다."

"네, 예수님. 그런데 제가 고민하는 것은 사람들이 어떻게 하는 것이 올바른 교회의 모습이고 또 그렇게 행할 수 있는지를 잘 모르겠어요. 제가 그걸 잘 말할 수 있을까요?"

"너는 올바른 교회의 모습이 무엇이라고 생각하니?"

"제가 생각하는 올바른 교회의 모습은 예수님의 사랑을 나타내고 전하는 거예요. 뿐만 아니라, 많은 그리스도인이 하나님의 형상을 닮은 모습으로 세상 사람들에게 본을 보여야 한다고 생각해요. 복음을 전하는 것도 중요하고 귀한 일이지만, 우리가 먼저 세상 사람들에게 본을 보여서 '교회 다니는 사람들은 뭔가 다르다. 저런 사람들이 믿는 신이라면 나도 믿어도 되겠다'라는 생각이 들 정도로 모범적인 모습도 있어야 한다고 생각해요. 말로만 복음을 전하는 것이 아니라, 스스로 삶에서 좋은 변화를 이끌어내고 삶이 예배가 되어서 하나님의 형상을 나타내는 것이 올바른 모습인 것 같아요."

"맞아. 그것이 내가 교회를 이 땅에 세운 이유란다. 많은 사람이 교회를 통해서 복음을 믿고 하나님께 돌아오게 하는 것도 이유지만, 그들이 하나님께 진정으로 돌아오려면 먼저 복음을 믿고 전하는 자들의 삶에서 변화가 일어나 그들의 삶으로 인해 은혜를 받고 하나님을 구주로 영접할 수 있어야 해. 그런데 오늘날 교회에는 그런 사람도 있지만, 그러지 못한 사람이 더 많단다."

"네. 제가 생각해도 그런 것 같아요. 그렇다면 제가 예전에 어떤 기사를 봤는데 사람들이 교회가 영성을 잃어버렸다고 했어요. 잃어버린 영성을 회복하는 것도 교회가 올바른 역할을 감당하는 데 많은 도움이 되는 거죠?"

"그럼, 교회가 영성을 잃어버리면 안 되지. 소금에 짠맛이 없으면 안 되는 것처럼 교회는 선하고 거룩한 영성을 항상 유지해야 한단다."

"그런데 제가 또 궁금한 것은, 로마 시대 때 극심한 박해를 받았는데도 사람들이 오히려 더 열심히 예수님을 믿고 복음을 전했고, 아직도 많은 사람이 예수님을 믿고 교회를 다니는데 왜 영성을 잃어버리는 걸까요?"

"그건, 이 세상에 점점 죄가 많아져서 그렇단다. 사람은 누구나 죄를 짓고 살 수밖에 없단다. 죄를 짓지 않고 사는 사람은 존재하지 않아. 그러나 비록 죄를 지었음에도 자신의 죄를 회개하고 뉘우치며 하나님께로 돌아오려고 하는 자들을 하나님은 어여삐 여기신단다. 지금 세상을 보렴. 네가 보아도 너무나 많은 죄악이 있잖니. 지금도 이렇게 많지만, 앞으로 시간이 지날수록 더 많아질 거란다. 흔히들 지금을 마지막 시대라고 하잖니. 마지막 시대일수록 복음 안에서 거룩한 영성을 유지하며 살아야 한단다."

"그렇군요. 제가 생각해보았는데요, 저희 부모님이 대학생 때 기도원에 가면 자리가 없어서 기도 자리 잡으러 뛰어다니고, 예배 시간에도 돗자리 펴고 앉아서 기도하고 그랬대요. 그리고 제가 어릴 때만 해도 금요 예배를 마치고 나면 교회에서 밤새워서 기도하다가 자고 온종일 교회에서 기도하고 예배드리고 그랬어요. 그런데 요즘엔 그런 일들이 거의 사라진 것 같아요. 예배드리고 나서 기도하는 사람은 거의 찾아볼 수 없어요. 다들 집으로 가기에 바빠요. 이런 부분도 영성이 약해진 거라고 볼 수 있는 거예요?"

"그럼. 그러한 요소가 모든 원인은 아니지만, 영성이 약해진 이유 중 하나라고 볼 수 있겠구나. 교회는 기도가 있어야 바로 설 수 있단다. 기도의 힘으로 교회가 세워지지 않는다면 교회는 절대 바로 설 수 없어. 오늘날 많은 사람이 기도하지 않고, 또 자신의 삶이 바쁘다 보니 주일 예배를 지키지 못하는 경우도 많잖니."

"아, 그러면 교회가 영성을 회복하기 위해 기도가 가장 먼저 회복되어야 하겠네요. 예전처럼 뜨겁게 기도하고 목이 쉴 정도로 기도하는 일들이 이제는 많지 않은 것 같아요. 기도가 점차 사라지면서 사람들이 하나님이 기뻐하시는 삶을 사는 것이 더 어려워진 것 같아요."

"맞아. 그래서 기도는 정말 중요한 거란다. 기도하지 않는 교회는 절대 반석 위에 세워질 수 없고 기도로 세워지지 않은 교회는 하나님이 기뻐하시는 바른 방향으로 나아가기에 어렵단다. 기도는 정말 중요한 거란다."

"네. 그러면 예수님 말씀은 지금 교회들이 다시 새로워지기를 원하셔서 저한테 소아시아 일곱 교회의 모습을 보여주시고 이 메시지들을 전하라고 하신 거죠? 그리고 교회가 새로워지고 영성을 다시 회복하려면 기도가 먼저 회복이 되어야 한다는 거죠?"

"그렇지. 가장 중요한 것은 기도란다. 한국 교회에서 다시 한 번

기도의 불씨가 타올랐으면 좋겠구나."

저는 예수님의 말씀을 듣고 곰곰이 생각해보았습니다. 저 또한 어린 시절보다 기도하는 시간이 많이 줄었다는 것을 알 수 있었습니다. 저도 초등학생 때 수련회에서 목이 쉴 정도로 뜨겁게 부르짖고, 울면서 기도했습니다. 금요 철야를 마치고 어머니와 함께 예배실에서 침낭을 깔고 기도하다가 잠든 날도 많았습니다. 그러나 언젠가부터 기도 시간이 많이 줄어들었다는 것을 부정할 수 없었습니다.

"네, 예수님. 잘 알겠어요. 그러면 교회가 기도를 먼저 회복해야 한다는 것은 알겠는데 기도가 회복된 후에 교회는 영적으로 어떠한 모습이어야 하고 어떻게 준비해야 하는지, 영적 전쟁에 어떻게 대비해야 하는지도 알려주시면 안 될까요?"

"그렇지, 안 그래도 그 이야기도 해주려고 했단다. 내가 곧 다시 알려주마."

예수님은 저의 질문에 교회가 영적으로 대비하고 굳건히 서려면 어떠한 노력을 해야 하는지를 말씀해주신다고 하셨습니다. 그리고 3일 정도 뒤에 예수님이 교회의 모습에 대해서 한 번 더 말씀해주셨습니다.

교회의 모습과 열매

예수님이 일곱 교회의 모습을 보여주시고 3일이 지난 뒤였습니다. 그날 이후 저는 예수님이 보여주셨던 교회의 모습을 계속 상기했습니다. 교회의 모습들을 되뇌면서 궁금증이 생겼습니다.

'성경에 기록된 일곱 교회의 영적인 상태도 보여주셨는데 영적 전쟁에서 교회의 위치와 역할도 볼 수 있지 않을까? 만약 영적 전쟁에 대비해 교회가 어떠한 준비와 노력을 해야 하고, 어떠한 방향으로 나아가야 하는지를 알게 된다면 공격으로 인한 피해는 최소로 줄이고 훨씬 더 효과적으로 방어할 수 있지 않을까?'

저는 곧바로 예수님께 기도하며 요청했습니다.

"예수님, 교회는 악한 영과 계속해서 영적 싸움을 하고 감당하며 이겨나가야 해요. 그렇지만 저희는 그 공격에 이길 때도 있고 질 때도 있어요. 또 어떤 때는 어떠한 방식으로 공격이 다가오는지 알지 못한 채 속수무책으로 있기도 해요. 악한 영들이 교회를 공격하고 세상을 혼란스럽게 하며 미혹하는 시기에 교회가 확실하게 공격을 방어할 수 있는 방법을 정확하게 알아야 한다고 생각해요. 교회가 세상의 빛과 소금의 역할을 감당하기 위해서도 알아야 한다고 생각하고요. 저희는 나름대로 기도하고 회개하면서 악한 영을 방어한다고는 하지만, 더 확실하게 교회를 지킬 수 있도록 도와주세요. 앞으로의 세대는 더욱더 악해지고 죄가 세상에 가득 차게 될 거예요. 그럴 때일수록 교회가 먼저 영적인 세계를 알고 선과 악을 분별해서 올바른 방향으로 나아가야 한다고 생각해요. 하지만 저희 힘으로는 절대 할 수 없어요. 가장 올바른 모습이 무엇인지도 알 수 없고요. 그러나 예수님이 도와주시고 알려주시면 할 수 있어요."

기도를 하다 보니 저도 모르게 눈물이 났습니다. 마지막 시대라 불리는 이 시대를 살아가면서 악한 영들은 예상치도 못하게, 예측할 수도 없게 다양한 방법으로 공격한다는 것을 느꼈기 때문입니다. 저 역시 어렸을 때부터 크고 작은 공격을 많이 받았습니다. 영적인 눈이 열린 후에는 악한 영들이 저를 공격하는 것을 더욱 예민하게 느낄 수 있었습니다. 시간이 지날수록 영적인 전쟁이 더욱 치열해질 것이라는 확신이 들었고, 그렇기에 예수님이 도와주셔야 한다는 마음이 더욱 간절해졌습니다. 제가 기도하고 있을 때 저를 돕는 천사가 말했습니다.

"예수님께 기도한 내용을 내가 하늘로 가지고 올라갈게!"

기도를 시작한 지 얼마 되지 않아 천사가 제가 기도한 내용을 가지고 하늘로 올라가는 모습이 보였습니다. 영적인 눈으로 보았을 때 천사가 실제로 저의 귓가에 그렇게 말하는 것이 들렸고, 작은 바구니 같은 것에 저의 기도를 담아 하늘로 올라가는 것이 보였습니다.

예수님이 보여주신 교회의 모습

그날 밤, 잠잘 준비를 하고 자리에 누웠습니다. 그런데 자리에 눕자마자 눈앞에 붉은빛이 다가오더니 속사람이 빠져나오는 것이 느껴졌습니다. 제가 잠들기도 전에 빛이 저를 감싸 안고 어딘가로 데려갔습니다. 저를 감싼 빛은 순식간에 어딘가에 다다르는 것처럼 느껴졌고, 제 속사람이 닿은 곳에는 예수님이 계셨습니다. 예수님의 주위는 빛으로 가득했습니다. 저를 데려온 붉은빛보다 예수님과 그분 주위에 있는 빛이 몇억 배는 더 강하게 느껴졌습니다. 그리고 저를 데려온 빛이 예수님 주위에 있던 빛이라는 생각이 들었습니다. 그 빛은 마치 태양을 직접 바라보는 것처럼 강해서 눈을 뜰 수가 없었습니다. 저는 그 자리에 엎드렸습니다.

예수님이 제게 다가오시는 것이 느껴졌습니다. 예수님에게서 여전히 강한 빛이 나고 있었지만, 그 빛 때문에 눈이 아프거나 시리지 않았습니다. 예수님이 제게 손을 내밀며 말씀하셨습니다.

"네가 영적 전쟁에 있어서 교회의 역할에 대해 알려달라고 기도했잖니? 너의 천사가 가지고 온 기도 제목을 내가 들었단다. 그것에 대해 알려주마."

예수님이 내미신 손을 잡고 천천히 고개를 들었습니다. 예수님은 누구보다 환하고 아름답게 웃고 계셨습니다.

예수님의 손을 잡고 몇 걸음 걸어가니 눈앞에 교회의 모습이 보였습니다. 환상 속에서 보는 기분이 들었지만, 실제로 보는 것처럼 선명하고 너무나도 확실하게 보였습니다. 그러나 제가 아는 것과는 그 모습이 조금 달라 보였습니다. 제가 잘못 본 건가 싶기도 하고 신기하기도 해서 눈을 비비고 다시 보았지만, 처음에 본 그대로였습니다.

제 눈앞에는 두 길이 보였습니다. 한 길은 넓고 좋았고, 다른 길은 좁고 어려웠습니다. 저는 어느 길이 더 옳은 것인가 생각해보았습니다. 처음에는 넓은 길이 좋은 길인가 하는 생각이 들었습니다. 넓은 길의 바닥에는 보석과 같은 것들이 반짝반짝 빛나고 있었습니다. 제가 그 빛나는 것들을 유심히 보고 있을 때 예수님이 말씀하셨습니다.

"넓은 길의 바닥에 떨어져 있는 것이 무엇으로 보이니?"

"무언가 반짝이는 것이 있는 것 같은데, 그게 무엇인지 잘 모르겠어요."

예수님이 제 말을 들으시고 제 눈에 잠깐 손을 얹으셨다 떼셨습니다. 그러자 강한 빛이 제 눈에 들어오는 기분이 들면서 눈앞의 것들이 더욱 선명하게 보였습니다. 넓은 길의 바닥에 떨어져 있던 빛나는 것들은 유리 조각이었습니다.

"헉, 예수님. 저 반짝이는 것들은 보석이 아니라 유리 조각이었네요!"

"그렇단다. 악한 영들은 자신들이 가진 것이 더 좋은 것이라고 사람들을 미혹하고 분별하지 못하도록 하지. 그러나 기억하렴. 악한 영들은 겉만 화려하게 보일 뿐, 그 속은 알맹이가 없는 쭉정이와 같단다."

"정말 그러네요. 처음에는 멀리서 보는 것처럼 선명하게 보이지 않아서 무엇인지 몰랐는데, 유리 조각이었네요."

"진리는 좁은 길의 끝에 있단다."

저는 예수님과 함께 손을 잡고 좁은 길로 걸어갔습니다. 그 길로 들어서기 전에는 한 사람도 지나갈 수 없을 정도로 좁아 보였는데 막상 저와 예수님이 함께 걸어가니 그 길이 너무나도 넓고 따뜻하게 느껴졌습니다.

길의 끝에 있는 교회의 모습

길을 걸어가 교회의 모습을 본 저는 너무나도 놀랐습니다. 교회는 마치 외길 낭떠러지 끝에 있는 것처럼 보였습니다. 교회의 문은 하나밖에 보이지 않았고, 교회의 문으로 가는 길도 매우 좁아 보였습니다. 길이 아닌 다른 곳의 아래를 쳐다보았을 때 낭떠러지처럼 보이기도 했고 깊은 바다처럼 보이기도 했습니다. 바위 위에 교회 건물이 있는 것처럼 보이기도 했습니다. 너무 놀라서 말을 할 수가 없었습니다.

"왜 저렇게 보이는 거예요, 예수님?"

"영적 전쟁에서 교회의 위치는 외길 낭떠러지에 있는 것과 같단다. 교회는 진리를 가리키고 진리로 향하는 길은 하나뿐이잖니? 또한 진리를 향해 가는 길은 넓지 않고 심지어 그 길은 좁고 험난하기까지 하단다. 길의 반대쪽은 낭떠러지일 수도 있고, 바다일 수도 있으며, 험한 산길일 수도 있지. 깊고 짙은 어둠이 있을 수도 있단다. 공중에는 악한 영들이 도사리고 있는데, 악한 영들은 낭떠러지를 기어오르기도 하고, 공중에서 공격하기도 하지. 다양한 방법으로 말이야. 그렇기에 교회는 영적으로 더욱 무장해야 한단다."

"교회가 외길 낭떠러지에 있다는 것은 교회가 진리이기 때문에 그런 거죠? 진리를 향해 오는 길은 단 하나뿐이고, 그 길은 아무나 올 수 있는 길도 아니며, 진리를 향하는 길은 좁은 길이기 때문이고요? 그리고 악한 영들은 사람들이 진리로 나아오지 못하도록 사방에서 교회를 노리고 공격하는 거고요?"

"맞아. 영적으로 보았을 때 교회의 위치가 그렇단다. 교회가 진리를 추구하는 곳이 아닌 다른 곳에 있는 것은 옳지 않으니까. 진리를 향하는 길을 걸어가는 이들은 진리를 갈구하는 자들이란다. 그들이 찾는 진리의 종착점은 교회지."

"그런데 진리를 향해서 걷는 사람들이 반드시 다 진리 속으로 들어올 수 있을까요? 진리를 찾아서 왔다가 벗어날 수도 있잖아요?"

"맞아. 그래서 모든 사람이 다 진리를 추구하고 진리 안에 거하고자 하는 것은 아니란다. 진리를 향해 오더라도 중간에 벗어날 수도 있고, 온전히 거할 수도 있지. 길 앞에서만 맴도는 자도 있고, 진리의 문 앞에 서 있기만 하는 자들도 있단다."

"사람들이 진리를 향해 올 수는 있지만, 모든 사람이 진리 안으로 완전히 들어올지는 모르는 거네요."

"맞아. 그래서 교회는 더욱 진리를 강하게 추구해야 하고 강하게 선포해야 하는 거란다."

교회의 건물 모습

예수님의 말씀을 듣고 교회 건물을 보니 다양하게 보였습니다. 땅과 기둥이 굳건히 세워져 있는 교회도 있고, 땅이 갈라지기도 하고 마르기도 한 교회도 있었습니다. 개미집과 같은 것이 생기기도 하고 커다란 구멍이 생긴 모습도 보였습니다.

"교회가 굳건해 보이기도 하고 금방이라도 무너질 것처럼 보이기도 해요. 굳건해 보이는 교회는 어떤 교회이고, 무너질 것처럼 보이는 교회는 어떤 교회인가요?"

"굳건한 교회는 믿음의 반석 위에 잘 세워져 있는 교회란다. 악한 영이 땅 아래든 공중이든 어디서든지 공격을 하더라도 교회의 지면은 크게 흔들리지 않는단다. 반면, 무너질 것 같아 보이는 교회는 믿음의 반석 위에 굳게 세워지지 않은 교회지. 그러한 교회는 악한 영의 공격을 받으면 흔들리고 상처를 입는단다."

"그러면 교회 건물의 모습도 다 다르게 보일까요?"

"그렇지. 영적인 상태에 따라 잘 지어진 모습도 있고 성처럼 보일 수도 있지. 벽돌로 지은 모습으로 보일 수도 있고. 그러나 중요한 것은 겉으로 보이는 모습이 아니라 얼마나 튼튼한지, 얼마나 사람들이 진리 안에 거하고 안식을 취할 수 있는지가 중요한 거란다. 교회는 영적 전쟁에서 외길 낭떠러지의 끝에 있는 것과 마찬가지인데, 겉으로는 화려한 성처럼 보이지만, 속은 볼품이 없다면 그게 무슨 소용이 있겠니?"

예수님의 말씀을 듣고 나니 교회가 영적인 공격에서 어떠한 자세를 취해야 할지에 대한 감이 조금씩 생기는 것 같았습니다.

"그러면, 교회가 잘 세워지지 않았다면 피사의 사탑처럼 기울어져 보이기도 하고 낡은 오두막집처럼 보이기도 하겠죠? 벌레들이 건물을 갉아 먹는 경우도 있을 거고요. 만약 벽에 커다란 구멍이 뚫린다면 악한 영들이 그 구멍으로 마음껏 드나들 수도 있을 거 같아요."

"맞아. 그래서 영적으로 잘 무장하고 대비하는 것이 중요하단다."

"예수님, 그런데 계속 보다 보니 교회가 잘 세워지고 굳건히 서 있으려면 반석 위에 굳게 세워지는 것이 중요한 것 같아요. 반석 위에 굳게 세워지려면 어떻게 해야 할까요?"

"교회의 반석과 교회가 잘 세워지는 것은 교회의 지도자가 얼마나 진리를 추구하고 하나님 앞에 바로 서 있는지에 따라 달라진단다. 진리 안으로 들어오고자 노력하는 사람은 많지만, 참된 진리를 찾는 자들은 적잖니? 진리 안으로 들어오더라도 그 안에 계속 거하는 자들은 얼마나 될까? 그런 영혼들을 모두 양육하고 영적 공격에서 교회가 바로 서려면 지도자의 역할이 무엇보다 중요하단다. 누구보다 더 바르게 진리를 추구해야 하고, 성도들에게 진리를 어떻게 전할지에 대해서 노력해야 하지. 교회가 믿음의 반석 위에 굳건히 설 수 있도록 끊임없이 노력하고 기도해야 하며, 하나님이 말씀하시는 선하시고 온전하신 뜻이 무엇인지도 분별해야 한단다. 교회를 위해서 기도하고 하나님의 교회가 이 땅에서 선한 영향력을 끼칠 수 있도록 기도의 씨앗을 뿌리는 것이 주의 종들이 해야 할 몫이란다."

"하나님이 맡기신 교회이기 때문에 하나님을 향해 더욱 바로 설 수 있도록 끊임없이 고민하고 기도하는 것이 중요하네요. 교회는 영혼을 위해서도 기도해야 하지만 나라와 민족을 위해서도 기도해야 할 것 같아요. 교회는 진리를 추구하려 하지만, 사람들이 진리를 향해 나아오기 전에 악한 영의 꼬임에 넘어가면 막지 못할 수도 있지 않을까요?"

"맞아, 그렇단다. 같은 시대를 살아가고 있는 사회와 나라, 민족을 위해 기도하는 것도 교회가 감당해야 할 역할이란다. 교회가 더욱 기도에 힘쓰고 죄를 회개하면 하나님은 교회를 더욱 강하게 하시고 굳세게 붙잡아주신단다."

교회에서 떠나는 사람들의 모습

예수님과 대화를 나누면서 교회의 모습을 보니 진리 안으로 들어갔는데도 다시 나오려고 하는 사람도 보였습니다.

"저 사람은 교회 안으로 들어갔는데 다시 나오려고 발버둥 치는 것 같아요. 세상이 더 좋았던 걸까요?"

"진리 안에 들어왔음에도 다시 나오려고 하는 자들은 세상의 쾌락을 쫓아가는 것이란다. 진리로 들어오는 길은 좁고 험한 길 하나뿐이고, 그 안에 계속 거하는 자들의 수는 더 적지."

"저 사람이 진리 밖으로 나갈 때 들어온 문으로 다시 나갈 수 있을까요? 창문으로 나가려는 것 같이 보이는데, 왜 문을 보지 못하는 걸까요?"

"진리 밖으로 나가려는 자가 들어온 문을 다시 열고 제자리로 돌아가기란 쉽지 않단다."

"왠지 밖으로 나가면 더 악한 영들에게 쉽게 잡아먹히거나 세상에 노출될 것 같아요."

"진리 안으로 들어온다면 그 누구보다 안전하지만, 진리 밖으로 다시 나가게 된다면 더 큰 위험에 빠질 수 있단다. 진리 안으로 들어온 자가 온전히 자리를 잡지 못하고 나가면 악한 영들은 그 자를 꾀어내려고 온갖 방법을 동원할 테니까."

"진리 안에 거하는 게 얼마나 좋고 유익한 건데 그걸 모르는 걸까요?"

"온전히 진리 안에 거한 자는 진리 밖으로 나가려고 하지 않는단다. 진리 안으로 들어오긴 했지만, 그 진리를 자신의 것으로 받아들이지 않은 자들이 대부분이란다. 밖으로 나가려고 하는 자들 중에는 자신의 의를 내세우거나 인간적인 만족을 얻으려고 나가려는 자들이 있지. 또 세상의 쾌락을 좇고 싶어서 나가는 자들도 있단다."

"그러면 진리 안에 들어왔던 사람이 밖으로 나가게 된다면 낭떠러지 밑으로 떨어질 수도 있겠네요. 공중에 있는 악한 영에게 공격받을 수도 있을 것 같고, 나갔다가 떨어지지 않으려고 건물 벽에 붙어 있는 사람도 있을 것 같아요."

"사람들의 영적인 상태가 다양한 모습으로 보이는 거란다. 그러나 진리 안에 들어왔다 나간 사람들의 모습에서 보이는 공통점이 딱 하나 있단다."

"진리 안에 들어왔지만 다시 들어가지 못하고 악한 영의 공격에 더욱 쉽게 노출된다는 거요?"

"맞아! 그래서 진리 안에 들어왔을 때 온전히 자리를 잡을 수 있도록 해야 한단다."

"진리 안에 들어온 사람이 진리 안에 온전히 자리 잡고 하나님의 깊은 사랑을 느낄 수 있도록 하는 것도 교회의 역할이겠네요."

예수님이 제 말을 들으시고 웃으시며 고개를 끄덕이셨습니다.

영적 전쟁에서 교회가 취해야 할 자세

교회의 모습을 보다가 제가 느낀 것을 예수님께 말씀드렸습니다. "예수님, 계속 보면서 느낀 건데요, 교회가 영적인 공격을 안 받을 수는 없는 것 같아요. 교회라는 진리 안에 들어온 모든 사람이 다시 나가지 않는다는 보장도 없고요. 교회도 영적으로 무장하고 대비해야 하지 않을까요?"

"그렇지. 네가 그것을 알아차릴 줄 알았단다. 진리에서 떠나 미혹되고 꾀임당하는 자가 한 명도 없을 수는 없단다. 물론 악한 영이 교회를 공격하지 않을 리도 없지. 교회는 영적인 공격을 최소화하기 위해 더욱 튼튼히 방어해야 한단다. 네가 보기엔 어떠한 방법으로 그렇게 할 수 있을 것 같니?"

"교회라는 진리로 가는 길은 하나뿐이잖아요. 그렇다면 그 길을 조금 더 아름답게 할 것 같아요. 좁고 험한 길이지만, 사람들이 오는 길에 하나님이 주시는 기쁨과 행복을 느낄 수 있도록 노력할 것 같아요. 그리고 교회에는 울타리나 벽을 만들어서 교회가 영적으로 직접적인 공격을 조금이라도 덜 받도록 할 것 같아요. 악한 영이 공격해오면 교회가 어떠한 타격을 입을지도 모르잖아요. 그렇게 되면 진리 밖으로 나가려는 사람이 있어도 바로 공격을 받는 일은 없지 않을까요?"

"아주 좋은 방법이구나. 벽을 얇은 두께로 여러 겹 쌓으렴. 얇게 여러 겹의 벽을 쌓는다면 공격을 당하더라도 한꺼번에 벽이 무너지지는 않는단다. 그렇게 되면 피해도 훨씬 적겠지. 두껍게 한 겹으로만 벽을 쌓는다면 그 벽은 몇 번의 공격만 받아도 악한 영이 틈을 타고 들어올 공간이 생길 거야. 또한 기둥을 튼튼히 하고 지붕과 창문, 대지 등 교회를 지탱하는 요소들도 무너지지 않도록 준비해야 한단다. 벽이 튼튼하더라도 교회가 무너진다면 그것은 의미가 없단다."

"네. 그런데 영적인 상태로 보았을 때 진리로 가는 길을 아름답게 하고 교회의 벽을 얇게 여러 겹 쌓으려면 어떠한 노력을 해야 하는 거예요?"

"회개하며 자신을 정결하게 해야 한단다. 외적으로 보이는 교회의 모습도 중요하지만, 교회가 세상을 향해서 어떠한 모습으로 비추어져야 하는지를 생각해보렴."

"음, 교회는 우선 세상을 향해서 사랑으로 섬겨야 하고 본을 보여야 해요. 그리고 그것도 중요하지만, 우선 교회 안에서 반드시 해야 하는 일도 있다고 생각해요. 제가 엄마 아빠에게 들었던 이야기로는 예전에는 기도원에 자리가 없어서 바닥에서 자는 사람도 많았다고 해요. 제가 어렸을 때만 해도 금요 철야예배 때 교회에서 이불을 펴놓고 기도하다가 자는 사람도 많았고요. 저도 교회에서 기도하다가 잠든 적도 많았어요. 그런데 요즘 성도들은 바빠서 그런지 아니면 다른 이유가 있는지는 몰라도 기도하러 기도원에 가는 사람도 별로 없고, 교회에서도 밤새워 기도하는 사람도 찾아보기 힘든 것 같아요."

"맞아. 교회 안에 기도의 불씨가 타오르지 않아서 그런 것이란다. 기도와 회개의 불씨가 다시 타올라서 영성을 회복해야 한단다."

"영성을 회복하려면 반드시 회개와 기도를 회복해야 한다는 말씀이시죠?"

"그렇지. 회개하며 자신을 정결하게 하고 기도로 교회를 세워야 한단다. 요즘에는 기도가 많이 줄어든 것 같아서 아쉽구나."

"맞아요. 교회는 반드시 회개하고 기도해야 하는 것 같아요. 성경에도 회개하고 기도하라고 기록되어 있잖아요. 오늘날 저를 포함한 많은 사람이 너무 바쁘고 여유가 없다 보니까 기도하는 시간이 많이 줄어든 것 같아요."

"맞아. 그렇지만 기도하는 것을 쉬지 않았으면 좋겠단다. 기도는 쉬지 않고 계속해야 하고, 기도로 자녀를 잘 양육하며 믿음의 씨앗을 심어주어야 한단다."

"네, 잘 알겠어요! 그리고 제가 방금 생각해보았는데 아까 교회가 사랑이 없는 것도 옳지 않은 일이라고 하셨잖아요. 교회가 세상을 향해서 사랑을 드러내려면 어떻게 해야 할까요?"

"먼저 교회가 하나님의 형상을 닮아가야 한단다. 교회가 봉사하고 헌신하는 것도 귀하고 중요한 일이지. 그러나 교회 공동체의 지도자와 구성원들이 하나님의 형상을 닮지 않고 행위로만 선을 행한다면 그것은 세상을 향해서 사랑을 드러내는 옳은 태도가 아니란다. 하나님의 형상을 닮아가기 위해 자신의 죄를 회개하여 정결한 자가 되는 것과 동시에 세상을 향해 섬김과 헌신으로 그리스도의 사랑을 드러내어야 해."

"아, 생각보다 어려운 일인 것 같아요. 그냥 섬기고 봉사하는 것은 할 수 있지만, 하나님의 형상을 닮아가면서 하나님의 사랑을 드러내는 것은요. 저도 오래전부터 하나님의 형상을 닮아가려고 생각하고 노력하지만, 마음처럼 잘 되지가 않아요."

"허허, 그렇지. 생각보다 쉬운 일이 아닌 것을 알고 있단다. 인간은 죄에서 완전히 자유로울 수는 없으니까. 그러나 회개함으로 끊임없이 자신을 깨끗하게 하려고 노력하고 있잖니? 그것만으로도 하나님의 형상을 닮아가기 위해서 조금씩 노력하고 있는 것이란다."

"네, 잘 알겠어요. 그렇게 준비하기 위해서는 교회를 세우는 기도를 하고 교회에 기도를 많이 심어야겠네요. 기도가 많이 심어진 교회는 더욱 튼튼하게 세워질 것 같아요. 교회가 세워질 수 있도록 기도하고 회개하면서 하나님과 더욱 가까워지도록 노력해야 할 것 같아요."

"그렇지."

"그러면 교회의 벽을 쌓고 튼튼하게 하는 데 가장 좋은 재료는 무엇일까요?"

"여러 가지가 있지. 튼튼한 대리석도 있고 흰 벽돌도 있지. 나무로 쌓을 수도 있고 유리로 쌓을 수도 있단다. 플라스틱이나 스티로폼 등으로 쌓을 수도 있단다."

"그렇지만 유리는 금방 깨질 수 있고 나무는 썩으면 큰일이잖아요. 플라스틱이나 스티로폼도 별로 튼튼한 재료는 아니고요. 실제 집을 짓는 데 쓰이는 재료가 가장 좋은 거네요?"

"허허. 그렇지."

예수님은 제 질문에 웃으면서 대답해주셨습니다. 예수님이 계속 어깨를 토닥여주시고 머리를 쓰다듬으면서 칭찬해주셨습니다.

"역시, 하나를 알려주니 열을 깨우치는구나."

"헤헤, 그런데요 예수님, 지금까지 알려주신 것도 너무 좋은데 뭔가 그것만으로는 부족할 것 같아요."

"무엇이 말이니?"

"교회를 바로 세우고 튼튼하게 하는 것도 중요하지만, 악한 영들은 교회를 공격해오잖아요. 전쟁으로 비유하면 적군이 우리를 공격하는 건데, 방어만 하면 안 되죠. 저희도 공격해야죠?"

예수님은 제 말에 배꼽을 잡으시고 크게 웃으셨습니다. 그 모습이 친근하게 느껴졌고 또 왜 웃으시는지도 궁금했습니다.

"하하하하, 천사들이 있잖니!"

"천사들? 천사들이 저희 쪽 군인이에요?"

"그렇지! 내가 왜 너희에게 나의 천사들을 보냈겠니? 영적인 싸움에서 너희를 도우라고 보낸 것이란다."

"그러면 교회를 지키는 천사도 있겠네요?"

"물론이지. 각 교회를 이끌고 지키는 목회자의 천사들이 교회를 지킨단다."

"그러면 천사들이 교회를 지키면 천사들에게서 흘러나오는 빛도 교회를 지킬까요?"

"그럼. 천사들이 교회로 빛을 흘려보내기도 하고 천사들의 주위에 있는 빛이 교회를 감싸기도 하지. 그 빛에 힘입어 교회는 영적 싸움에서 더 힘을 얻을 수 있단다."

"와! 그러면 천사들에게 교회를 지킬 것을 명령하고 기도를 더 열심히 쌓아야겠어요!"

"그래, 그래."

"예수님, 그런데 교회가 목회자만으로 이루어지는 것이 아니잖아요. 교회 공동체를 만드는 것은 모두가 다 합쳐서 만드는 것이니까요. 목회자는 공동체를 이끄는 사명이 있는데 그렇다면 성도들의 역할은 무엇일까요?"

"성도들이 해야 하는 역할도 기도란다. 성도는 자신의 신앙과 교회를 위해 그리고 교회를 이끄는 목회자를 위해 기도하고 영적인 권위에 순종해야 한단다. 목회자는 그들을 잘 이끌어주고 영적으로 성장할 수 있도록 기도해야 하고. 목회자는 하나님이 맡기신 교회가 끝까지 진리를 고수하고 무너지지 않도록 지켜야 한단다. 그게 하나님이 맡기신 의무란다. 목회자는 영적인 지도자로서 자신의 영적인 에너지를 잘 관리해야 한단다. 끊임없이 자신을 기도로 점검하고 하나님 앞에 바로 서서 새 힘을 얻게 해달라고 간구해야 한단다."

"네, 알겠어요! 목회자는 지도자이고, 양떼를 이끄는 목자와도 비슷한 것 같아요. 영적으로뿐만 아니라 인격적으로도 자신을 잘 다듬고 준비해야 할 것 같아요. 그로 인해서 교회가 올바른 진리와 영성을 추구하고 방향을 잡을 수 있는 것 같아요."

"맞아. 목회자가 올바른 영성을 추구함으로 성도들이 그 영성을 본받고자 하도록 하는 것을 목표로 삼아야 한단다. 하나밖에 알려주지 않은 것 같은데 내가 알려주려고 하는 것들을 다 알아차렸구나!"

"예수님이 잘 가르쳐주신 덕분이에요! 그리고 전 예수님 딸이잖아요!"

"그럼, 그럼. 네가 영적으로 잘 깨우치고 깨닫는 모습을 볼 때마다 너무 기쁘구나! 이제 궁금한 것은 다 해결되었니?"

"네! 결국은 스스로 영적인 상태를 깨닫고 자신을 점검하는 것이 중요한 것 같아요. 신앙생활은 누가 대신해줄 수 있는 게 아니니까요."

"그럼, 신앙생활은 개인이 하는 거란다. 그러나 방향을 잡지 못하는 사람이 방향을 잡을 수 있도록 도와주어야 한단다. 올바로 판단하지 못하고 자신이 가는 방향이 옳다고 생각하는 자들도 있으니까. 할 수 있겠니?"

"네! 주님이 저에게 이렇게 많은 비밀을 보여주시고 알려주시는 것이 다 사람들이 예수님이 말씀하시는 올바른 진리를 추구하도록 방향을 잡을 수 있게 도우라고 그러시는 거잖아요! 할 수 있는 데까지 최선을 다할게요!"

"그래, 고맙구나! 언제든지 어려움이 있을 때에 도움을 구하렴. 언제나 너의 곁에 돕는 자들을 붙여주마. 기대한단다."

"네! 주님이 맡기신 일을 다 감당하도록 할게요! 비록 제 힘으로 할 수 있는 것은 아니지만 주님이 도와주시면 다 할 수 있을 거라고 믿어요!"

"그래, 그래, 힘을 내렴. 언제나 너를 지킬 거란다."

예수님은 환하게 웃으시며 기쁘게 말씀해주셨습니다. 예수님의 미소에 저도 같이 기분이 좋아지고 행복해졌습니다. 대화가 다 끝나자 예수님이 손을 흔드시며 인사해주셨습니다. 예수님이 인사해주시자 아까 저를 데리고 왔던 붉은빛이 어디선가 나타나 저를 감싸 안았습니다. 그 빛에 안겨서 제 속사람이 육체 속으로 들어오는 것이 느껴졌습니다. 잠에서 깨어나듯이 정신이 들었습니다. 육체는 너무 피곤하고 움직이기 힘들었지만, 말로 표현할 수 없는 생명력이 느껴지면서 영은 맑아지고 빛이 제 속사람 안으로 들어오는 것이 느껴졌습니다.

교회에 대한 교훈

저는 예수님이 보여주신 교회의 모습들을 계속해서 곱씹어보았고, 소아시아 일곱 교회의 모습을 생각했습니다. 그리고 이런 생각들이 밀려왔습니다.

'오늘날 우리 교회의 모습은 이 중 어디에 가까울까?'

'소아시아 일곱 교회도 칭찬도 받았고 책망도 받았는데, 우리 교회는 칭찬받는 교회일까? 책망받는 교회일까?'

'나도 사역자로서 성도들이 신앙 안에서 바르게 설 수 있도록 잘 이끌어줘야 하는데 나는 올바른 역할을 잘하고 있는 것일까?'

소아시아 일곱 교회를 보여주신 것은 예수님이 다양한 교회의 모습을 보여주시고 무엇이 옳고 그른지 분별하도록 하시려는 것이라는 생각이 들었습니다. 교회 안에 사랑이 없는 것, 진리 외에 다른 것을 추구하는 것, 분쟁하고 서로 시기하며 질투하고 다투는 것, 진리가 아닌 것을 더 추구하는 것. 그로 인하여 교회 안에 생명력이 없고 생기가 없는 것 등 많은 것이 하나님이 보시기에 잘못된 것이며 기쁘게 보시지 않는 것임을 알게 되었습니다. 또한 이러한 모습은 오늘날 이 땅에 있는 교회들에서도 충분히 일어날 수 있는 것임을 알게 되었습니다.

예수님은 교회를 너무나 사랑하셔서 교회의 모습들을 보여주신 것임을 알게 되었습니다. 교회가 올바른 모습을 취하고 올바른 방향으로 나아갈 때에 많은 영혼을 구원할 수 있으며, 진리 안으로 많은 사람을 인도할 수 있기 때문입니다. 저는 이전부터 교회의 모습에 대해 많이 생각해보았습니다. 저는 어렸을 때부터 같은 반 친구들 혹은 주위의 믿지 않는 친구들에게서 꼭 교회를 가야 하냐는 질문을 많이 받았습니다. 때로는 교회에 다닌다고 하거나, 아버지가 목사님이라고 했을 때 좋지 않은 시선으로 바라보는 이들도 있었습니다. 저는 그러한 일들을 겪으며 세상 사람들은 교회를 다른 것보다 더 엄격하게 바라보고, 교회를 향한 세상의 시선이 곱지만은 않다는 것을 알았습니다. 그렇기에 그리스도인들은 더욱더 자신을 절제하고 통제하여서 삶으로 본을 보여야 한다고 생각했습니다.

이번에 예수님이 보여주신 교회의 모습들에서 제가 생각했던 교회의 입장, 위치 그리고 하나님을 믿는 이들이 취해야 하는 삶의 태도 등에 대해 많은 해답을 찾을 수 있었습니다.

예수님이 보여주신 교회의 모습을 통해 제가 얻은 교훈을 간략하게 정리하면 다음과 같습니다. 먼저, 교회와 그리스도인은 세상에서 덕이 되어야 합니다. 성경에도 기록되었듯이 예수님을 믿고 진리를 전하는 자들을 향한 시선은 날카롭고 예민합니다. 교회와 그리스도인의 사명은 많은 사람의 삶을 진리로 이끄는 귀한 일인 것과 동시에, 많은 이들의 시선과 비판도 감당해야 하는 역할입니다. 분열왕국 시대의 선지자들도, 사도들도 그러했습니다. 초대 교회 시대의 많은 그리스도인도 마찬가지입니다. 그리고 오늘날 그리스도인인 우리도 다를 바가 없습니다.

초등학생 때부터 저는 이런 말들을 많이 들었습니다. 제가 작은 실수를 하든가 억울한 일을 당하더라도, 친구들은 물론 주위 사람 모두 '교회에 다니는 네가 참아. 하나님을 믿는다는 네가 져줘야지' 등의 말입니다. 그 당시에는 저도 어렸기에 그 말들이 이해되지 않았고 오히려 더 화가 났습니다. 그러나 시간이 지나고 많은 일을 겪게 되면서 그 말들이 교회와 그리스도인을 향한 세상의 생각이고 입장이라는 것을 알게 되었습니다. 그렇기에 교회는 반드시 세상에 덕을 보여야 하고, 그리스도인은 자신의 삶을 통해 하나님의 영광을 나타내야 합니다.

하나님이 기뻐하시는 교회와 그리스도인으로 살기 위해 그리고 세상을 향한 빛과 소금의 역할을 감당하려면 반드시 **'기도'**가 필요합니다. 앞에서도 이야기했듯이, 제가 어릴 때만 해도 밤을 새워서 같이 기도하는 친구들이 있었고, 넓은 기도원에 자리가 없을 정도로 많은 사람이 몰려왔었습니다. 그러나 요즘에는 교회에서 기도하는 사람이 많이 보이지 않고, 기도원에도 마치 텅 빈 것처럼 사람들의 모습이 보이지 않을 때도 있습니다. 저는 이 모습들을 보며 이전보다 기도의 힘이 많이 약해졌다고 생각했습니다. 이전에 교회들이 크게 부흥하고 성령의 능력이 강하게 나타났을 때의 역사는 모두 기도가 뒷받침되었기에 가능한 것이었음을 알게 되었습니다.

교회와 그리스도인은 하나님의 형상을 닮기 위해 반드시 **'회개'** 해야 한다는 것을 알게 되었습니다. 이 땅에는 많은 죄악이 존재합니다. 크고 작은 죄악은 물론이고, 자신도 모르는 새에 짓는 죄악도 있습니다. 하루를 보내는 동안 부지불식간에 수많은 죄악을 저질렀을지도 모릅니다. 저도 제가 기억조차 못하는 죄를 범한 적이 많았을 것입니다. 저는 성경을 읽으며 "그리스도의 장성한 분량에 이르러야 한다"는 바울의 말에 많은 도전을 받았습니다. 그리고 바울이 말하는 "장성한 분량"이란 무엇이며, 왜 그것에 이르러야 하는지도 궁금했습니다. 그런데 제가 회개하고 영적인 세계를 보고 나니, "장성한 분량"에 이르기 위한 시작은 '회개'이고, 깊은 회개가 동반되어 죄가 씻겨나갈 때 속사람이 깨끗해지며 '하나님의 형상'을 닮아가 '장성한 분량'에 이를 수 있음을 깨닫게 되었습니다. 예수님이 저에게 교회의 모습에 대하여 보여주신 것은 교회와 성도가 기도를 회복하고 회개의 눈물을 쌓아 죄를 씻어 하나님의 형상을 닮아가기를 원하신다는 것과 이들이 한 공동체를 이루어 하나님 나라의 확장에 앞장서기를 기뻐하시기 때문이라는 것도 알게 되었습니다.

저는 교회의 모습에 대해 영적으로 보게 되면서 오늘날 교회가 가장 먼저 생각하고 행해야 할 것이 기도와 회개임을 알게 되었습니다. 하나님이 오늘날 교회들을 너무나도 귀하게 여기시고 쓰시기를 원하신다는 것도 알 수 있었습니다. 그리고 하나님이 정하신 뜻을 이루기 위해서 교회가 준비하고 마땅히 행해야 할 일들이 무엇인지를 깨닫고 그에 합당한 삶을 살아야 할 것입니다.

Chapter 3.
마지막 때의 모습

6장_순교자들

2017년 여름이었습니다. 영성훈련을 받는 기간에 절두산 순교성지와 양화진 외국인 선교사 묘원에 다녀왔습니다. 그곳에서 한국에 복음을 전하기 위해 오신 선교사님들의 무덤을 보았습니다. 이미 돌아가신 분들인데도 복음을 위해 헌신하신 분들의 무덤에서 빛이 흘러나오는 것이 보였습니다. 영적인 눈으로 보았을 때, 어떤 분의 무덤에서는 천사들이 그 위에 꽃을 심고 있었고 또 아름다운 열매도 맺혀 있었습니다.

저는 그 모습을 보며 '하나님의 말씀을 전하기 위해 헌신하고 노력하신 분들의 삶은 아름답다!'는 마음이 강하게 와 닿았습니다. 그곳에 다녀오고 나서 제가 어릴 적에 가졌던 꿈인 '선교사'라는 사명의 가치에 대해 더 깊이 생각해보는 기회를 가지게 되었습니다. 인간적으로나 육체적으로나 힘들고 어려운 길입니다. 그러나 하나님 나라의 관점으로 보면 복음을 위해 생을 바치고 헌신하는 것이 얼마나 귀한 일인지가 피부 속으로 와 닿는 듯했습니다. 하나님은 하나님 나라를 위해 일하는 것을 칭찬하시고 무엇보다 가치 있게 여기심을 알 수 있었습니다.

선교사 묘원에 다녀온 후 선교사님들의 무덤의 모습이 자꾸 생각났습니다. '나는 내 주위에 있는 친구들에게 복음 전하는 것도 어려운데 먼 타지까지 와서 복음을 전하는 것은 얼마나 어려웠을까? 그리고 복음을 전해야 한다는 마음과 열정이 얼마나 간절했으면 이 먼 나라까지 와서 복음을 전하셨을까?' 하는 생각이 들었습니다. 하나님이 그분들을 통해 특별히 일하시고 도우셨기에 지금 우리나라에 기독교가 전파될 수 있었다는 생각이 들었습니다. 그래서 예수님께 기도드렸습니다. 복음을 위해 자신을 희생한 분들에게 하나님이 특별히 부어주시는 은혜가 어떠한 것인지 알고 싶었기 때문입니다. 복음을 전하는 것은 충분히 가치 있고 귀한 일입니다. 그러나 세상적인 관점으로는 아무 가치가 없어 보일 수도 있고, 또 그 가치에 대해 알더라도 정확히 말로 표현할 수 없을지도 모릅니다. 믿음의 선배들에게 부어주신 은혜를 조금이나마 깨닫게 해달라고 엎드려 기도했습니다. 제가 그분들이 받은 은혜를 다 알 수는 없지만, 그 은혜의 일부분이라도 깨달을 수 있게 해달라고 말입니다. 복음을 전하기 위해 헌신하신 분들의 노력과 가치를 알게 된다면 사람들에게 더욱 간절한 마음으로 복음을 전할 수 있을 것이라는 마음이 들었습니다.

"주님, 제가 비록 복음을 위해 희생하신 분들이 받은 은혜와 사랑을 전부 깨달을 수는 없지만, 그 은혜의 넓이와 깊이를 조금이라도 알고 싶어요. 복음의 중요성과 가치를 모르는 사람들에게 그것을 알려주고 싶어요. 하나님의 복음을 위해 자신의 목숨을 바치고 죽기까지 헌신한 분들의 마음이 얼마나 귀하고 가치 있는 것인지 잘 알아요. 비록 그 은혜를 전부 깨달을 수는 없겠지만, 조금이나마 복음을 더 귀중히 여기고 그 사랑을 깊이 새긴다면 더욱 아름다운 열매를 맺을 수 있을 것이라 생각해요. 그뿐만 아니라 저 자신이 변화되기 위해서라도 그 가치를 알고 싶어요. 주님!"

이렇게 기도하면서 처음에는 '이 기도를 하는 것이 맞는 것인가?' 하는 생각도 들었습니다. 그러나 기도하는 동안 '이것이 나의 신앙생활에서 또 한 번의 도전이 되어서 하나님을 사랑하는 마음이 더욱 커질 수 있으면 좋겠다'는 마음이 점점 강하게 들었습니다.

악한 영의 훼방

기도드린 날 밤, 잠자고 있던 제 몸이 갑자기 공중에 붕 뜨는 느낌이 들었습니다. 처음에는 여느 때와 비슷하게 속사람이 밖으로 나와 입신 상태에 들어가는 것이라고 생각했습니다. 어느 정도 시간이 지났는데도 천사도 보이지 않았고, 저를 데리고 갈 불이나 빛 같은 것도 보이지 않았습니다. 예수님도 보이지 않았습니다. '이게 어떻게 된 일이지?'라는 생각이 들면서 불안하고 두려운 마음이 생겼습니다. 그때 제 귀 옆에서 작은 목소리가 들렸습니다. 정말 귀 기울여서 듣지 않으면 들을 수 없는 작은 목소리였습니다.

"네가 순교자들이 받은 은혜에 대해 알고 싶다고 기도했니?"

그 목소리를 듣는 순간 악한 영이 천사의 목소리를 흉내 내는 것임을 깨달았습니다. 온몸에 소름이 끼쳤습니다. 아니라고 소리쳐야 하는데 목소리가 나오지 않았고, 온몸이 딱딱하게 굳었습니다. 제 몸이 붕 뜨는 듯한 느낌을 받은 것도 입신했을 때 겪는 느낌이 들도록 악한 영이 흉내를 낸 것이지, 실제로 제가 입신 상태에 들어간 것이 아님을 깨달았습니다. 이 상태로 계속 있다가는 악한 영에게 끌려가 죽을 수도 있겠다는 생각이 들었습니다. 목소리는 나오지 않았지만, 정말 온 힘을 다해 속으로 예수님을 불렀습니다.

"예수님! 예수님! 도와주세요! 악한 영이 저를 죽이려고 해요! 예수님, 도와주세요!"

"네 입에서 목소리도 나오지 않는데 속으로 예수님을 부른다고 해서 예수님이 올까? 틀렸어! 예수님은 네 기도를 들으시지 않아! 넌 오늘 나의 손에 죽겠구나! 흐흐. 우리 마귀들에게 위협적인 인간을 내가 죽이게 되다니! 내가 받을 상이 아주 크겠군. 하하하!"

악한 영이 계속 제 귓가에 속삭이듯이 말했습니다. 날카로운 그 목소리에서 너무나 큰 살기가 느껴졌습니다. 제가 벗어나려고 할수록 악한 영들이 저를 더 세게 잡고 누르는 듯한 느낌이 들었습니다. 이대로 있다가는 정말 악한 영들이 원하는 대로 될 것 같은 생각이 들면서 두려워졌습니다. 어떻게 해야 할까 생각하다가 저를 돕는 천사들에게 도움을 요청해야겠다는 생각이 들었습니다.

"나와 동역하는 천사들아, 악한 영이 나를 세게 짓누르고 있다고 예수님에게 전해줘. 얼른! 악한 영에게 눌려서 예수님께 내 기도가 전달되지 않아. 어서 도와줘, 어서!"

천사의 도움으로 악한 영을 물리치다

저는 속으로 반복해서 똑같은 기도를 되뇌었고, 악한 영은 계속 제 귓가에서 낄낄거리며 웃었습니다. 세 번 정도 기도를 되뇌었을 때, 천사들이 제 기도를 바구니 같은 것에 담아서 가지고 올라가는 것이 보였습니다. 악한 영에게 가로막혀 기도를 가져가지 못하고 있었던 것입니다. 그러나 천사들이 계속해서 악한 영을 칼로 베고 화살을 쏘아 대적하여 악한 영들의 사이로 천사들이 지나갈 수 있는 공간이 생긴 것이 보였습니다.

'이제 곧 악한 영이 나를 괴롭히는 것도 끝나겠구나'라는 생각이 들면서 마음이 서서히 평안해졌습니다. 그러나 악한 영이 풀리기 전까지 계속해서 속으로 기도했습니다.

'예수님, 도와주세요. 예수님!'

기도하고 있는 제 눈앞으로 마치 손전등 몇십 개를 합쳐 놓은 것처럼 밝은 빛이 다가왔습니다. 그 빛은 하나로 합쳐지기도 하고 여러 개로 나누어지기도 하면서 저를 괴롭혔던 악한 영들에게 매우 빠른 속도로 날아왔습니다. 빛이 다가오자 악한 영들은 도망가지도 못하고 그 자리에서 강한 바람에 불려 날아가지 않으려고 버텼습니다.

악한 영들이 계속해서 버티자 빛은 그 영들의 주위를 회오리바람처럼 감쌌습니다. 악한 영들은 빛 사이에서 시끄럽게 꽥꽥 소리를 지르며 눈 녹듯이 점차 사라졌습니다. 마치 빛 가운데 악한 영들이 잡아먹힌 것처럼 보였습니다.

악한 영들이 사라지자 제 몸이 붕 떠 있는 것 같은 느낌이 사라졌습니다. 두렵다는 생각도 사라지고 마음에 평안이 찾아왔습니다. 그때 악한 영들을 삼켜버렸던 빛이 천사의 실루엣으로 바뀌었습니다. 천사의 얼굴이 정확히 보이지는 않았지만, 큰 날개를 가진 천사의 모습으로 바뀌는 것이 보였습니다. 저도 모르게 눈물이 주르륵 흘러내렸습니다. 천사가 저에게 어떠한 말을 하지는 않았지만, 눈물을 닦아주는 것 같았습니다. 제 얼굴에 따뜻한 손이 닿는 느낌이었습니다. 천사가 눈물을 닦아주니 두렵고 무서웠던 마음에 위로가 되었습니다. 조금 뒤 저의 기도를 가지고 올라간 천사들이 보였습니다. 천사들은 제 기도를 담아 올라갔던 바구니에 사과와 복숭아와 비슷하게 보이는 열매들을 가지고 왔습니다. 그것을 보자 예수님이 저에게 주시는 선물이라는 생각이 들었습니다.

천사와 함께 속사람이 육체 밖으로 나오다

저의 천사 중 가장 앞서 오던 천사가 저에게 다가왔습니다. 천사가 다가오자 천사들이 가져온 모든 열매가 제 마음속으로 스며드는 느낌이 들었습니다. 기쁨과 감사가 밀려오면서 말로 표현할 수 없는 평안이 함께 느껴졌습니다. 동시에 제 눈물을 닦아주던 천사가 하는 말이 들렸습니다.

"주님께서 너의 기도를 들으시고 기도에 대한 제목들을 알려주시고자 나를 보내셨단다. 그러나 악한 영들이 내가 오기도 전에 몰려와 내가 너에게 다가오지 못하게 방해했구나. 네가 너를 돕는 천사들에게 요청했기에 내가 올 수 있었단다. 주님께서 네 기도를 들으셨고 네가 알고자 하는 비밀 또한 허락하시겠다고 말씀하셨단다. 이제 나와 함께 주님께로 가자꾸나."

천사의 말을 들으면서 참을 수 없는 눈물이 쏟아져 나왔습니다. 악한 영에게 눌리는 것은 정말 무서웠지만, 예수님이 저에게 부어주신 은혜와 사랑이 더 크게 다가왔습니다. 천사가 제 몸을 감싸 안는 듯한 느낌이 들었습니다. 이전과 같이 속사람이 육체 밖으로 머리부터 빠져나오는 듯한 느낌이 들면서 온몸이 구름 위에 떠 있는 것 같았습니다. 아까 악한 영이 흉내 내던 것과는 달리 평온하고 안정감이 들었습니다.

천사와 함께 속사람이 빠져나오니 두렵다는 마음이 들지 않았습니다. 악한 영이 또 저를 어떠한 방법으로 공격하더라도 이겨낼 수 있다는 담대한 마음도 들었습니다. 순식간에 천사와 함께 어딘가로 갔는데, 그곳은 푸른 들판처럼 보였습니다. 들판 옆에 푸른 나무들도 보였고, 하늘에는 강아지, 토끼, 원숭이 같은 동물 모양의 구름이 떠다니고 있었습니다. 길에는 아름다운 꽃이 피어 있었습니다. 해바라기, 민들레, 장미, 튤립 등 다양한 종류의 꽃이 보였고 기분 좋은 꽃향기가 주위를 가득 메우고 있었습니다. 이곳이 정확히 어디인지는 알 수 없었지만, 이곳에 저를 오게 허락하신 것 자체가 예수님이 저에게 주시는 선물이라는 생각이 들었습니다. 주위의 풍경을 보고 있을 때 천사는 어느 순간 제 곁에서 보이지 않았습니다. 그곳에 도착하고 잠시 후에 예수님이 제 곁에 계신 것이 보였습니다. 예수님은 조용히 제 곁에 다가와 손을 잡아주시며 말씀하셨습니다.

"많이 무서웠겠구나! 그래도 잘 버텨내고 나에게 도움을 요청해주어서 고맙구나! 네 다급한 기도를 듣고 많이 놀랐는데 정말 다행이구나!"

"예수님, 저 진짜 무서웠어요! 악한 영들이 그렇게 다가올지는 몰랐어요. 제가 조금 더 조심하고 경계했어야 했는데…."

"아니야, 네 잘못이 아니란다. 악한 영들이 잘못한 것이지. 괜찮단다."

예수님은 저를 안으시고 토닥여주시면서 위로해주셨습니다. 예수님이 위로해주시자 그때 받았던 무섭고 두려웠던 감정은 하나도 남지 않고 날아가는 기분이었습니다.

제가 어느 정도 진정이 된 것을 보시고 예수님이 말씀하셨습니다.

"순교자들이 받은 은혜에 대해서 알고 싶다고?"

"네, 제가 얼마 전에 양화진에 다녀왔거든요. 거기서 선교사님들의 무덤을 보았는데 하나님이 주시는 은혜가 정말 크고 깊다는 것이 느껴졌어요. 저희 나라에서 복음이 자리 잡기 위해서 선교사님들이 어떠한 노력을 하시고 어떻게 헌신하셨는지 알게 되면 신앙생활에서 더 간절함이 생기고 말씀을 더 소중히 여길 것 같다는 생각이 들어서요."

"그랬구나. 복음의 중요성과 가치를 깨닫는 것은 무엇보다 중요하지. 지금부터 내가 알려주는 것을 잘 기억하렴."

예수님이 말씀하시니 예수님과 함께 있던 들판이 역사 속 순교의 현장인 것처럼 느껴졌습니다. 그 현장 속에 제가 예수님과 함께 들어가 있는 것 같았습니다. 실제로 그 상황에 참여할 수는 없었지만, 제가 그 시간 속에 있는 것처럼 너무나도 생생했습니다.

순교자 스데반

스데반의 순교의 모습

그 현장에서 처음 본 모습은 스데반이었습니다. 스데반은 갈색의 단발머리에 얼굴에는 짧은 수염이 나 있었습니다. 발목까지 오는 희고 긴 옷을 입고 있었고, 발에는 갈색 샌들 같은 것을 신고 있었습니다. 스데반의 옷차림은 값비싸 보이지 않았지만, 사람 자체에 빛이 가득하고 광채가 나는 것 같았습니다. 그에게서 강한 빛이 퍼져 나오고 있었습니다. 하나님이 정말 귀하게 여기시는 사람이라는 생각이 들었습니다.

스데반이 서 있는 곳 주위로 성벽처럼 보이는 큰 건물이 있었습니다. 사람들이 모이는 광장처럼 느껴졌습니다. 큰 문으로 사람들이 드나드는 모습도 보였고 어린아이들의 모습도 보였습니다. 스데반은 그곳에서 성경에 기록된 것처럼 모세에 대해서 설교하고 있었습니다. 말씀을 전하는 스데반의 얼굴은 빛 자체인 것처럼 맑고 환했습니다. 말씀을 전하는 것이 정말 기쁘고 행복해 보였습니다. 스데반의 설교를 귀 기울여 듣는 몇몇 사람도 보았습니다. 그러나 대부분은 그 말을 들으려 하지 않고 소리를 지르거나 야유를 보냈으며, 심한 사람은 침을 뱉기도 했습니다. 이런 상황에서도 스데반은 흔들리지 않고 꿋꿋이 말씀을 전했습니다.

스데반이 설교하고 있는 도중에 머리에 히잡과 같은 것을 쓰고 흰 원피스 같은 옷을 입은 남자 여럿이 나타났습니다. 유대교 랍비라는 느낌이 들었습니다. 그들은 스데반의 말에 반박하며 말 한마디 한마디를 다 트집 잡으려 했습니다.

"네가 나사렛 예수라도 되느냐? 왜 아무것도 모르는 사람들에게 잘못된 말을 전하며 그것이 하나님의 말씀이라고 하느냐?"

"나는 나사렛 예수 그리스도가 아니오. 그저 하나님께서 주신 지혜로 알게 된 말씀을 전하는 것뿐이오."

"허. 네 놈이 전하는 말이 정말 하나님께서 주신 지혜로 말미암았다는 것을 어떻게 알지?"

"그렇다면 그대들은 무슨 근거로 내가 전하는 말씀이 하나님이 주신 지혜에서 나지 않았다고 주장하는 것이오?"

스데반의 말에 랍비들은 아무런 대꾸도 하지 못하고 쩔쩔맸습니다. 대화가 처음부터 끝까지 다 들리지는 않았지만, 계속해서 스데반을 깎아내리려고 하는 것 같았습니다. 그곳에 있던 사람들을 선동해 스데반이 죄를 지었다고 억지로 정당화시키려는 것처럼 보였습니다.

"자, 이 자가 전하는 말이 옳지 않다고 생각하는 사람은 손을 들어보시오!"

한 랍비가 이렇게 선동하자 그곳에 있던 사람들이 야유했는데, 그중 한 사람이 말하는 것이 보였습니다.

"이 자는 하나님의 말씀이라고 하면서 모세와 하나님을 모독하는 말을 하였나이다. 어찌 이 자에게 벌을 행하지 않는단 말입니까?"

그 말에 주위에 있던 사람들이 다 일제히 "옳소! 옳소! 이 자는 반드시 벌을 받아야 하오!"라고 소리치는 것이 보였습니다. 그리고 그 말을 한 사람의 뒤에서 어떤 사람이 그에게 몰래 돈을 쥐어주는 것이 보였습니다.

군사들에게 끌려간 스데반

잠시 후에 군사들처럼 보이는 사람이 여러 명 와서 스데반의 손을 밧줄 같은 것으로 묶었습니다. 그곳에 있던 여러 사람이 잡혀가는 스데반을 따라가며 야유했습니다. 저는 그 모습을 보면서 '어떻게 저 사람들은 하나님을 믿어야 한다고 주장하면서 참된 하나님의 말씀은 분별하지 못하는 것일까?' 하는 생각이 들었습니다.

스데반이 끌려간 곳 뒤에는 성벽처럼 보이는 벽이 보였습니다. 그 앞에는 약간 높은 단상 같은 것이 있었습니다. 군사들은 스데반을 그 앞에 세우고 양옆에 섰습니다. 그 주위로 의자가 몇 개 보였고 비싼 옷을 입고 있는 유대교 랍비처럼 보이는 사람이 있었습니다. 스데반이 단상 앞에 서자 아까 돈을 받은 사람 옆에 있던 한 사람이 말했습니다.

"저 자는 거룩한 곳과 율법을 모독하는 죄를 지었나이다! 저 자는 반드시 벌을 받아야 마땅합니다!"

"저 자가 나사렛 예수가 이곳을 헐고 또 모세가 우리에게 전해 준 규례를 고치겠다는 엉터리 말을 전한 것을 여기 있는 우리가 들었나이다! 반드시 벌을 받아야 합니다!"

사람들은 야유를 퍼부으면서 "옳소! 옳소! 반드시 벌을 받아야 합니다!"라고 소리쳤습니다. 그 모습을 보면서 '저 사람들은 다 뒤에서 몰래 돈을 받았구나'라는 생각이 들었습니다. 이 사람들의 반응에 뒤에 앉아 있던 사람들이 스데반을 더욱 주목해서 보는 것처럼 느껴졌습니다.

설교하는 스데반

그러나 스데반의 얼굴은 빛으로 가득했고 아까보다 더욱 강한 빛이 스데반과 함께 있는 것처럼 느껴졌습니다. 많은 사람이 스데반에게 야유를 보내고 욕을 했지만, 스데반은 두려워하지 않아 보였습니다. 사람들의 말을 들으며 앉아 있던 사람 중 가운데 있던 사람이 말했습니다. 아마 그가 앉아 있던 사람 중 가장 위치가 높은 사람일 것이라는 생각이 들었습니다.

"이 자들이 한 말이 전부 사실이더냐?"

스데반이 대답하는 것 같았습니다. 그러나 그의 말이 정확히 다 들리지 않았습니다. 아브라함과 이삭, 야곱, 요셉에 대해 말하는 것 같았습니다. 많은 사람이 스데반을 노려보고 비난하는 데도 그의 말은 막힘이 없었습니다. 담대하게 자신이 하고자 하는 말을 했습니다. 스데반이 말을 하면 할수록 그곳에 있던 사람들의 얼굴이 새빨개지면서 부끄러워 어쩔 줄 몰라 했습니다. 양심이 찔려서 여기저기로 고개를 돌리는 사람도 보였습니다.

그러나 그곳에 앉아 있던 사람들과 무리가 화를 내면서 스데반에게 손가락질을 했습니다. 마치 자신들이 잘못한 것을 들킬까 봐 두려워서 도리어 성을 내는 것처럼 보였습니다.

"저 자가 저런 허황된 말을 아무렇지 않게 늘어놓다니! 저런 건방진!"

"저 자는 반드시, 반드시 죽여야 한다! 저런 자는 하나님을 욕되게 하는 자다!"

사람들이 여러 가지 말로 소리를 치는 모습이 보였습니다. 많은 사람이 손가락질하고 화를 내면서 말했습니다. 모두가 새빨개진 얼굴로 스데반을 제대로 쳐다보지도 못하고 주위를 보면서 화를 냈습니다.

많은 사람이 스데반을 몰아세우고 화를 냈지만, 스데반은 무리의 반응에 전혀 흔들리지 않았습니다. 스데반은 하늘을 바라보면서 평안한 얼굴로 기도했습니다. 그곳에 있는 사람들은 스데반이 말할 때 손가락질하면서 그의 말이 듣기 싫다며 귀를 막고 소리를 질렀습니다.

하늘을 보며 기도하는 스데반

스데반이 하늘을 올려다보며 기도하는 장면이 더욱 선명하게 보였습니다. 큰 날개를 가진 흰옷 입은 천사들이 스데반의 주위에서 날개로 주위를 감싸고 보호하고 있는 것이 보였습니다. 스데반이 올려다보는 하늘에는 하나님이 보좌에 앉아 계셨습니다. 제 눈에 정확히 하나님의 모습이 보이지는 않았습니다. 하나님은 빛 그 자체셨고 하나님이 앉아계시는 보좌도 어렴풋이 보였습니다. 그러나 스데반이 보고 있는 분이 하나님이시라는 사실은 너무나도 선명하게 다가왔습니다.

스데반은 더욱더 담대하게 복음을 전했습니다. 스데반이 말을 하면 할수록 사람들은 더욱 야유를 퍼붓고 욕을 했습니다. 사람들이 스데반을 거절하고 거부할수록 천사들은 스데반의 주위를 더욱 에워싸고 보호했습니다. 천사들은 창과 칼을 들고 스데반을 곁에서 보호했습니다. 스데반은 하나님의 천사들이 자신을 보호하고 지키는 것을 아는 것처럼 보였습니다. 그래서 더 담대하게 복음을 전하고 말씀을 전하는 모습으로 보였습니다.

스데반의 말을 듣던 사람들은 더욱 크게 야유하며 그를 붙잡았습니다. 의자에 앉아 있던 사람들도 '이렇게 되는 것이 맞지'라고 생각하고 있는 것처럼 느껴졌습니다. 사람들이 다시 스데반을 붙잡고 어떤 문을 지나 문밖으로 세게 내던졌습니다. 이전까지는 사람들이 성안에서 스데반을 심판했다면 이제부터는 처벌을 하려고 성 밖으로 내던진 것 같았습니다.

돌에 맞아 죽어가는 스데반

사람들이 내던지자 스데반은 바닥에 엎드리듯 넘어졌는데, 그의 앞에 발이 보였습니다. 그 발의 주인은 미간이 잔뜩 찌푸려질 정도로 인상을 쓰고 있었는데 스데반에게 호의적인 감정이 없다는 것이 많이 느껴졌습니다. 저는 그 발의 주인을 보자마자 청년 사울이라는 생각이 들었습니다.

사울이 스데반을 노려보며 돌을 던졌습니다.

"하나님을 모독한 이 자는 죽어야 마땅하다!"

주위에 있던 사람들이 "옳소! 옳소!" 하면서 다 같이 돌을 던졌습니다. 사람들이 돌을 던지자 천사들은 스데반을 더욱 감싸고 지켰습니다. 스데반의 온몸이 점점 멍으로 가득해졌고 피가 나기 시작했습니다. 그러나 천사들이 보호하고 있었기에 두려워하는 것처럼 보이지 않았습니다. 오히려 주님을 만날 수 있다는 생각에 감사하는 것처럼 느껴졌습니다.

서서히 속사람이 빠져나오는 스데반

스데반이 돌에 맞아 몸에 상처가 점점 늘어갈 때 그의 속사람이 조금씩 육체 속에서 빠져나오는 것이 보였습니다. 스데반의 모습과 똑같이 생겼지만 약간 반투명해 보이는 사람이 스데반의 몸에서 천천히 나오는 것이 보였습니다. 육체는 점점 쓰러져 갔지만, 속사람은 하늘을 바라보며 기도하는 모습이 보였습니다.

"주여, 제가 이제야 주님 앞에 설 수 있게 되었나이다! 이 죄 많은 자의 영혼을 받아주소서!"

스데반의 속사람이 조금 더 빠져나오자 천사가 그의 속사람의 손을 잡는 것이 보였습니다. 육체는 점점 피와 멍으로 덮여가고 뼈도 부러지는 것처럼 보였습니다. 스데반은 돌에 맞아 서서히 죽어가고 있었지만, 그의 속사람은 기도하고 있었습니다. 하나님이 스데반을 보시며 위로해주시는 것처럼 느껴졌습니다.

"주여, 제가 이제 주님 앞에 가나이다. 제 영혼을 받아주시옵소서."

스데반이 마지막 말을 하고 나자 그의 육체가 눈을 감았습니다. 그때 스데반의 속사람이 육체에서 완전히 빠져나와 천사의 손을 잡고 하늘로 올라가 하나님 앞에 가서 무릎을 꿇고 앉는 모습이 보였습니다.

예수님을 향한 스데반의 고백

"나의 주여, 부족한 주의 백성이지만 주의 말씀과 진리를 전할 수 있는 기회를 주신 것에 감사하나이다. 다만 아쉬운 것은 주의 말씀의 진리를 더욱더 많은 사람에게 전하지 못하고 주를 뵈러 온 것이 부끄러울 뿐이니이다."

스데반의 속사람이 하나님 앞에 무릎을 꿇고 기도하는 것이 보였습니다. 하나님은 스데반을 어루만지셨습니다. 그의 속사람에는 돌에 맞은 상처가 보이지는 않았지만, 하나님이 어루만져주시자 그분의 빛이 속사람을 더 맑고 깨끗한 상태로 만들어주시는 것처럼 보였습니다.

"사랑하는 나의 아들아, 네가 이 땅에서 진리를 전하기 위해 노력하고 애쓴 것을 내가 아는도다. 너의 죽음이 하늘과 땅에서 참으로 귀하며 너의 이름이 하늘에서뿐만 아니라 이 땅에서도 빛나게 하리라."

스데반의 속사람이 하나님의 말씀을 듣고 감격하며 눈물을 흘리는 모습이 보였습니다.

"주여, 저 같은 죄인에게도 주의 영광을 나타낼 기회를 주시니 그것보다 더한 축복이 어디 있겠나이까? 저의 삶은 오로지 주님의 것이었으니, 제 삶의 시작과 끝 또한 주께서 주관하시옵소서."

하나님이 큰 손으로 스데반의 눈물을 닦아주시는 것이 보였습니다. 그를 안아주시며 토닥여주시는 것도 보였습니다. 하나님의 품에 안기자 하나님의 빛이 스데반의 속사람을 더 크게 감싸 안아 주시는 것처럼 보였습니다. 그리고 하나님이 그의 손을 잡고 함께 천국의 성안으로 들어가셨습니다.

저는 스데반의 모습을 보며 아무런 말도 할 수 없었습니다. 스데반의 육체는 너무 고통스러워 보였고 온몸에 상처가 가득했습니다. 상처가 나지 않은 곳을 찾아볼 수 없을 정도였습니다. 그러나 그의 얼굴빛이나 속사람은 오히려 은혜로 더욱 충만해 보였습니다. 스데반은 이 땅에서 누리는 부와 명예를 중요시 여기지 않고 하나님이 주시는 하늘의 상급이 더 크다는 것을 알고 그것을 소망한 사람이라는 생각이 들었습니다.

"스데반의 모습을 보니 어떤 마음이 드니?"

예수님이 저의 생각을 물어보셨습니다.

"제가 생각한 것보다 스데반은 훨씬 더 하나님의 은혜를 사모한 사람 같아요. 사람들이 저렇게 손가락질하고 야유하는데, 만약 저였다면 도망치거나 사람들의 시선이 두려워서 숨었을 것 같아요. 그런데 스데반은 사람들의 시선에 매이지 않고 더 담대하게 하나님의 말씀을 전했어요. 그 모습이 저는 너무 놀라웠어요. 정말 하나님의 사랑을 깨닫고 복음의 가치를 무엇보다 귀중히 여긴다는 것이 느껴졌어요."

"맞아, 스데반은 하나님의 말씀을 정말 사모하고 경외했단다. 하나님도 그의 마음 중심을 아셨기에 그가 죽기 전에 천사들을 보내셔서 그를 보호하신 거란다."

"천사들이 자신을 보호하고 있다는 것을 스데반이 안 거잖아요. 그래서 더 담대하게 말씀을 전한 것 같아요. 복음의 가치와 중요성을 알았기 때문에 저런 상황에서도 담대하게 말씀을 전했다는 생각이 들어요."

"그렇지. 인간적으로는 무섭고 두려울 수 있지만, 하나님이 은혜를 부어주셨기에 담대하게 말을 전할 수 있었던 것이란다."

예수님과 대화하면서도 스데반의 모습이 자꾸 떠올랐습니다. 제 마음속에 무언가 강한 울림이 있었습니다.

순교자 바울

사도 바울의 순교의 모습

저는 스데반을 박해하던 청년 사울의 모습을 보고 많이 놀랐습니다. 제가 보고 생각했던 것과 많이 달랐기 때문입니다. '복음을 전하는 스데반을 이렇게나 박해했던 사울이 어떻게 그렇게 선한 인상으로 하나님의 복음을 위해 목숨까지도 바친 사도 바울이 될 수 있었던 것일까?' 하는 생각이 들었습니다. 사울이 변화될 수 있었던 것은 사람의 힘이 아니라 전적인 하나님의 은혜였다는 것이 정말 실감이 났습니다.

"자, 스데반의 모습을 보았으니 이번에는 스데반에게 돌을 던졌던 바울의 모습을 한번 볼까?"

예수님이 말씀하시고 또 다른 장면 속으로 들어온 것 같았습니다. 그곳은 주위가 온통 돌로 보이는 어두운 공간이었습니다. 마치 감옥 같은 모습이었습니다. 그 안에 있는 한 남자가 보였는데 새하얀 머리에 손과 발에는 수갑을 차고 있었습니다. '감옥에 갇혀 있는 바울의 모습이구나!'라는 생각이 들었습니다. 제가 이제껏 꿈에서나 환상에서 본 바울의 모습 중 가장 초라하고 야윈 상태였습니다. 감옥 안에 있는 군사들이 바울을 나무 위에 엎드리게 했습니다.

그 나무에는 머리를 놓을 구멍이 있었습니다. 바울이 나무 위에 머리를 대고 엎드렸습니다. 힘이 없어서인지 바울의 육체가 조금씩 떨렸습니다. 스데반과 마찬가지로 바울의 육체에서 약간 반투명하게 속사람이 보였습니다. 바울의 육체는 힘이 없어 떠는 것처럼 보였지만, 속사람은 전혀 떨지 않고 담대한 모습으로 보였습니다. 마치 바울의 속사람은 하나님을 만날 것을 알고 있고, 복음을 전했다는 사실에 후회나 부끄러움이 조금도 없어 보였습니다.

바울의 목 위에는 칼날이 아주 날카로운 두꺼운 칼이 있었습니다. 칼날은 두꺼운 도끼 정도로 두꺼웠습니다. 그 칼날은 마치 뼈도 단숨에 잘라버릴 것처럼 보였습니다. 로마 시대의 형벌이 잔인했다는 사실이 피부로 와닿았습니다.

감옥에 있는 바울을 지키는 천사들

바울이 감옥에서 처형을 기다리는 순간부터 그의 주위에 천사들이 지키고 있는 모습이 보였습니다. 시간이 다가올수록 바울 곁에서 더욱 보호하고 지켰습니다. 천사들은 모두 잘 다듬어진 빛나는 창과 방패를 들고 있었습니다. 그 중 한 천사는 양손으로 흰 천을 받치고 있었습니다. 바울이 나무 위에 목을 댄 순간부터 흰 천을 들고 있던 천사가 바울 앞에 서 있는 모습이 보였습니다.

스데반과 달리 바울의 죽음은 정말 순식간에 이루어지는 것 같았습니다. 바울이 죽기 전부터 바울의 몸에서 속사람이 조금씩 천천히 빠져나오는 것이 보였습니다. 칼이 바울의 목을 베자 순식간에 목이 잘려 그 앞으로 세 번 튕겨져 나가는 것이 보였습니다. 바울의 목이 잘리는 순간 천사가 바울의 속사람을 흰 천으로 감싸고 하늘로 올라가는 모습이 보였습니다. 감옥에 있던 천사 중 일부는 계속 바울의 육체를 지키는 것으로 보였고, 일부는 바울의 속사람과 함께 하늘로 올라가는 것으로 보였습니다.

바울의 속사람이 하나님께 가다

천사가 흰 천으로 바울의 속사람을 감싸 안고 하나님께로 가는 것이 보였습니다. 하나님은 보좌에 앉으셔서 미리 바울을 기다리고 계셨습니다. 하나님 앞에 선 바울의 속사람은 죽음을 맞이하기 전 육체의 모습과는 정반대로 보였습니다. 어떠한 고난과 핍박도 받지 않고 감옥에는 단 한 번도 들어간 적이 없는 사람처럼 아름다웠습니다. 죽음을 맞이하기 전에도 바울의 속사람은 맑고 깨끗해 보였지만, 하나님 앞에 선 그의 모습은 더욱 맑고 깨끗하며 환한 빛이 그의 주위에 가득했습니다.

하나님을 향한 바울의 고백

바울이 하나님을 뵙고 그 앞에 무릎을 꿇는 것이 보였습니다.

"나의 주시여, 제가 사울이었을 때 복음을 박해하고 주의 성도들을 핍박한 것이 제 평생에 씻을 수 없는 죄악이나이다. 어찌 저 같은 죄인이 주의 성도들을 박해했는지 얼굴을 들 수 없나이다. 제가 주를 만난 이후 주의 복음을 전하기 위해 저의 삶을 바쳤으나 이전의 죄악으로 인하여 돌이킬 수 없는 큰 죄를 범하였나이다."

"충성된 나의 종아, 복음을 향한 너의 열정과 노력이 나의 나라를 세우는 데 큰일을 하였도다. 너무 근심하지 말며 너무 자책하지 말라. 하늘나라를 위한 너의 상급을 내가 다 아노라. 너의 죄악은 내가 다 사하였노라. 이제 이 영원한 천국에서 나와 함께 참된 안식과 기쁨을 누리거라."

바울은 하나님의 말씀을 듣고도 고개조차 제대로 들지 못한 채 우는 것이 보였습니다. 그가 무릎을 꿇고 있는 곳이 눈물로 젖어가는 것이 보였습니다.

"주여, 저와 같은 악한 자도, 저와 같은 이 괴수도 주님의 영광을 위하여 살 수 있게 해주셔서 감사하나이다. 주는 나의 전부이시며, 주님만이 영원한 구주이시자 제 인생의 주인이시나이다."

하나님이 바울을 안고 어깨를 토닥여주시는 것이 보였습니다. 바울은 하나님의 품에 안겨서 눈물을 멈추지 못하고 계속 흐느꼈습니다.

"주여, 이 부족한 자를 예수 그리스도를 믿게 하여주시고 돌이키게 하시어 하늘나라로 들어갈 수 있도록 허락해주셔서 감사하나이다. 이제 제가 더욱더 주를 찬양하고 주를 섬기며 영원토록 주의 곁에서 주를 예배하는 주의 신부가 되겠나이다."

하나님이 바울의 머리를 쓰다듬으시며 따스한 눈빛으로 바라보시는 것이 보였습니다.

"충성된 나의 종아, 네가 너의 달려갈 길과 내가 맡긴 사명을 다 마치고 나의 곁에 와서 기쁘도다. 내가 너의 수고를 다 아노라."

바울이 하나님의 말씀을 듣고 흐느껴 우는 모습이 보였습니다. 하나님은 그런 바울을 계속해서 안아주시고 위로해주시는 것처럼 보였습니다. 바울이 하나님께 드린 말들이 그가 평생을 사역하면서 지고 있던 짐처럼 느껴졌습니다. 예수 그리스도를 믿고 회심한 것이 자신의 삶에서 가장 귀한 일이며 받은 은혜를 다 갚지 못했다는 고백이 담겨 있음이 느껴졌습니다.

이후 바울이 하나님의 손을 잡고 함께 천국 성안으로 들어가는 모습이 보였습니다. 하나님이 바울이 맡은 사명을 다 감당하고 온 것을 자랑스럽게 여기시고 귀하게 여기시는 것이 느껴졌습니다.

바울의 모습을 보고 나니 그가 회심한 뒤 과거에 그리스도의 복음을 믿지 않았던 것을 얼마나 후회했는지가 느껴졌습니다. 그가 받은 은혜가 너무나 컸기 때문이기도 했지만, 하나님께 받은 은혜와 사랑에 항상 빚을 지고 있다고 생각했을 것입니다.

"예수님, 바울은 제가 생각했던 것보다 하나님의 사랑을 더 크게 느낀 사람인 것 같아요. 감옥에 여러 번 갇히기도 했고, 자신이 죽을 것을 알면서도 복음을 전한 것을 보면요. 바울이 저렇게까지 목숨을 걸고 복음을 전했기 때문에 오늘날 저희가 신앙생활을 할 수 있는 것 같아요. 바울과 스데반처럼 복음을 힘써서 전한 믿음의 사람들이 없었다면 아마 예수님을 알지 못했을 것 같다는 생각도 들었어요."

"그렇지. 바울과 스데반은 하나님의 복음을 위하여 누구보다 애쓰고 힘쓴 자들이었단다. 하나님은 사람들을 너무나 사랑하시고 그들을 구원하시기 위해 일꾼들을 보내신 것이란다. 바울과 스데반은 하나님의 말씀에 순종하고 충성된 귀한 자들이었단다."

"맞아요. 스데반도 그렇고 바울도 그렇고 아마 저라면 절대 못해냈을 거예요. 하나님이 특별히 은혜를 부어주신 것도 맞지만, 그 말씀에 순종한다는 것은 정말 대단한 것 같아요. 그리고 저렇게 노력하고 애쓰고 목숨을 내놓으면서까지 복음을 위해 헌신했다는 사실이 너무 감사해요. 바울과 스데반과 같은 믿음의 사람들이 있었기에 복음을 듣고 알아갈 수 있게 된 것 같아요."

"하나님을 믿고 복음을 들을 수 있게 된 것에 감사하는 마음이 참 예쁘구나. 하나님의 자녀로서 네가 맡은 역할을 잘 감당하고 최선을 다하며 뜻을 다하는 것이 중요하다는 것을 잊지 마렴."

"네, 예수님! 절대 잊지 않을게요."

"바울의 모습을 보았으니 이제 야고보의 모습을 보여주마."

순교자 야고보

야고보의 순교의 모습

예수님이 말씀하시자 또 다른 공간에 있는 것 같았습니다. 야고보가 있는 곳은 감옥처럼 보이지 않았습니다. 궁궐 같은 곳이었는데 야고보는 손과 발이 묶인 채 엎드려 있었습니다. 야고보의 앞에 화려한 왕관을 쓰고 온 몸에 화려한 장신구를 두른 사람이 빛나는 의자에 앉아 있는 것이 보였습니다. 그 옆에는 마찬가지로 빛나고 화려한 옷을 입고 각종 보석을 몸에 두른 여자가 보였습니다. 헤롯과 그의 왕비라는 생각이 들었습니다.

헤롯이 야고보를 손가락으로 가리키며 소리치는 것이 보였습니다. 헤롯이 말을 하자 그곳에 있던 군사들이 야고보의 팔을 잡고 밖으로 데리고 나갔습니다. 그곳이 어디인지는 정확히 알 수 없었으나, 벽돌처럼 보이는 돌들이 많이 보였습니다. 저는 그들이 가는 곳을 걸어서 따라간 것이 아니라 순식간에 다른 공간으로 이동한 것처럼 느껴졌습니다. 그 옆에는 크기가 다른 칼들이 많이 보였습니다. 성인 남성 혼자서는 들기 어려워 보이는 큰 도끼도 보였습니다.

야고보를 지키는 천사

군사들이 야고보를 바닥에 내팽개치듯이 던졌습니다. 그러자 야고보가 그 자리에 쓰러졌습니다. 군사들은 돌 앞에 야고보의 팔과 다리를 묶었습니다. 움직이거나 도망가지 못하게 하려는 것으로 보였습니다. 야고보의 주위에는 큰 날개를 가진 천사들이 보였습니다. 야고보의 육체는 힘이 없어 보였지만, 천사들이 그의 속사람을 붙잡고 있는 것이 보였습니다. 천사와 야고보의 속사람이 손을 잡고 있는 것으로 보였습니다. 그의 속사람은 천사의 손을 잡고 있었기에 두렵거나 떠는 것처럼 보이지 않았습니다. 한 천사는 야고보의 손을 잡고 다른 천사들은 야고보를 자신들의 날개와 몸으로 감싸 안는 것이 보였습니다. 칼과 방패로 무장한 천사들이 야고보의 육체와 속사람을 다 지키고 있는 것이 보였습니다.

한 군사가 칼을 내려치자 야고보의 목이 순식간에 잘려나갔습니다. 순식간에 목이 잘리는 것처럼 느껴졌으나, 천사들이 야고보를 보호하고 있어서 목이 잘리는 순간이 선명하게 보이지는 않았습니다.

하나님의 보좌 앞으로 간 야고보

야고보의 목이 잘리는 순간 야고보의 속사람이 육체 속에서 빠져나왔다는 것을 알 수 있었습니다. 천사가 야고보의 손을 잡고 감싸며 하나님이 계시는 빛나는 보좌에 이르는 모습이 보였기 때문입니다. 하나님이 보좌에 앉아서 야고보를 기다리고 계시는 모습이 보였습니다.

"사랑하는 나의 아들 야고보야, 어서 이리 오라. 내가 너의 모든 고통을 알며 모든 아픔을 사하여주리라!"

"오, 나의 주님이시여, 저는 죄인이로소이다. 제가 주를 뵐 수 있으며 주로 인해 이제 제가 어떠한 근심도 걱정도 염려도 다 내려놓을 수 있게 되었나이다. 제가 주로 인해 이제 거룩한 저 성에 들어가기를 원하나이다!"

"복음을 위한 너의 노력과 열정, 헌신이 결코 헛되지 아니하리라. 너의 죽음과 순교의 피가 이 땅과 저 하늘에서 거룩히 빛나게 되리라. 너의 죽음으로 인하여 복음의 씨앗이 더욱 깊이 뿌리내리게 되리라."

하나님이 야고보를 두 팔로 꼭 안아주시는 모습이 보였습니다. 야고보는 하나님 앞에 무릎을 꿇고 고개를 들지 못한 채로 엎드려 말했습니다. 그 모습에서 하나님을 두려워하지만 경외하는 마음이 느껴졌습니다. 하나님은 야고보를 안고 위로해주시고, 야고보는 하나님의 품 안에서 평안한 모습으로 보였습니다. 야고보가 하나님의 품에 안겨 빛으로 감싸여 천국 성안으로 들어가는 모습이 보였습니다.

야고보와 바울의 모습을 보자 가슴이 먹먹해졌습니다.

"야고보의 모습을 보니 어떠하니?"

"바울과 야고보는 둘 다 참수형을 당했지만, 느낌이 조금 달랐어요."

"어떤 것이 그랬니?"

"야고보는 최초로 순교한 사람이어서 그런지 뭔가 복음이 자리 잡기 위해서 순교를 하는 느낌이었어요. 야고보가 순교를 하지 않았더라면 후에 사도들과 믿음의 사람들이 복음의 열매를 맺을 수 있었을까 하는 생각이 들었어요. 야고보가 뿌린 복음의 씨앗이 바울로 인해서 열매를 맺게 된 느낌이었어요. 바울이 교회들에 서신을 보내고 복음을 전하기 위해 애썼기 때문에 더 많은 사람이 복음을 받아들일 수 있게 된 거잖아요. 그리고 야고보와 바울이 둘 다 자신에게 맡겨진 사명을 잘 감당했기 때문에 복음이 사람들의 가슴속에 심어진 것이라는 생각도 들었어요."

"그렇구나. 바울과 야고보, 스데반 모두 하나님이 맡기신 사명을 잘 감당한 자들이란다. 그들이 얼마나 어떻게 복음을 전했든지 그들은 하나님의 말씀에 순종했단다."

"네. 저는 복음을 많이 전하는 것이 중요하다고 생각했어요. 그런데 물론 많은 사람에게 복음을 전하는 것은 중요하지만, 그것보다도 하나님의 말씀에 순종하는 것이 정말 중요하다는 것을 알게 되었어요. 지금까지 본 사람들은 모두 죽음의 위협 앞에서도 하나님 말씀에 순종했다는 것이 느껴져요."

"그래, 맞아. 자신에게 맡겨진 역할에 최선을 다하면서 하나님 말씀에 순종하는 것이 참 귀하고 중요한 것이란다."

"네. 저도 하나님 말씀에 순종하는 삶을 살도록 더 겸손하게 기도할게요."

"그래! 그래! 지금처럼 하나님을 사랑하고 순종하는 삶을 살아내렴."

"네! 예수님. 저 베드로의 모습도 보고 싶어요!"

"그러니? 오늘 벌써 세 명이 순교하는 모습을 보았는데 혹시 네가 힘들지 않을까 걱정이구나."

"저도 힘들 줄 알았는데, 오히려 더 힘이 나는 것 같아요. 인간적으로 보면 너무 힘들고 어려운 일이겠지만, 하나님의 말씀과 복음을 전하다가 하나님 나라 영광을 위해 일하신 분들이잖아요. 그분들의 모습을 보니 도전이 되고 더 힘이 나는 것 같아요."

"하하. 그렇구나! 믿음의 선배들의 모습을 보는 것은 선한 영향력을 주지. 그래, 이제 베드로의 모습을 보여주마."

순교자 베드로

베드로의 순교의 모습

예수님이 말씀하시자 또 다른 공간에 와 있는 것처럼 느껴졌습니다. 처음에 제 눈에 보인 것은 수많은 사람의 모습이었습니다. 그들 가운데 베드로가 어디에 있는지 두리번거리면서 찾았습니다. 수많은 사람 사이에 갑옷을 입은 군사들이 보였습니다. 군사들 사이에 나무가 걸어가는 것처럼 보였습니다. 자세히 보니 십자가를 지고 가는 베드로였습니다.

베드로의 모습을 보며 수군거리는 사람도 보이고 욕을 하는 사람도 보였습니다. 안타까워하며 우는 사람도 보였습니다. 십자가를 지고 가는 베드로는 아무 힘이 없어 보였습니다. 여기저기 상처도 너무 많았고, 제가 환상에서 본 베드로라고는 생각할 수 없을 정도로 다른 사람처럼 느껴졌습니다.

십자가에 못 박히는 베드로

군사들이 이끄는 대로 베드로가 십자가를 지고 가는 것이 보였습니다. 어느 곳에 다다르자 한 군사가 이곳에 십자가를 내려놓으라고 창으로 땅을 툭툭 치는 것이 보였습니다. 베드로는 힘겹게 그곳에 십자가를 내려놓았습니다. 군사들은 베드로가 십자가를 내려놓자 발로 차서 그를 넘어뜨렸습니다. 그들은 베드로의 팔과 다리를 잡아당겨 십자가에 못을 박았습니다. 베드로는 소리치며 고통에 몸부림쳤습니다. 그러나 군사들은 베드로가 고통스러워하는 것을 오히려 즐기고 비웃었습니다.

한 군사가 베드로에게 침을 뱉으며 말하는 것이 보였습니다.

"예수 그리스도를 믿는 것이 유일한 구원의 길이라고 말하던 자도 붙잡히니 별 볼 일 없게 되었구나. 네가 말하는 예수 그리스도가 정말 구원을 받는 길이 맞더냐? 낄낄낄."

군사의 말에 대답하는 베드로의 목소리에는 힘이 하나도 없었습니다. 아주 자세히 귀를 기울여도 알아듣기 힘들 정도로 목소리가 작았습니다.

"오직 예수 그리스도만이, 그분만이 우리의 죄를 사하실 수 있는 분이다."

거의 들리지 않을 정도로 힘이 없는 베드로의 목소리에 군사들은 더욱 비웃는 것처럼 보였습니다. 베드로의 말이 정확하게 들리지는 않았지만, 계속해서 예수 그리스도만이 구원의 길이라고 말하는 것이 느껴졌습니다.

군사들은 계속 베드로의 말을 비웃으면서 아랑곳하지 않고 십자가에 못을 박았습니다. 그들은 베드로의 팔과 다리를 다 못 박은 후 십자가를 세웠습니다. 그러나 군사들은 십자가에서 베드로의 머리가 있는 부분을 땅으로 박았습니다. 십자가에 똑바로 매달려 있는 것도 고통스러운데 거꾸로 매달려 서서히 죽게 하는 것은 너무나도 잔인하고 인간으로서 할 수 없는 짓이라는 생각이 들었습니다.

"네가 그토록 믿고 좋아하던 예수 그리스도도 너의 죽음을 막을 수는 없구나. 낄낄. 네 마지막 가는 길에 그토록 좋아하던 예수가 너를 반겨달라고 기도나 해라."

한 군사가 베드로에게 말하며 침을 뱉고 가는 모습이 보였습니다. 십자가에 거꾸로 매달린 베드로의 온몸은 더욱 빨개졌고 상처로 인해 피가 흘렀습니다. 피가 얼굴에 쏠려 점점 더 붉고 새파랗게 변해갔습니다. 너무나도 고통스러워 보였지만, 힘이 없어서 아무런 소리도 내지 못하는 것처럼 보였습니다.

저는 다른 사도들이 순교하는 모습을 보았지만, 베드로가 가장 고통스러워 보였습니다. 죽음을 맞이하는 것도 두려운데 죽음의 시간도 너무 길게 느껴졌습니다.

베드로를 지키는 천사들

베드로의 육체는 힘이 하나도 없었고 온몸이 붉고 새파랗게 변해가는 동시에 멍과 피로 가득해졌습니다. 동시에 온몸에 수많은 피딱지가 생겨났습니다. 그러나 베드로의 속사람은 죽음을 두려워하지 않는다는 것이 느껴졌습니다. 베드로의 육체에서 빛이 나오는 것처럼 보였습니다.

처음에는 십자가에 거꾸로 매달려 있는데 빛이 나올 수 있을까 하는 생각이 들었습니다. 그러나 조금 지나니 그 빛은 속사람이 예수 그리스도와 그 피의 능력을 알며 곧 예수님을 뵐 것을 앞으로 나오는 빛이라는 생각이 들었습니다. 육체는 매우 고통스러워하는 것이 보였지만, 속사람은 예수님을 다시 뵐 것이라는 희망과 기쁨에 차 있는 것처럼 느껴졌습니다.

시간이 지날수록 베드로의 육체에서 속사람이 서서히 빠져나오는 것이 보였습니다. 상처투성이의 육체는 너무나 고통스러워했습니다. 그러나 속사람은 빛에 둘러싸여 있는 것이 보였고 기쁨에 가득 찬 것이 느껴졌습니다.

베드로가 십자가를 지고 갈 때부터 천사들은 베드로의 곁을 지키고 있었습니다. 천사들이 창과 칼과 방패를 들고 베드로의 곁을 지키고 있었지만, 그들은 베드로가 십자가에 못 박히기까지 아무런 행동도 취하지 않고 그저 곁에만 있었습니다. 저는 그 모습을 보며 '천사들은 왜 베드로의 죽음을 막지 않는 것일까?' 하는 생각이 들었습니다.

서서히 죽어가는 베드로

베드로의 속사람이 육체에서 조금씩 빠져나오자 베드로의 곁에 있던 천사들이 베드로를 더욱 둘러싸며 지켰습니다. 그의 속사람이 천사들을 보자 더욱 안심하면서 담대함으로 버텨내는 것이 보였습니다. 베드로를 지키고 있는 천사 중 가장 빛이 많아 보이는 천사가 말했습니다.

"예수 그리스도의 사도 베드로는 들으라. 예수 그리스도가 너를 알고 기다리고 계시니 담대함으로 주 예수의 곁으로 나아오라!"

천사의 말을 들은 베드로의 속사람이 새 힘을 얻는 것이 느껴졌습니다. 앞서 본 다른 사도들과 스데반과 비슷하게 베드로의 속사람도 육체에서 천천히 빠져나오는 것이 보였습니다. 육체는 갈수록 피가 빠져나가고 말라가는 것이 보였습니다. 그러나 속사람은 시간이 지날수록 기쁨과 감사가 넘치는 것이 느껴졌고, 속사람의 깊은 곳에서부터 감사가 흘러나오는 것처럼 보였습니다.

예수님을 향한 베드로의 고백

천사의 말에 베드로의 속사람이 기뻐하는 것이 느껴졌습니다. 베드로가 예수 그리스도를 얼마나 사랑했는지가 속사람의 모습에서 강하게 느껴졌습니다. 육체는 점점 힘을 잃어가며 아무런 소리도 내지 못했지만, 속사람은 오히려 담대하고 기뻐하며 예수님을 사랑한다고 고백하는 것이 보였습니다. 베드로의 속사람이 천천히 육체에서 빠져나올 때 그의 앞에 예수님이 오신 것처럼 보였습니다. 제 눈에는 예수님의 모습이 빛 자체로만 보였는데, 베드로의 속사람은 예수님의 얼굴을 뵙고 있는 것처럼 느껴졌습니다.

"주 예수여, 내가 주를 찾고, 찾고 또 찾았으며 이 땅에 거하는 내내 주를 간절히 원했나이다. 나의 주님이시여, 제가 주를 뵙기를 바라고, 바라고 또 바랐나이다."

"사랑하는 베드로야, 나 또한 하늘에서 너를 지켜보았으며 너를 지키고 보호하였느니라."

"오! 나의 주님이시여, 주만이 나의 구주시나이다. 제가 주를 얼마나 사랑하는지 주는 아시나이까?"

"베드로야, 내가 너의 마음을 다 아노라. 나는 단 한시도 너를 잊어본 적이 없으며 너의 곁을 떠난 적 또한 없노라. 나는 너를 항상 살피었고, 너를 지켜보았으며, 네가 이 땅에 거하는 동안 나의 천사들을 통해 너를 항상 지키고 보호하였도다."

"나의 구주, 나의 피난처, 나의 전부이신 주님이시여, 주의 은혜에 내가 감사하나이다. 그 어떤 사랑도 주가 주신 사랑과 은혜에 비교할 것이 없나이다. 주여, 저는 너무나도 악한 죄인이나이다. 그러나 주께서는 저같이 악한 죄인을 살피시고 보호하셨나이다. 주는 저를 한없는 사랑으로 품으시고 주의 자녀가 되는 은혜까지 주셨나이다. 나의 주 예수 그리스도시여, 제가 어찌 그 사랑에 보답할 수 있겠나이까? 내가 주를 알고 주는 나의 자랑이시나이다. 또한 주는 나의 기쁨이시자 나의 생명이시며, 나의 전부이나이다. 제가 이제 다시는 주를 떠나지도, 주를 부인하지도 않겠나이다."

베드로의 속사람이 눈물을 흘리며 예수님께 자신의 마음을 고백하는 모습이 보였습니다. 그 고백을 들으며 제 눈에서도 뜨거운 눈물이 흘렀습니다. 그리고 그의 고백이 제가 마지막에 주님을 뵈었을 때 저의 고백이 되기를 원했습니다.

예수님이 베드로의 고백을 들으시며 눈물을 닦아주시는 것이 보였습니다. 예수님의 손이 베드로의 육체와 손을 따뜻하게 감싸 안으시는 것처럼 느껴졌습니다.

"사랑하는 베드로야, 내게로 오라. 나에게로 와 기뻐하고 안식하며 맘껏 주를 높이라. 더욱더 자유로이 주를 찬양하며 주를 경배하라. 사랑하는 나의 아들아!"

베드로의 속사람이 시간이 지날수록 더 빠르게 육체를 빠져나오는 것처럼 느껴졌습니다. 육체는 점점 더 고통에 몸부림쳤습니다. 그러나 속사람은 육체의 아픔에도 불구하고 더욱 자신의 온 마음을 다해 예수님께 사랑의 고백을 하는 것이 느껴졌습니다.

"나의 주 하나님의 아들이시여, 주가 십자가에 달리셨을 때 제가 주를 부인하고 주가 나의 전부이시라는 고백을 주께 드리지 못한 것이 평생의 후회로 남았나이다. 비록 저의 육체는 십자가의 틀에 거꾸로 매달려 너무나 고통스럽게 죽어가지만, 이렇게라도 이 땅에 저의 숨이 붙어 있을 때 주를 뵙고 주께 저의 고백을 드릴 수 있다는 것이 감사하나이다. 주여, 나의 육체는 너무 고통스러우며 이제는 그 고통을 견디기가 매우 힘이 드나이다. 그러나 이 땅에 있을 때에 주께 저의 고백을 드릴 수 있음에 감사하나이다. 비록 십자가형이라는 무시무시한 형벌을 받게 되었지만, 이렇게라도 주의 사랑을 더욱 깊이 깨달을 수 있음이 주의 은혜이며 주께 감사할 제목이나이다. 나의 모든 삶은 주의 은혜였으며 주로 인하여 기쁨을 누렸나이다."

예수님도 베드로의 고백을 들으시며 눈물을 흘리시는 것 같았습니다.

"베드로야, 이제 그만 되었도다. 이제 나의 품으로 오라."

예수님이 말씀하시자 베드로의 속사람이 육체에서 완전히 다 빠져나와 예수님의 품에 안기는 것이 보였습니다. 육체는 남은 피가 하나도 없이 완전히 마르고 볼품없이 되었지만, 속사람은 그 어떤 모습보다 기쁨과 평안으로 넘치고 빛으로 가득해 보였습니다.

예수님과 함께 천국에 간 베드로

예수님이 베드로의 속사람을 안으시고 하늘로 올라가시는 모습이 보였습니다. 베드로를 지키던 천사 중 일부는 그의 육체 곁에 조금 더 머물러 지키고 있는 것처럼 보였고, 일부 천사는 예수님을 따라갔습니다. 예수님의 품에 안겨 있던 베드로는 하늘로 올라가 예수님의 손을 잡고 아름다운 계단 위를 오르는 모습이 보였습니다. 그것은 제 눈에 마치 빛이 합쳐져 계단의 형태로 보이는 것 같았습니다. 예수님은 베드로를 보시고 환한 미소를 지으시며 베드로와 함께 오르셨습니다.

예수님과 베드로가 함께 천국 성안에 서 있는 것처럼 보였습니다. 예수님은 먼저 문 앞에 서셔서 베드로를 안아주시려고 두 팔을 벌리고 계신 것이 보였습니다. 그때 예수님의 손에 있는 못 자국이 보였습니다. 못 자국은 너무나 선명했지만, 그 주위에 피가 전혀 보이지 않았고, 오히려 빛으로 가득했습니다. 베드로는 예수님의 손에 있는 못 자국을 보고 눈물을 펑펑 흘리며 무릎을 꿇고 고백했습니다.

"주여, 나의 주 그리스도시여, 주께서 나를 위해, 나의 죄 때문에 십자가에 못 박히신 것을 제가 아나이다. 내가 주를 다시 뵐 수 있기에, 다시 주의 앞에 설 수 있기에 너무 감사하나이다. 비록 주께서 저에게 크나큰 은혜를 베풀어주셨지만, 저 같은 죄인이 지은 씻을 수 없는 죄악을 어찌 다 갚을 수 있겠나이까?"

"베드로야, 상심치 말아라. 다 되었노라. 네가 부족하고 연약한 자라고 고백하지만, 너는 나로 인해 강하고 담대하며 정결한 자가 되지 않았느냐? 그것으로 다 되었노라. 더 이상 염려하지 말라."

예수님의 말씀에 베드로는 통곡하면서 자신의 죄를 회개했습니다. 예수님이 그런 베드로를 안아주시고 달래주시며 눈물을 닦아주셨습니다. 예수님을 다시 뵌 것에 대한 기쁜 마음과 동시에 죄송한 마음이 베드로에게 남아 있는 것처럼 보였습니다. 베드로가 예수님의 품에 안겨 회개하고 눈물을 흘리며 천국에 머무르는 모습이 보였습니다.

저도 베드로의 모습을 보면서 가슴이 먹먹해졌습니다. 베드로가 죽으며 겪은 육체의 고통과 괴로움은 말로 다 표현할 수 없는 것임을 저도 느낄 수 있었습니다. 그러나 그의 속사람은 예수님을 다시 만날 것을 고대하고 기대하면서 새 힘과 희망을 가지고 있었습니다. 다른 사도들의 모습도 깊은 울림이 있었지만, 베드로가 십자가에 매달려 죽어가면서 했던 고백은 어떤 고백보다 더 깊이 와 닿았습니다. 베드로의 고백은 정말 예수님을 누구보다 사랑하고 기뻐하는 자에게서만 나올 수 있는 것임이 느껴졌습니다.

못 자국을 가지신 예수님의 모습

베드로의 모습을 보고 있는 저의 눈에서 눈물이 멈추지 않았습니다. 예수님이 제 옆에서 눈물을 닦아주셨습니다. 그런데 예수님의 손에 아까 베드로와 함께 계셨을 때 보았던 못 자국이 보였습니다. 못 자국에는 피가 한 방울도 보이지 않았고 오히려 빛으로 가득했습니다. 그 못 자국을 보는 순간 더 눈물이 쏟아졌습니다.

"사랑하는 딸아, 그만 울렴. 내 손에 있는 못 자국은 너를 아프게 하려는 것이 아니란다. 보렴. 여기에는 단 한 방울의 피도 보이지 않잖니? 비록 십자가에 못 박혔을 때 나의 육신은 고통스러웠지만, 이 못 자국으로 인하여 너를 포함한 많은 나의 자녀를 구원할 수 있었단다."

예수님이 달래주시면서 말씀하셨지만, 눈물이 멈추지 않고 흘렀습니다. 피가 한 방울도 보이지 않았지만, 그 못 자국을 볼 때마다 눈물을 참을 수 없었습니다. 아무 말도 못하고 예수님의 품에 안겨서 우는 것밖에는 할 수가 없었습니다.

"엉엉. 예수님 죄송해요. 저의 죄 때문에…."

예수님께 드리고 싶은 말이 너무 많았지만, 입 밖으로 나오지 않았습니다. 예수님께 죄송하다는 말밖에 나오지 않았습니다. 예수님은 계속 괜찮다고 말씀하시며 저를 토닥여주셨습니다.

"사람들의 죄 때문에 내가 십자가에 못 박혀야 했지만, 후회하지 않는단다. 그것 때문에 많은 자녀가 구원받을 수 있게 되었잖니? 그거면 충분하단다. 괜찮아! 괜찮아!"

한참 동안 예수님의 품에 안겨 눈물을 흘린 것 같았습니다. 그러다가 아무런 느낌도 없이 자연스럽게 제 속사람이 육체 속으로 들어온 것이 느껴졌습니다. 갑자기 속사람이 육체와 자석처럼 탁 붙는 느낌이 들었습니다. 속사람이 구름 위를 걷는 것과 같은 기분으로 조용하고 평안하게 육체 속으로 들어왔음이 느껴졌습니다. 제 속사람이 육체 속으로 들어온 후에도 예수님이 빛나는 못 자국이 있는 손으로 저를 토닥여주시는 것이 느껴졌습니다. 예수님의 손길에 마음이 평안해지고 감사함이 밀려왔지만, 계속해서 참을 수 없는 뜨거운 눈물이 흘러 내렸습니다. 예수님이 한동안 제 곁에서 저를 위로해주시고 토닥여주셨습니다.

저는 복음을 위해 순교한 사도들의 모습을 생각하며 계속해서 눈물을 흘렸습니다. 순교하기 전, 천사들이 그들을 지키는 모습, 예수님이 그들을 맞이하시는 모습 그리고 예수님을 향한 고백들은 너무나도 큰 은혜가 되었습니다. 특히, 베드로의 고백은 너무나도 큰 은혜가 되었고 오늘날 삶에서 많은 그리스도인이 들어야 하는 고백이라는 생각이 들었습니다. 베드로가 얼마나 예수님을 사랑했는지가 느껴졌고, 그 고백이 제 삶의 마지막 고백이 되었으면 좋겠다는 마음도 들었습니다.

복음을 위해 순교한 사도들의 모습을 보기 전과 보고 난 후의 저의 마음이 달라졌습니다. 저는 어려서부터 선교사가 되고 싶다는 비전이 있었고, 하나님을 전하는 일을 하고 싶다고 말했습니다. 우스갯소리로 어린 시절에 바울과 베드로를 비롯한 사도들의 순교 이야기를 들으면 저도 '복음을 전하다가 순교해야지!'라는 마음을 먹기도 했습니다. 처음에 예수님께 복음을 위해 헌신한 사도들의 모습을 보여달라고 요청한 것은 믿음의 선배들의 신앙고백을 본받고 도전받고 싶은 마음이 컸기 때문입니다. 지금도 그 마음을 가지고 있지만, 사도들이 순교한 모습을 보고 난 후에는 그들의 고백이 제 삶에서 신앙의 고백이 되기를 원하고, 예수님이 기뻐하시는 사람이 되고 싶다는 새로운 도전을 받게 되었습니다.

그리고 사도들의 모습이 마지막 때를 살고 있는 그리스도인의 모습이 되어야 한다고 생각했습니다. 복음을 위해 자신의 삶과 열정, 생명을 바친 이들처럼 복음을 향한 열정으로 삶 속에서 하나님의 영광을 나타내야겠다고 다짐하게 되었습니다.

저는 주변의 여러 사람을 보면서 많은 것을 느꼈습니다. 복음과 그리스도를 향한 사랑과 열정이 한시도 식지 않고 불타오르는 사람도 있지만, 교회는 왔다 갔다만 하면서 필요할 때에만 하나님을 찾는 사람도 보았습니다. 또 교회를 다니면서도 평소에는 신이 없다고 주장하는 사람도 보았습니다.

저는 사도들의 모습을 보며 저의 신앙이 그들만큼은 되지 못할지라도 복음을 향한, 그리스도를 향한 사랑과 열정은 그들만큼은 가져야 한다는 도전을 받았습니다. 현재 우리는 마지막 때를 살아가고 있으며 앞으로는 복음을 전하기가 더 어려워질지도 모른다는 염려가 듭니다. 그때를 대비하여 예수님은 다시 한번 우리 자신의 신앙을 미리 점검하고 믿음을 굳건히 해 그리스도 안에서 새로워지기를 원하신다는 것을 알게 되었습니다.

저는 사도들의 모습을 보고 난 후부터 지금까지 일상에서나, 혹은 신앙이 흔들리는 것 같을 때나, 혹은 삶에서 지치고 어려운 일이 있을 때나 제가 본 모습들을 묵상했습니다. 그럴 때마다 새 힘을 공급받고 격려를 받았으며, 하나님을 향한 저의 사랑과 믿음을 점검할 수 있었습니다. 부족한 통로인 저를 사용하셔서 알려주신 메시지들이 이 책을 읽는 모든 사람에게 도전과 위로가 되기를 기도합니다.

7장_주님 오실 때의 모습

저는 어려서부터 교회에서 신앙생활을 하는 동안 우리가 마지막 때를 살고 있다는 말을 많이 들었습니다. 마지막 때를 살아가고 있기에 우리는 더욱더 하나님 앞에서 겸손해야 한다는 것이었습니다. 저도 그 말에 동의하고 요한계시록에 기록되어 있는 일들이 하나님이 정하신 때에 성취될 것이라고 생각합니다.

저는 회개하고 영적인 눈이 열리고 나서도 마지막 때를 살아간다는 것이 정확히 어떠한 것인지 실감나지 않았습니다. 마지막 때의 모습이라는 것이 현재 우리가 살고 있는 모습만을 가리키는 것인지, 아니면 요한계시록에 기록된 것처럼 영적인 전투를 하는 것을 정말 보게 되는 것인지에 대해 명확한 기준이 세워지지 않았습니다.

그러나 제가 영적인 세계를 보고 배우면서 느끼는 것은 마지막 때에 심판은 반드시 일어난다는 것입니다. 그 심판이 제가 아는 형태로든 아니든, 아니면 아무도 예측하지 못한 형태로 나타날 수도 있습니다. 그러나 악한 영과 천사가 벌이는 전쟁은 반드시 있을 것이며, 예수님이 악한 영들을 멸하실 것은 분명한 사실이라고 생각합니다.

저는 오랜 시간 영적인 세계를 사모했고, 마지막 때의 비밀을 알고 싶은 소망이 컸습니다. 그래서 주님이 저에게 허락해주시는 영적인 꿈도 많이 꾸었습니다. 저는 지금까지 사는 동안 수많은 꿈을 꾸었습니다. 그 꿈 중 대부분은 영적인 세계와 마지막 때와 관련한 것이었습니다. 그 중에서도 이 책에 기록하는 꿈은 마지막 때의 모습 중 악한 영의 특성과 죄에 물들어가는 사람들의 모습, 회개의 중요성, 마지막 때에 하나님이 하실 심판, 악한 영들의 최후의 모습 등을 가장 잘 설명하고 있는 꿈이라고 생각합니다. 그래서 이 꿈을 기록하게 되었고, 영적인 세계를 알기를 소망하며 마지막 때에 정결한 신부로서 거듭나기 위해 준비하고 있는 모든 사람과 함께 나누고자 합니다.

2018년 봄에서 여름 사이였던 것 같습니다. 평소에 꿈을 자주 꾸는 편이지만, 그날은 평소와는 다르게 짧은 꿈을 포함하여 여러 가지 꿈을 많이 꾸었습니다. 어떤 꿈은 기억나지 않을 정도로 짧았고, 어떤 꿈은 너무나 선명하게 기억 속에 남아 있습니다. 여러 가지 꿈을 꾸면서 깊이 잠들지 못하고 자다 깨다를 반복했습니다. 그러다 보니 다시 잠들기가 힘들었습니다. 더 잠을 자야 할 것 같은데 잠이 오지 않아서 거의 뜬눈으로 밤을 새우고 있었습니다.

눈을 감았다 뜨기를 반복하고 있는데 반딧불이 크기 정도로 보이는 작은 불빛들이 눈앞에 왔다 갔다 하는 것이 보였습니다. 처음에는 '내가 잠을 제대로 자지 못해서 헛것을 보는 것인가?' 하는 생각이 들었습니다. 불빛들을 계속 보고 있는데 이 불빛들이 무언가 환상 속에 있는 것 같다는 느낌이 들었습니다. 저도 모르는 사이에 잠이 들고 꿈을 꾸고 있는 것 같은 느낌이 들었습니다. 정확히 언제 다시 잠이 들었는지는 모르겠지만, 불빛들을 따라 어디론가 가고 있는 듯한 느낌이었습니다.

속사람이 육체에서 빠져나와 입신 상태에 이른 것과는 확실히 달랐습니다. 꿈속에서 제가 불빛을 따라 길을 걷고 있다는 생각이 확실하게 들었습니다. 길을 걸어가면서 옆으로 보이는 풍경들도 일상에서 보는 것과는 많이 다른 모습이었습니다. 정확하게 말로 표현하기는 어렵지만, 미래의 모습을 보는 것 같았습니다. 겉으로 보기에는 도시가 발전한 모습 같았는데 마치 폐허 같기도 하면서 삭막하고 휑한 느낌이 많이 들었습니다.

회개되지 않은
자들의 모습

꿈속에서 본 편의점의 모습

길에 끝에 다다르자 편의점이 하나 보였습니다. 그래서 자연스럽게 편의점으로 들어갔습니다. 그런데 계산대에 있는 직원이 왠지 저를 보지 못하는 것 같았습니다. 그때 제가 꿈속에 있는 것은 맞지만, 꿈속의 모습을 관찰하는 관찰자의 입장이라는 것을 깨달았습니다. 제가 계산대의 직원에게 다가가서 말을 걸어도 저를 보지 못하고 자기 할 일만 했습니다.

특이하게 편의점 앞에는 약 150평 정도 되어 보이는 넓은 주차장이 있었습니다. 공간이 매우 넓은데도 불구하고 주차된 차는 10대 정도밖에 없었습니다. 편의점 안에는 잡혀 있는 것처럼 보이는 사람이 아홉 명 정도 있었습니다. 그 사람들의 입에는 검정 테이프가 붙어 있었고, 두 손을 귀 옆에 붙인 상태로 손이 묶여 있었습니다. 그들은 잡혀 있는데도 누구 하나 살려달라고 소리치거나 도망치려고 몸부림치지 않고 그대로 묶여 있었습니다.

또 하나 특이했던 것은 편의점 안에 물건이 거의 없었다는 것입니다. 냉장고에 마실 것이 가득 차 있어야 정상인데 그러지 않았습니다. 음료수 같은 것도 보이지 않았고 텅 빈 냉장고에 생수만 몇 가지가 보였습니다. 종류별로 크기가 다른 생수가 있었고, 크기가 같은 생수인데도 가격이 천차만별이었습니다. 물 하나하나의 값이 너무 비싸 보였습니다.

요즘 편의점에서 파는 생수 가격이 500밀리미터에 1,000원 안팎인데, 제가 꿈에서 본 생수 가격은 같은 브랜드의 생수라도 가격이 다 달랐고, 현재 금액보다 몇 배는 더 비쌌습니다. 어떤 것은 달러 단위로 금액이 책정되어 있었고, 어떤 것은 엔화, 유로화 단위를 사용하는 것도 보았습니다. 생수 가격이 어떠한 기준으로 책정된 것인지는 알 수 없었으나, 보편적으로 상상하기 어려울 정도로 비싼 금액이었습니다. 저는 그 금액들을 보면서 제가 꾸고 있는 이 꿈이 어떠한 상황에 관련된 것인지, 어떠한 메시지가 있는 꿈인지 이해하려고 노력했습니다.

검은 옷을 입고 있는 사람들

편의점 안에 잡혀 있던 사람들이 입은 옷은 다 깨끗하지 않았습니다. 모든 사람이 시커먼 옷을 입고 있었고, 시커먼 옷 위에 얼룩이 많이 묻어 있었습니다. 저 옷을 빨려면 시간이 정말 오래 걸릴 것이라는 생각이 들었습니다. 그리고 저 옷들을 빨려면 어마어마한 세탁비를 지불해야 할 것 같다는 생각이 들었습니다.

편의점 주인 역시 검정 모자와 검정 마스크를 쓰고 있었습니다. 검은 옷을 입고 있었지만, 그 안에 잡혀 있는 사람들보다는 옷에 얼룩이 조금 덜 묻어 있는 것처럼 보였습니다. 특이하게 주인의 손에는 푸른 핏줄이 남들보다 서너 배 정도 더 두껍고 선명하게 보였습니다. 금방이라도 핏줄이 튀어나올 것처럼 선명했습니다.

제가 평소에 보던 편의점의 모습과 다르기에 이상하다고 생각하며 살펴보고 있을 때, 어떤 사람이 편의점 안으로 들어왔습니다. 그 사람은 냉장고로 가 유로 단위로 책정된 물을 가져와 값을 지불했습니다. 냉장고 바로 앞에 사람들이 잡혀 있는데도 그들에게 눈길조차 주지 않았습니다. 주인은 계산하는 척하면서 슬며시 계산대 아래에 숨겨둔 총을 꺼냈습니다. 편의점에 들어온 사람은 놀라서 두 손을 들고 항복하는 자세를 취했습니다. 그때를 틈타 주인은 냉장고 앞에 묶여 있던 한 사람을 총으로 쏴서 죽였고 새로 들어온 사람을 묶어서 죽은 사람이 있던 자리에 앉혔습니다.

새로운 사람이 잡히자 주인은 계산대 아래에서 오물이 담겨 있는 것처럼 보이는 투명한 물통을 가지고 왔습니다. 그리고 그 물통을 새로 묶인 사람의 머리에 붓고 옷 여기저기에 뿌렸습니다. 그러자 편의점 안에 악취가 진동했고 묶여 있던 모든 사람이 인상을 찌푸렸습니다. 그러나 새로 묶인 사람은 자신의 옷에 무언가 묻었다는 사실만 알 뿐 정확하게 어느 정도 더러워진 것인지, 자신이 어떠한 옷을 입고 있는지조차 깨닫지 못하는 것 같았습니다.

잠깐 정적이 흐르더니 잠시 후, 우당탕 소리와 함께 편의점에 검은색 옷을 입고 검은 복면으로 얼굴을 가린 총을 든 강도 다섯 명이 쳐들어왔습니다. 편의점 안으로 들어온 강도 외에도 그들과 한패로 보이는 강도들이 편의점 밖에 몇십 명은 있는 것처럼 느껴졌습니다. 몇십 명의 강도가 편의점 전체를 에워싸고 있었습니다.

편의점 안에 들어온 강도들은 주인을 총으로 위협했습니다. 주인이 항복의 표시를 하자, 냉장고 앞에 묶여 있던 사람들을 아주 길고 두꺼운 밧줄로 전부 묶었습니다. 강도들은 총을 쏘며 편의점 안의 전등이나 전기선 같은 것을 모두 끊고 쑥대밭으로 만들었습니다. 유리창과 문도 부수고 잡혀 있던 사람들을 다시 묶은 뒤 끌고 가서 차에 태우고 자취를 감추었습니다.

저는 이러한 장면을 꿈속에서 보면서 마지막 때와 관련한 꿈인 것을 알았습니다. 마지막 때에 악한 영들이 사람들을 선동하는 것의 일부 혹은 상징적인 모습을 보는 것 같았습니다.

생명을 소중히 여기지 않는 사람들

강도들이 사라지고 갑자기 다른 장면이 보였습니다. 아까 있었던 편의점 앞의 주차장이 선명하게 보였습니다. 주차장에는 연분홍색 옷을 입은 배가 많이 부른 임산부가 보였습니다. 곧 아기가 태어날 것처럼 배가 잔뜩 부른 모습이었습니다. 몸이 무거워서 뒤뚱거리며 잘 걷지도 못했습니다. 주위에는 아무도 보이지 않았습니다. 제가 도와주고 싶었지만, 발이 떨어지지 않았습니다.

갑자기 임산부가 주차장에서 뒤로 넘어졌습니다. 정신을 잃고 쓰러진 것처럼 보였습니다. 임산부가 쓰러진 땅이 물 같은 것으로 젖고 있었습니다. 임산부는 땀을 뻘뻘 흘리고 있었고 몸에서 물과 함께 피도 흘렀습니다. 소리를 지르고 악을 쓰면서 아기를 출산하고 있었습니다. 저는 너무 놀라고 당황스러웠습니다. 병원에 있어야 할 임산부가 왜 편의점 앞 주차장에 있는 것인지 황당했습니다. 임산부가 주차장에 쓰러져 있는 동안 몇몇 사람이 편의점 주위를 지나갔고 그 모습을 본 것 같았습니다. 어떤 사람은 한동안 눈을 떼지 못하는 것 같았습니다. 그러나 그 임산부를 도와주러 선뜻 나서는 사람이 아무도 없었습니다.

얼마 후에 아기가 태어난 모습이 보였습니다. 아기가 응애응애 소리를 내며 우는 소리가 들렸습니다. 아기가 태어나자 자리에서 일어난 임산부는 아기를 안아주지도 않고 서서 우는 아기를 한 번 힐끔 쳐다보았습니다. 그리고 코웃음을 치더니 아기를 본 체도 하지 않고 차를 타고 어디론가 떠났습니다. 아마 그 편의점 주차장에 임산부의 차가 있었던 것 같았습니다. 임산부는 아무 일도 없었다는 듯이 어디론가 떠나가 버렸고, 잠시 후에 다른 차가 다가오는 것이 보였습니다. 그 순간 검은 화면을 보는 것처럼 아무것도 보이지 않았지만, 쾅 하는 소리가 들렸습니다. 어디선가 울음소리가 들렸습니다. 제 눈에 보이지는 않았지만, 아기의 몸에 차의 바퀴 자국이 그대로 찍혀 있고 온몸에 새파랗고 빨간 멍들로 가득할 것 같았습니다. 차바퀴가 아기의 온몸에 큰 상처를 냈을 것이라는 생각이 들었습니다.

어느 순간 울음소리가 거의 들리지 않았습니다. 그런데도 계속해서 힘을 내서 마지막까지 어떤 소리라도 쥐어짜 내려고 하는 것처럼 들렸습니다. 그러다가 아기가 더 이상 아무런 소리도 내지 못하고 숨이 끊어지는 것처럼 느껴졌습니다. 그 순간 아기가 있던 곳을 경계로 땅이 좌우로 갈라지는 것이 보였습니다. 아기는 갈라진 땅의 사이로 떨어졌고, 그 사이로 각종 벌레와 쥐들이 올라오는 모습이 보였습니다. 벌레들은 여럿이 무리를 지어 각기 다른 곳으로 도망치는 것처럼 보였습니다. 벌레들이 도망가는 모습을 보면서 혼란하고 더러운 세상의 모습이라는 생각이 들었습니다. 세상에서 그렇게 많은 수의 벌레는 본 적이 없었습니다. 제가 태어나서 보지 못한 벌레의 종류도 보였고 여러 가지 벌레의 모습을 합쳐 놓은 끔찍한 혼종도 보였습니다.

마지막 시대의 영적 전투

일곱 개의 뿔을 가지고 있는 용의 모습

모든 벌레가 주차장에서 어느 정도 벗어나자 갑자기 하늘에서 천둥 번개가 치는 것이 들렸습니다. 천둥 번개가 치면서 동시에 하늘이 마치 종이가 찢어지는 것처럼 쩍 소리를 내면서 찢어졌습니다. 찢긴 하늘 사이로 왼편에서는 용의 모습이 나타났고, 오른편에서는 천사의 모습이 나타났습니다.

용은 머리에 일곱 개의 뿔을 가지고 있는 청룡이었습니다. 금색의 뿔이 화려하게 빛나고 있었고, 용의 뿔에서 나오는 빛이 또 다른 번개처럼 여기저기를 쏘고 찌르는 것처럼 느껴졌습니다. 용의 눈에는 흰자가 보이지 않았고 흰자가 있어야 하는 부위가 금색으로 보였습니다. 용의 동공은 아주 새빨간 붉은색으로 사납게 빛나고 있었습니다. 용의 비늘은 오묘하고 신비로운 청색으로 빛나고 있었고, 윤기가 좌르르 흐르는 것처럼 보였습니다. 용은 여섯 개의 다리를 가지고 있었는데 다리의 두께가 매우 두꺼웠습니다. 다리 하나의 두께가 악어 다리 하나의 약 오십 배는 될 것처럼 느껴졌습니다. 그 다리에 조금만 스쳐도 뼈가 다 부러질 것 같았습니다. 용의 다리에 붙어 있는 발톱도 매우 단단하고 튼튼하게 보였습니다. 용의 발톱은 잘 다듬어진 날카로운 상아와 비슷하게 보였습니다. 그 끝은 매우 날카롭고 뾰족해서 발톱에 긁히는 순간 살점이 가죽 채로 벗겨질 것처럼 크고 강하게 보였습니다.

용의 배는 미꾸라지처럼 부드럽게 보였습니다. 배에 있는 비늘은 홀로그램과 같은 여러 가지 묘한 색상을 가지고 있었고, 미꾸라지와 같이 부드럽게 흐르는 것처럼 보였습니다.

용의 꼬리는 약 5미터 정도는 족히 넘을 것처럼 크게 느껴졌습니다. 꼬리의 끝에는 불꽃처럼 보이는 털이 달려 있었습니다. 배를 제외한 용의 온 몸은 날카로운 가시와 뿔로 뒤덮여 있었습니다. 용의 머리에 달려 있는 뿔의 두께와 거의 비슷한 가시가 용의 온몸에 덮여 있었습니다.

용은 입 안에 황금색 구슬을 물고 있었습니다. 그 구슬에서 매우 강하고 뜨거운 빛이 나오는 것처럼 보였습니다. 구슬에서 나오는 빛이 눈이 부실 정도로 환하고 뜨거워서 용은 구슬을 물고 있는 것이 약간 힘겨운 것처럼 보였습니다. 구슬에는 빨간색의 글자가 적혀 있었습니다. 그 글자가 어느 나라 문자인지 알 수 없었습니다. 그러나 보는 순간 기분이 나빠지고 짜증과 불쾌한 감정이 올라오는 이상한 그림 같은 것이었습니다. 마치 부적에 쓰여 있는 글자 같다는 느낌이 들었습니다.

용의 주위에는 삼지창을 들고 있는 검은 물체가 많이 보였습니다. 그 물체들은 용의 크기에 비하면 터무니없이 작았지만, 일반 사람들에 비하면 매우 덩치가 크고 힘이 센 것처럼 보였습니다.

전신갑주로 무장한 천사의 모습

용과 마주보고 있는 천사의 생김새는 사람과 비슷하게 보였습니다. 잘 훈련된 군인의 모습을 하고 있는 천사였습니다. 천사는 온 몸에 전신갑주를 두르고 있었습니다. 어깨와 투구에 노란색의 빛 나는 별 여섯 개가 있는 것이 보였습니다. 그 별은 용의 뿔에서 나오는 빛과 비슷한 세기의 빛을 내고 있는 것 같았습니다.

천사가 쓰고 있는 투구는 약간 어두운 갈색이었고, 투구의 가장자리에 금가루가 수도 없이 많이 뿌려져 있는 것이 보였습니다. 천사가 조금씩 움직일 때마다 금가루가 아주 조금씩 떨어지는 것이 보였고, 금가루가 떨어진 곳은 아주 오랜 시간 반짝거렸습니다. 금가루가 주위에 있는 다른 천사들에게 붙기도 하는 것처럼 보였습니다. 금가루가 조금씩 계속 떨어졌지만 그 양이 줄어들지 않았고, 계속해서 더욱 밝고 환하게 빛났습니다.

투구의 위쪽에는 빨간 깃이 달려 있었습니다. 투구는 천사의 머리에 꼭 맞았으며 절대 벗겨질 것 같지 않다는 느낌이 들었습니다. 투구는 천사의 눈을 제외한 얼굴 전체를 단단하게 감쌌습니다. 투구의 이마 부분에도 황금색의 빛나는 노란색 별이 여섯 개가 있었고, 그 별은 가슴에도 견장으로 새겨져 있었습니다.

천사가 입은 군복은 초록색으로 보였다가 다른 색으로 보이기도 했습니다. 그중 가장 많이 보였던 색은 천사들이 입는 세마포의 색과 비슷한 새하얀 색이었습니다. 천사의 가슴에는 크고 단단한 흉배가 붙어 있었는데 금과 은으로 아주 단단하게 짜여 있었습니다. 허리에는 챔피언 벨트 같은 것을 두르고 있었습니다. 벨트의 가운데에는 붉은색 십자가가 새겨져 있었습니다. 그 십자가는 붉은 빛을 뿜어냈는데, 그 빛이 사방으로 강하게 뻗어나가고 있었습니다. 흉배 가운데에도 벨트와 마찬가지로 십자가가 새겨져 있었습니다.

팔과 다리에는 신체를 보호해주는 것처럼 보이는 보호대가 있었습니다. 보호대에도 빨간색의 십자가가 새겨져 있었고 빛이 사방으로 뻗어나가고 있었습니다. 신발은 검은색 군화로 발에 딱 맞아 보였습니다. 신발 끈도 절대 풀리지 않게 꽉 묶여 있었습니다. 천사의 모습을 처음 보았을 때는 여러 색이 보이면서 군복을 입고 있는 것처럼 보였지만, 흰 세마포를 입고 전신갑주로 무장한 모습이 가장 많이 보였습니다.

천사의 왼손에는 금으로 장식된 방패가 쥐어져 있었습니다. 방패의 가운데에는 은빛이 나는 십자가가 새겨져 있었습니다. 오른손에는 크고 빛나는 칼이 쥐어져 있었습니다. 칼의 손잡이는 온통 금으로 되어 있었고, 손잡이의 끝에는 다이아몬드와 같은 보석이 박혀 있었습니다. 칼의 곳곳에는 다양한 종류의 보석이 박혀 있었고, 손잡이에는 붉은색의 십자가가 새겨져 있었습니다. 칼과 방패에 새겨져 있는 십자가는 모두 사방으로 환한 빛을 발하고 있었습니다.

칼날은 매우 날카롭고 칼의 크기도 매우 크고 두꺼워 보였습니다. 정확히 길이를 책정할 수는 없었지만, 몇십 미터는 족히 돼 보이는 것 같았습니다. 어마무시하게 크고 두꺼운 칼이었지만, 천사는 그 칼을 아무 어려움 없이 들고 있는 것처럼 느껴졌습니다. 천사의 주위에는 갑옷으로 무장하고 무기를 든 훈련된 천사가 무수히 많이 있었습니다. 천사와 용은 서로를 노려보며 대치하고 있는 중이었습니다.

천사와 용의 전투

갑자기 용이 입에서 불을 내뿜었는데 화가 잔뜩 난 모습으로 보였습니다. 용이 불로 천사를 공격하는 것처럼 보였습니다. 그러나 천사는 용이 내뿜은 불보다 더 크고 강력한 빛을 내뿜고 있었고, 그 빛에 둘러싸여 있었기에 용이 내뿜은 불에 전혀 타격을 입지 않았습니다. 오히려 용의 더럽고 추악한 모습에 화가 난 것처럼 보였습니다. 용의 공격으로 인해 천사와 용의 대치 상태가 더욱 깊어진 것처럼 보였습니다.

천사와 용이 싸우고 있을 때 갑자기 하늘에서 또 한 번 천둥이 치며 한 번 더 하늘이 찢어지는 모습이 보였습니다. 하늘이 찢어지자 천사와 용이 본격적으로 싸우기 시작했습니다. 천사의 뒤에 있는 다른 천사들과 용의 뒤에 있던 검은 물체들이 활을 쏘고 대포를 쏘는 것처럼 전쟁을 하는 모습이 보였습니다. 용은 검은 물체들을 이끌며 천사가 있는 쪽을 공격했습니다. 용이 움직일 때마다 검은 재처럼 보이는 것이 수도 없이 떨어졌습니다. 반면, 천사가 움직일 때는 항상 빛이 따라다니고 성령의 불과 바람이 함께 역사하는 것으로 보였습니다.

천사와 용이 한창 싸우는 것을 보고 있는데 갑자기 다른 장면이 보였습니다. 그 장면은 왠지 천사와 용이 공중에서 싸우고 있는 동안 땅에서 일어나는 일처럼 느껴졌습니다. 천사와 용은 계속 여러 번의 전투를 하는 것처럼 보였습니다.

점점 믿음이 약해져가는 사람들

천사와 용이 첫 번째 전투를 할 때 땅에 있는 사람들은 혼란스러워하고 갈피를 잡지 못하는 모습으로 보였습니다. 사람들의 몸과 머리에 검은 재 같은 것이 잔뜩 달라붙기도 하고, 어떤 사람은 온몸 전체에 자신의 몸만큼 되는 검은 젤리 같은 것을 붙이고 다니는 모습도 보였습니다. 자연스럽게 사람들이 두 편으로 갈라지는 것이 보였습니다. 하나님을 믿는 사람들은 우편으로 향하고, 믿지 않는 사람들은 왼편으로 향하는 것이 보였습니다.

또 장면이 바뀌면서 이번에는 천사와 용이 두 번째 전투를 할 때의 모습처럼 느껴졌습니다. 하늘에서 두 번째 전투가 시작되자 땅에 두 편으로 나뉘어 있던 사람들 중에서 왼편에 있던 사람들의 일부는 그 자리에서 즉사했습니다. 왼편에 있는 사람들은 자신들의 무리 안에서 서로 다투기도 하고 칼을 들고 싸우며 서로를 죽였습니다.

오른편에 있는 사람들은 서로 싸우고 죽이지는 않았지만, 그들 가운데서도 두 편으로 나눠지는 것으로 보였습니다. 깨끗한 흰옷을 입고 있는 사람과 그렇지 못한 사람으로 나눠졌습니다. 흰옷을 입고 있는 사람은 회개한 사람이고, 그렇지 못한 사람은 하나님을 믿지만 회개하지 않은 사람이라는 느낌이 들었습니다.

흰옷을 입고 있는 사람들은 끝까지 오른편에 있으려고 하는 것이 보였습니다. 검고 어두운 옷을 입고 있는 사람들을 멀리하고 그들과는 구별되려고 노력하는 것처럼 보였습니다. 반면, 오른편에 있더라도 흰옷을 입지 않고 있는 사람들은 다양한 모습을 보였습니다.

"허. 하나님이 어디 있어? 나 혼자 잘 먹고 잘살면 되지."

"아니, 예전에는 하나님을 믿는 것만이 복 받는 길이라고 생각했는데 지금 보니까 반대편에 있는 사람도 잘사는 사람은 잘사는군."

"나 살기도 바쁜데 예배도 드려야 해? 어휴 귀찮아."

"내 인생을 하나님이 대신 살아주는 것도 아닌데 뭐. 나 참. 예전에는 왜 하나님이 대단하다고 믿었는지."

이런 부정적인 말들과 함께 하나님을 부인하는 모습도 보였습니다. 오른편에 있는 사람 중에 이렇게 하나님을 부인하는 사람이 있는 반면, 약간 누런 옷을 입었지만 흰옷을 입으려고 자기 옷을 빠는 사람들도 보였습니다.

"내가 아무리 오른편에 있더라도 지금 이곳에 있는 게 정말 안전한 걸까?"

"만약에 내 옷이 나도 모르는 사이에 새까맣게 변해버리면 어떡하지?"

"내가 흰옷을 입고 있지 않다고 해서 쥐도 새도 모르게 죽어버리면 어떡하지?"

그들이 이런 말을 하는 모습이 보였습니다. 그 사람들 중 일부는 조금이라도 깨끗한 흰옷을 입기 위해서 자기 옷을 열심히 빨고 있었습니다. 그러나 옷에 묻은 얼룩이나 자국은 쉽게 지워지지 않았습니다. 또 일부는 옷을 아무리 빨아도 쉽게 지워지지 않자 옷을 벗어 던지려고 하는 모습도 보였습니다. 그러나 옷을 벗을 수도 없고, 옷에 묻은 얼룩과 때도 지워지지 않자 자신의 머리를 쥐어뜯으며 괴로워하는 모습도 보였습니다. 또 그중 일부는 옷을 빨아도 변하지 않는다는 것을 알고 좌절하며 땅을 치고 후회하는 사람도 보였습니다.

　주위 사람들의 모습을 보며 이제라도 회개하려고 그 자리에 무릎을 꿇고 기도하는 사람도 보였습니다. 그런데도 자신의 옷이 깨끗해지지 않는다는 것을 알자 괴로워하며 두려워하는 사람도 보였습니다. 부끄러워하며 어딘가로 숨으려고 하는 사람도 보였습니다. 정신이 이상한 것처럼 행동하는 사람도 보였습니다. 그들의 모습을 보니 하나님을 믿는 사람이더라도 신앙과 믿음을 지키기 어려워하는 것이 느껴졌습니다. 그 모습들을 보면서 마지막 때가 다가온 때에는 회개하려 해도 할 수가 없고, 하나님과의 관계가 단단하게 쌓여 있지 않으면 그 관계가 끊어질 수도 있겠다는 생각이 들었습니다.

빛과 함께 오신 예수님

다시 한번 장면이 바뀌고 천사와 용이 세 번째 전투를 할 때의 모습처럼 보였습니다. 세 번째 전투 때에는 왼편에 있는 사람들은 거의 남아 있지 않았습니다. 남아 있더라도 대부분이 뼈밖에 보이지 않을 정도로 말라 있거나 해골과 같아 보였습니다. 생명력이 없어 보였고, 서로를 험담하고 물어뜯고 죽이려 달려들었습니다.

오른편에 있는 사람들도 흰옷을 입은 사람들을 제외하고는 좋지 않은 모습들이 보였습니다. 많은 사람이 소리를 지르며 괴로워하고 바닥에 머리를 내리치는 모습도 보였습니다. 그 모습을 보면서 마지막 때가 오기 전에 회개하지 않으면 신앙을 지키기 어렵겠다는 생각이 강하게 들었습니다.

조금 다른 모습이 보였습니다. 사람들이 있는 곳에 강한 빛이 내려오는 것이 보였습니다. 그 빛은 어떠한 형태를 띠고 있지는 않았지만, 예수님이시라는 느낌이 들었습니다. 예수님은 각 사람에게 시련을 주시면서 그들의 믿음을 시험하고자 하시는 것처럼 보였습니다.

그중에서도 흰옷을 입은 사람들은 사도행전에 기록되어 있는 마가의 다락방에서 성령이 임하신 것과 같은 강한 역사를 체험하는 것 같았습니다. 각 사람에게 불과 빛, 또는 바람으로 성령이 임하시는 모습이 보였습니다. 성령이 흰옷을 입은 자 한 사람, 한 사람을 각기 다른 방법으로 감싸 안으시는 것이 보였습니다. 흰옷 입은 자들은 성령이 임하심을 느끼고 예수님의 다시 오심을 감사하며 두렵고 떨리는 마음으로 그 자리에 무릎을 꿇고 기도했습니다.

회개하지 않아 분별하지 못하는 자들

그 외에 조금 얼룩이 있거나 때가 묻은 옷을 입고 있는 사람들은 성령이 그들의 옆에 오셔도 그것을 바로 알아채지 못하는 것처럼 보였습니다. 성령이 그들을 부르시고 바로 옆과 뒤, 앞에서 임하셔도 눈에 초점이 없이 멍한 모습으로 있었습니다.

오른편에 있는 사람들 중 옷이 거의 회색으로 보일 정도로 얼룩과 때가 많이 묻어 있는 사람들도 보였습니다. 그들은 오른편에 있는 사람들이 맞는지 의심이 될 정도로 자신의 욕구나 쾌락을 절제하지 못했습니다. 자신들끼리 무리를 짓고 짝을 지으며 술과 도박을 일삼았습니다. 또한 성적 욕망을 절제하지 못하여 남자, 여자, 청년, 노인 할 것 없이 서로를 강간하고 폭행을 일삼았습니다. 그 외에 마약을 하고 화려한 조명이 있는 클럽과 같은 곳에서 여럿이 모여 돈을 주고 음란한 행위를 구경하는 등 세상에 속한 자들의 모습을 보였습니다. 서로 싸우고 다투며 헛된 일에 돈을 쓰고 재산을 탕진하여 길거리에 나앉는 사람의 모습도 보였습니다. 모든 것을 다 잃게 되자 서로 칼을 들고 싸우며 여기저기 난도질하는 모습도 보였습니다.

그 사람들의 모습을 볼수록 이 세상에 사랑이 사라지고 빛과 희망을 포함한 모든 것이 다 사라졌다는 생각이 들었습니다. 인간적인 죄책감이나 일말의 양심조차 없는 것처럼 느껴졌습니다. 돈 때문에 가족을 죽이는 사람도 보였고, 남을 죽이고 해하면서까지 남의 것을 강제로 빼앗는 모습도 보였습니다. 어떤 이는 자신의 돈과 유익, 혹은 재미를 위해 자녀를 돈을 주고 파는 모습도 보였습니다.

시간이 지날수록 사람들의 옷은 더욱 검게 물들어갔습니다. 이 사람들이 왼편에 있는 사람들보다는 덜 검은 옷을 입고 있던 사람들이었다는 생각이 들지 않을 정도로 새까만 옷이 되어가고 있었습니다. 옷이 검게 변할수록 각 사람의 머리 위에 먹구름과 같은 검은 구름이 커지는 것이 보였습니다. 나중에는 그 구름이 점점 커져서 사람들이 어둠 속에 갇힌 것처럼 느껴졌습니다. 검은 구름이 각 사람을 삼킨 후에는 그들을 형체도 알아볼 수 없게 먹어버릴 것이라는 느낌도 들었습니다.

비에 쓸려가는 사람들

다시 장면이 바뀌면서 하늘에서는 세 번째 전투가 끝난 것처럼 보였습니다. 다시 하늘이 크게 울리면서 큰 비가 쏟아지는 것이 보였습니다. 그 비에 입고 있던 옷이 검게 물들어가던 사람들은 모두 홍수에 쓸려나가듯이 어디론가 떠밀려 가는 것으로 보였습니다.

저항하려고 해도 할 수 없었고, 떠내려가지 않으려고 몸부림치면 칠수록 더욱 거세게 물살이 밀어내는 것으로 보였습니다. 인간의 힘으로는 저항할 수 없는 절대적인 힘처럼 느껴졌습니다.

    모든 사람이 비를 맞았지만, 다 비에 떠밀려가는 것으로 보이지는 않았습니다. 그중에서도 계속 자신의 옷을 깨끗하게 지킨 사람들은 하나님이 각기 다른 방법으로 보호하시는 것이 보였습니다. 어떤 사람은 무지개와 같은 빛이 감싸기도 했고, 흰 구름이 감싸 안은 것처럼 보이는 사람도 있었습니다. 회오리와 같이 거센 바람으로 보호하시는 사람도 보였고, 붉고 뜨거운 불로 감싸 안으시며 보호하시는 사람도 보였습니다. 다 제각각의 방법으로 하나님이 흰옷 입은 사람들을 비로부터 지키시는 모습이 보였습니다.

흰옷을 입은 사람들만 남은 땅

    비가 그치자 땅에는 흰옷 입은 사람들 외에 다른 사람들의 모습이 보이지 않았습니다. 하늘에는 크고 아름다운 무지개가 떴고, 흰옷을 입은 사람들이 그 무지개를 보며 하나님께 감사의 기도를 올려드리는 모습이 보였습니다.

    비가 완전히 그치자 천사와 용도 더 이상 전투를 하지 않는 것처럼 느껴졌습니다. 천둥 번개가 치면서 하늘이 다시 한번 갈라졌고, 그 사이로 커다란 흰 구름이 내려왔습니다. 그 구름은 온 땅을 덮을 수 있을 정도로 커 보였고, 점 하나 크기의 먼지조차 없을 것처럼 희고 깨끗했습니다. 구름 위에 희고 밝은 세마포를 입은 사람이 앉아 있는 것이 보였습니다. 그 사람이 예수님이시라는 것을 바로 알 수 있었습니다. 예수님은 빛 그 자체셨으며, 예수님의 얼굴은 빛으로 가득하여 눈을 뜨고 그 얼굴을 바라볼 수 없었습니다. 그 얼굴을 바라본다면 그 얼굴빛에 눈이 멀어 죽을 것 같다는 생각이 들었습니다.

예수님의 옷은 이 땅에서 절대 볼 수 없을 정도로 희고 깨끗했습니다. '어떻게 옷이 저렇게 먼지 하나, 실오라기 하나 없을 정도로 깨끗할 수가 있지?'라는 생각이 들었습니다. 그리고 예수님을 둘러싸고 있는 것은 흰옷이 아니라 빛들이라는 느낌이 들었습니다. 그분의 발은 빛나는 주석과도 같이 보였습니다. 그 발도 빛 그 자체여서 그 빛을 보는 사람은 살아남을 수 없을 것 같았습니다.

예수님의 온몸에서는 희고 밝은 빛이 강하게 뻗어 나오고 있었습니다. 그 빛은 이 땅에 있는 악한 것과 공중에서 싸웠던 용과 검은 물체들은 물론이고 옷이 검게 물들어버린 수많은 사람까지 전부 다 집어삼킬 수 있을 것 같이 강했습니다. 예수님에게서 나오는 빛에 어둠은 흔적도 없이 잡아먹힐 것이라는 생각이 들었습니다.

예수님의 손도 크고 강한 빛 그 자체로 보였습니다. 태양을 정면으로 바라보는 것보다 몇 배는 더 강한 빛을 바라보는 것 같았습니다. 예수님의 손에는 못 자국이 보였지만, 그 못 자국에서 오히려 더 크고 강한 빛이 뻗어 나왔습니다. 예수님의 손에 남은 못 자국은 아픔과 수치가 아닌 영광과 존귀를 나타내는 것처럼 느껴졌습니다.

심판하시는 예수님

예수님이 땅에 내려오시자 공중에 있던 모든 천사가 줄을 맞춰 서고 자신들의 몸가짐을 바르게 하여 예수님께 경례하는 모습이 보였습니다. 예수님을 본 용과 악한 영들은 벌벌 떨며 숨을 곳을 찾았습니다. 그러나 그 어떤 곳에도 숨지 못하고 두려워했습니다.

예수님의 손에는 빛나는 황금색 검이 있었습니다. 그 검은 가장 앞서 싸우던 천사가 지닌 별 여섯 개의 검보다 더 크고 강해 보였습니다. 예수님의 검에는 별이 일곱 개가 박혀 있었습니다. 천사의 검보다 몇백 배, 몇천 배는 더 강한 빛이 나오는 검으로 보였습니다.

예수님이 검을 휘두르시자 온 땅이 울리면서 지진이 난 것처럼 땅이 전부 갈라졌습니다. 갈라진 땅 사이로 용의 뒤에 있던 악한 영들이 모두 소리를 지르면서 떨어졌습니다. 한 번 더 검을 휘두르시자 유리가 깨져 금이 가는 것처럼 하늘이 갈라졌습니다. 처음에 떨어진 악한 영들보다 조금 커 보이는 악한 영들이 소리를 지르며 못에 박힌 것처럼 하늘에 박혔습니다. 예수님이 한 번 더 검을 휘두르시자 한 번 갈라진 땅이 더 크게 갈라졌습니다. 그 갈라진 땅으로 남아 있던 모든 악한 영이 갈기갈기 찢기며 떨어졌습니다.

악한 영들이 땅에 떨어지고 하늘에 박히며 갈기갈기 찢기는 것을 보며 용은 귀가 찢어질 정도로 괴성을 질러댔습니다. 용은 자신도 심판받을 것을 아는지 어디론가 도망치려는 것 같았습니다. 그러나 용이 아무리 몸부림쳐도 그 자리에서 조금도 움직일 수 없었습니다. 용이 몸부림치며 괴성을 지르는 것을 보시고 예수님이 들고 계시던 검을 용을 향해 드셨습니다. 용이 놀라 소스라칠 때 금빛의 쇠사슬이 용의 몸 여기저기를 감싸고 묶었습니다. 용의 몸이 그 자리에서 360도로 빙글빙글 돌아가면서 쇠사슬에 묶였습니다.

쇠사슬이 용을 묶자 예수님이 용에게 검을 휘두르셨습니다. 그 검에 크고 단단했던 용의 뿔이 단번에 잘려나갔습니다. 잘려 나간 뿔은 서서히 타버리듯이 없어졌습니다. 예수님은 검을 휘두르시며 일곱 개의 뿔을 모두 베어버리셨고, 검에 베일 때마다 뿔은 모두 타서 재와 같이 없어졌습니다. 뿔이 모조리 베여 없어지자 용은 자신이 물고 있던 구슬을 토해냈습니다. 구슬을 토해내자마자 용의 입에서 각종 더러운 오물과 벌레가 쏟아져나왔습니다. 구더기, 바퀴벌레, 지렁이, 거미, 메뚜기, 딱정벌레 등 수많은 종류의 벌레가 쏟아져나왔습니다. 용이 입에서 토해낸 벌레들에는 붉은색으로 무언가 글씨가 적혀 있었습니다. 자세히 보니 사람들의 이름이었습니다. 그 이름을 읽을 수는 없었지만, 이단에 속한 자, 적그리스도와 복음을 올바로 전하지 않은 자들의 이름이라는 느낌이 들었습니다.

모든 것을 다 토해낸 용은 소리를 지르며 점점 어디론가 사라져

갔습니다. 그 소리에 귀가 터질 것 같았습니다. 하늘이 크게 흔들렸고 땅이 요동쳤습니다. 용의 괴성을 듣고 괴로워하며 두려워하는 사람도 있었습니다. 용이 소멸되어가면서 예수님에게서 나오는 빛에 잡아먹히는 것처럼 보였습니다.

용이 완전히 사라지자 세상의 악한 것이 다 사라진 느낌이 들었습니다. 어두웠던 것들이 보이지 않았고, 폐허 같고 삭막했던 곳들이 밝고 깨끗해진 기분이 들었습니다. 예수님은 땅을 둘러보시는 것 같았습니다. 땅을 둘러보시며 무너지고 망가지고 파괴된 것들을 되돌리자고 말씀하시는 것 같았습니다. 천사들이 예수님의 말씀에 무너지고 망가진 것들을 다 원래 상태로 되돌려놓는 모습이 보였습니다.

하나님을 경배하는 남은 자들

땅의 모습이 다시 이전과 같은 따뜻한 모습으로 돌아가자 하늘에서 세 줄기의 빛이 내려오는 것이 보였습니다. 예수님은 하늘에서 내려온 세 줄기의 빛 중 한 분으로 계시다는 느낌이 들었습니다. 강력한 빛이 세 줄기가 내려왔기에 빛의 모습을 선명하게 볼 수는 없었지만, 성부, 성자, 성령이라는 것을 알 수 있었습니다. 흰 옷을 입은 모든 사람은 그 빛에 고개도 들지 못한 채 두려워하며 그 빛 아래 엎드렸습니다.

세 줄기의 빛 중 하나의 빛이 더 강해지는 것이 보였습니다. 그 빛은 성부 하나님의 빛이라는 느낌이 들었습니다. 흰옷을 입은 자들이 엎드려 성부 하나님을 경배하며 높여드리는 것처럼 보였습니다. 하나님은 그 모습을 보고 기뻐하시는 것처럼 느껴졌습니다. 음성이 정확히 들리지는 않았지만, 흰옷을 입은 자들에게 "깨끗한 주의 신부로서 다시 만나자"고 말씀하신 것 같았습니다.

세 줄기의 빛이 모두 사라지고 천사들이 하늘에 구름다리 같은 것을 만드는 것이 보였습니다. 남아 있는 자들이 자신의 옷차림을 정돈하고 바르게 한 뒤 구름다리를 건너는 모습이 보였습니다. 다리를 건너는 사람들의 옷은 모두 흰 세마포처럼 보였습니다. 얼굴은 밝고 환하며 기쁨과 평안으로 가득했습니다. 머리에는 월계수 잎 같은 화관을 쓰고 있었습니다. 구름다리를 건너 천국 성에 이르자 머리에 쓰고 있던 월계수 잎은 각자 상급에 따라 다른 모습의 면류관으로 달라졌습니다. 천국에 가게 된 사람들은 모두 자신의 면류관을 하나님께 드리며 하나님을 기뻐하고 예배하며 찬양했습니다.

반대로 구름다리 아래의 모습도 보였습니다. 구름다리 아래에는 끝을 알 수 없는 깊고 어두운 구멍이 보였습니다. 앞서 죽임을 당한 사람, 비에 쓸려간 사람, 구름다리를 건너지 못한 사람 등 여러 사람이 보였습니다. 그들은 살려달라고 큰 소리를 지르며 울부짖고 있었습니다. 구멍 밖으로 나오려고 시도했지만, 시도하면 할수록 더 깊이 빠져들었습니다. 그래서 대부분의 사람은 구멍 안쪽

벽에 붙어 있었습니다.

구멍 안에는 구멍 크기만 한 큰 추가 그 사이를 왔다 갔다 하고 있었습니다. 추의 옆에는 그 크기만큼 크고 날카로운 톱니바퀴가 보였습니다. 톱니바퀴 때문에 추가 왔다 갔다 할 때마다 구멍에 있던 수많은 사람의 뼈가 으스러졌습니다. 어떤 사람은 온몸의 장기가 다 튀어나오는 것처럼 보였고, 추에 부딪혀 온몸이 찌그러진 사람도 보였습니다.

이후 땅에 있던 마지막 사람까지 구름다리를 다 건너자 구멍이 서서히 닫혔습니다. 그러자 엄청나게 많은 양의 흙먼지와 돌들이 구멍을 메웠고, 구멍 안에 있는 사람들은 흙을 뒤집어쓰고 돌을 씹어 먹을 수밖에 없는 상황이 되었습니다. 구멍의 문이 점점 닫히면서 어둠이 더욱 짙어갔습니다. 구멍의 문이 다 메워지자 엄청난 크기의 다람쥐 통이 굴러가는 것처럼 그 구멍이 땅속을 굴렀습니다. 그 안에 있는 사람들은 앞도 보이지 않는 어둠 속에서 더 큰 고통을 당하면서 살려달라고 비명을 지르는 소리가 들렸습니다. 시간이 갈수록 어둠은 짙어졌고 통이 굴러갈 때마다 그 안에 있는 사람들은 추에 부딪히고 온몸이 톱니바퀴에 갈리면서 가루처럼 으스러지는 것이 보였습니다. 그런데 몸이 으스러지고 나면 몇 초 만에 몸이 다시 원래 상태로 돌아왔고, 그 고통을 끊임없이 당해야 했습니다. 그 구멍은 점점 더 땅속 깊은 곳으로 향했는데, 깊이 들어갈수록 고통이 더 강해지는 것처럼 보였습니다. 그 모습이 지옥과 매우 닮았다는 생각이 들었습니다.

저는 구멍이 굴러가는 것을 보면서 헉 소리를 내며 잠에서 깨어 났습니다. 가슴이 쿵쿵 뛰었습니다. 제가 그 꿈에서 심판받은 것도 아닌데 꿈속의 장면 하나하나가 너무나도 생생했습니다. 몇 달이 지 나도 꿈속의 모든 장면이 방금 본 것처럼 생생하게 기억났습니다.

저는 이 꿈을 꾸는 동안에도 그리고 꿈꾸고 나서도 하나님이 저 에게 마지막 때의 모습을 보여주신 것이라는 생각이 들었습니다. 이 꿈을 생각하고 되새길 때마다 마지막 때에 심판이 임하기 전에 하나님께 회개함으로 바로 서야 한다는 생각이 들었습니다. 심판 의 때에는 하나님께로 돌이키고 싶어도 돌이킬 수 없다는 것을 분 명히 깨닫게 되었습니다.

저는 처음에 이 꿈을 온전히 이해하기가 어려웠습니다. 제가 꿈 에서 처음에 보았던 장면, 곧 편의점에서 사람들이 행하는 모습, 아 무렇지 않게 생명을 포기하는 모습, 서로 시기하고 질투하며 싸우 고 다른 사람의 것을 빼앗는 모습, 하나님의 모습과 반대되는 인간 의 욕망과 쾌락을 추구하는 모습 등 많은 것이 어린 나이의 제가 받아들이기에는 어려웠습니다. 꿈에서 본 악한 모습들을 떠올릴 때마다 머리가 아프고 마음이 답답했습니다. 도덕적 기준으로만 보아도 옳지 않게 여겨지는 일들이 너무나 많았기 때문입니다.

그러나 회개하고 영적인 눈이 점차 더 밝아지면서 이 꿈이 무 엇을 의미하는지 점점 더 깊이 깨달을 수 있었습니다. 서로 죽이고 싸우고 다투는 사람들, 생명의 가치를 소중히 여기지 않는 사람들, 개인의 욕망을 절제하지 못하는 사람들 등 많은 모습이 악한 영들의 지배를 받고 일어난 일임을 알게 되었습니다. 자신의 쾌락을 좇으며 성경에 반대하는 자들이 마지막 때에는 자신의 욕망과 쾌락, 욕구를 더욱더 절제할 수 없다는 것을 보여주는 것임을 알 수 있었습니다.

하늘 위에서 벌어지는 용과 천사의 전투는 가장 큰 영향력을 가진 악한 영과 전투를 담당하는 미가엘 천사장이 벌이는 최후의 전투라는 것을 알 수 있었습니다. 용과 천사가 전투하며 사람들이 구별되는 것도 마지막 때에 심판이 다가올수록 개인의 믿음과 신앙을 지키기가 점점 더 어려워진다는 의미임을 알 수 있었습니다. 그리고 이후에는 예수님이 악한 영들에 대해 최후의 심판을 하신다는 내용임을 깨닫게 되었습니다. 죄에 대해서는 반드시 심판이 있습니다. 저는 그것을 지옥의 모습을 보면서 그리고 영적인 세계를 보면서 알게 되었습니다.

주님이 저에게 마지막 때와 관련된 꿈을 꾸게 하신 것도 마지막 때의 모습을 알려주시려는 것임을 알 수 있었습니다. 마지막 때와 관련된 꿈을 꾸고 난 이후 저는 '마지막 때를 살아가는 우리가 취해야 하는 올바른 입장이 무엇일까? 어떻게 해야 점점 악해져가는 시대에 믿음을 지킬 수 있을까?'라고 고민하게 되었습니다. 저도 공허함과 외로움을 느끼면서 크고 작은 갈등을 겪으며 삶의 의

미에 대해 생각하고 하나님 안에서 바로 서기 위하여 노력했습니다. 그리고 저의 노력도 중요하지만, 그것만으로는 부족하다는 것을 알게 되었습니다. 하나님께 도움을 구하며 기도해야 합니다.

현재 우리는 마지막 시대를 살아가고 있습니다. 그리고 제가 앞서 말한 꿈은 마지막 시대에 일어날지도 모르는 일들 혹은 마지막 시대에 확연히 드러나게 되는 악한 영들의 모습 중 일부를 이야기한 것입니다. 악한 영들이 모습들을 드러내고 세상은 더욱 많은 죄악으로 물들어갈지도 모릅니다. 저를 포함한 모든 사람이 죄에서 완전히 자유롭게 되거나 어쩌면 더는 죄를 회개할 수 없게 될지도 모릅니다. 우리 삶에는 우리 자신도 모르는 새에 짓는 죄, 알면서도 뉘우치지 못한 죄 등 죄라는 것을 인식조차 못하는 많은 죄가 있을 것입니다.

저는 마지막 때의 모습을 보여주시는 꿈을 꾸고 나서 저 자신의 신앙을 끊임없이 점검하고 하나님 앞에 바로 서기 위해 노력하게 되었습니다. 마지막 때에 악한 영들이 세상 가운데 점차 스며들고 믿음과 신앙을 지키기 어려워질 때 제가 어느 위치에 서 있을 것인지 장담할 수 없기 때문입니다. 저뿐만 아니라 많은 사람이 자신이 어느 위치에 있을지는 알 수 없을 것입니다. 그러나 저는 저에게 이런 꿈을 꾸게 하셔서 마지막 때의 모습을 알려주신 것은 그때를 미리 준비하고 대비하라고 하시는 것임을 알았습니다.

하나님은 위급한 때나 혹은 악한 영들이 공격할 때 등 중요한 순간마다 꿈을 통해서 알려주시고 보호해주셨습니다. 이 꿈을 꾼 이후 얼마 동안 저는 꿈을 놓고 기도했고 하나님이 꿈을 꾸게 해주신 참뜻을 알게 해달라고 기도드렸습니다. 그리고 제가 꾼 꿈을 통해 많은 사람이 마지막 때에 대해 깨닫게 되어 자신의 신앙을 점검하고 하나님 앞에 끝까지 바로 서는 데 도움이 될 것이라는 생각이 들었습니다. 그래서 꿈의 내용과 제가 느끼고 깨달은 것을 기록하게 되었습니다.

마지막 때에는 신앙과 믿음을 지키는 것이 이전보다 더욱 어려워질 수 있습니다. 그러나 하나님이 영적인 세계를 알게 해주시고 더 많은 은혜를 부어주셔서 많은 그리스도인을 보호하실 것이라고 생각합니다. 마지막 때의 심판이 다가온다는 것은 온몸이 덜덜 떨릴 정도로 무서운 일입니다. 저는 아직도 천사와 악한 영이 전투를 벌였던 꿈속의 장면이 떠오르면 온몸에 힘이 풀려 그 자리에 주저앉을 정도로 두렵습니다. 그러나 하나님이 마지막 때의 모습을 알게 해주시고, 미리 대비하게 하시며, 주님 안에서 바로 설 수 있는 기회와 시간을 주신 것은 큰 은혜이며 축복이라고 생각합니다.

앞으로 더욱 악해지고 거룩함을 잃어버리는 시대에 마지막 때의 모습을 미리 알고 대비하여 하나님 앞에 거룩한 신부로 바로 설 수 있기를 간절히 소망합니다.

에필로그

저는 인터넷과 소셜 미디어에서 사후세계에 대한 이야기를 여러 번 들어보았습니다. 사후세계를 믿지 않는 사람도 있겠지만, 대부분의 사람은 사후세계가 있다는 것을 믿는다는 내용들이었습니다. 저는 그것을 보면서 '하나님을 알지 못하는 사람들도 영적인 세계가 존재한다는 것을 아는데, 하나님을 믿는 그리스도인은 영적인 세계에 대해 어느 정도 알고 있는가?'라는 질문으로 고민하고 갈등했습니다.

저는 어린 시절부터 예수님에 대해 알기를 원했고, 천국과 지옥의 수많은 모습을 보기를 원했습니다. 그래서 밤에 잠을 청하기 전, 예수님께 "예수님, 저 오늘 천국에 데려가주세요. 예수님과 함께 천국에서 뛰어놀고 싶어요" 하고 두 손 모아 기도드렸습니다. 그때마다 주님은 꿈을 통해, 때로는 환상을 통해 영적인 세계에 대해 알게 해주셨습니다.

제가 계속해서 영적인 세계에 대해 더 알기를 원하다 보니 더 깊은 측면을 조금씩 깨닫게 되었습니다. 천국과 지옥의 모습은 물론이고, 주님이 저에게 보여주시는 영적인 세계에 담긴 숨은 의도와 뜻도 더 많이 깨우칠 수 있게 되었습니다. 저는 지금까지 수많은 꿈을 통해 영적인 세계를 보았지만, 영적인 눈이 열리고 나서 본 영적인 세계는 제가 이전에 꿈으로 보았던 것보다 훨씬 더 깊이가 있었습니다.

분명한 것은 천국과 지옥은 반드시 존재합니다. 빛으로 가득한 천국과 어둠으로 뒤덮인 지옥 둘 중 한 곳을 우리는 갈 것입니다. 또한 하나님은 각 사람의 마지막에 반드시 상급을 주시거나 심판하십니다. 사람의 힘으로 이에 대한 명확한 기준을 알 수 없지만, 하나님의 뜻 가운데 반드시 이루어질 것이며, 우리는 이를 위해 끊임없이 자신을 돌아보고 회개에 힘써야 합니다. 그래서 주님을 다시 뵈었을 때 부끄럽지 않은 주의 신부로서 자신을 준비해야 합니다.

저는 이번 책에 저의 첫 저서인 『하늘 세계의 문이 열리다』보다 더 깊이 있는 영적 세계의 이야기를 담고 싶었습니다. 이 책을 통해 영적인 세계를 단순히 아는 것에서만 그치는 것이 아니라, 저를 포함하여 현시대를 살아가는 많은 사람이 영적으로 도전받고 마음을 새롭게 하며, 나아가 자신의 신앙을 점검하는 데 보탬이 될 수 있기를 바랐습니다. 그래서 하나님은 천국과 지옥의 내용을 포함해 더 깊이 있는 영적인 세계의 이야기를 담을 수 있도록 허락해주셨고, 그에 담긴 숨은 뜻도 깨닫게 해주셨습니다.

　천국에서 큰 상급을 받은 믿음의 사람들의 모습, 하나님이 아닌 다른 우상을 섬긴 자들이 받는 심판 모습, 나아가 하나님이 세우신 공동체에 대한 교훈과 모습 그리고 마지막 때를 살아가는 우리의 신앙에 도전과 위로를 주는 모습 등에 대해 알게 해주셨습니다. 이것은 전적으로 하나님의 은혜가 아니면 이루어질 수 없었던 일입니다. 저는 영적인 세계를 아는 것이 교회에 어떠한 도움이 되고, 주님이 왜 저에게 교회와 마지막 때에 대한 모습들을 알게 해주셨는지 미약하지만 깨닫게 되었습니다.

　첫째, 교회는 영적인 세계를 알아야만 깨어 있을 수 있습니다. 앞에서 기록한 소아시아 일곱 교회의 모습을 보며 '모든 교회가 영적인 세계를 안다면 하나님이 진정 기뻐하시는 것이 무엇인지 더욱 깊이 깨달았을 것'이라는 생각이 들었습니다. 또한 세상 속에 있는 이들을 진리로 인도하는 역할을 감당해야 하는 교회이기에 영적인 세계를 알아야 바른길로 인도하며 분별할 수 있습니다.

　둘째, 교회는 하나님이 맡기신 사명을 능히 감당해야 합니다. 하나님은 개인은 물론이고, 각 교회마다 특별한 사명을 주셨습니다. 이는 많은 사람을 예수 그리스도의 십자가의 복음 앞으로 인도하는 것입니다. 교회가 하나님이 맡기신 사명을 감당하는 동안 깨어 있으려면 반드시 영적인 세계를 알아야 합니다.

　셋째, 영적 전쟁을 치르지 않고 세워지는 교회는 없습니다. 모든 교회와 개인은 영적인 전쟁을 치를 수밖에 없습니다. 저 역시도 여러 영적 전쟁을 치렀습니다. 영적 전쟁의 강도의 차이는 있을지라도 영적 전쟁을 치르지 않고 반석 위에 세워지는 교회는 없습니다.

넷째, 영적인 모든 세계를 주관하시는 분은 하나님입니다. 그리고 그리스도인과 교회는 그러한 하나님을 섬기는 자들입니다. 그러므로 하나님이 주관하시는 세계의 비밀과 영적인 원리를 아는 것은 그리스도인의 특권이자 의무입니다. 그리고 어두움 속에서도 빛과 진리로 구별될 수 있는 가장 중요한 선제조건입니다.

다섯째, 영적인 세계를 알 때 하나님을 알고 담대하며 자유로울 수 있습니다. 영적인 세계를 알지 못했다면 저는 삶에 닥쳐온 많은 시련으로 끊임없이 좌절하고 슬퍼했을 것입니다. 그러나 영적인 세계를 알자 하나님을 더욱 알게 되었고, 하나님의 형상을 닮고자 저 자신을 끊임없이 돌아보게 되었습니다. 주님을 앎으로 힘들고 어려웠던 많은 일을 믿음 안에서 이겨낼 수 있었습니다.

마지막으로, 하나님은 그리스도인과 교회를 마지막 때에 반드시 쓰실 것입니다. 우리는 그때를 대비하여 마지막 때가 오기 전에 일찍부터 깨어 있어야 합니다. 저는 점차 변해가는 시대를 보면서 지금이 정말 마지막 때이고 '앞으로는 신앙을 지키는 것이 어려운 시대가 오겠구나' 하는 생각이 듭니다. 성경과는 반대되는 것들이 너무나도 자연스럽게 문화 속으로, 삶 속으로 스며드는 것을 봅니다. 마지막 때를 살아가는 그리스도인이 더욱 깨어 있지 않는다면

이 세상에서 신앙을 지키고 믿음의 뿌리를 내리는 것은 너무나도 어렵고 힘든 일이 될 것입니다.

더불어, 마지막 때를 대비해 교회가 영적으로 깨어 있지 않으면 소망이 없는 시대가 올지도 모른다는 염려도 듭니다. 그렇기에 우리는 더욱더 영적인 세계를 알고 소망해야 합니다. 하나님이 알려주시는 놀라운 비밀들을 알고 체험하는 것은 하나님의 자녀로서 누릴 수 있는 특권이자 축복입니다. 그리스도인으로서 그리고 주님이 세우신 교회로서 우리에게 맡겨진 역할과 사명을 하나님의 은혜 안에서 마땅히 감당해야 합니다.

주님은 주님이 보시기에 가장 적합한 때에, 주님의 방법으로 주님의 뜻을 이루십니다. 우리는 이것을 성경에서 쉽게 찾을 수 있습니다. 주님이 정하신 때가 다가오는 것을 대비하여 스스로 미리 준비함으로 주님이 부르실 때에 바로 달려 나가야 합니다. 저는 저의 죄를 뉘우치고 회개함으로 다시 주님을 뵈었을 때 부끄럽지 않은 주의 신부로 준비하는 것을 게을리 하지 않을 것입니다. 이 책을 읽는 독자들도 회개함으로 주의 신부로 준비되는 것에 동참해주실 것을 조심스럽게 요청드립니다.

주님이 보여주시고 알게 해주신 영적인 세계를 생각하고 다시 떠올릴 때마다 저의 약함이 드러나고 주님의 거룩하심과 아름다우심이 드러납니다. 저의 힘으로는 아무것도 할 수 없으며, 이 모든 것은 전적으로 주님의 은혜이자 주님이 자신의 이야기를 저에게 들려주신 것이라고 생각합니다. 주님이 부족한 저를 통로로 사용하셨다는 사실에 감격의 눈물을 흘렸습니다. 저의 책을 통해 많은 분이 자신의 신앙을 점검하고 주께로 돌아와 영적으로 더 깊이 채워지고 장성한 분량에 이르는 발걸음을 내딛게 되시기를 소망합니다. 이 책에 담긴 모든 영적인 이야기와 고백은 모두 주님이 하신 것임을 고백하며, 연약한 저를 통해 이루신 주님의 은혜를 높이 찬양합니다. 앞으로도 주님이 행하실 모든 일과 주님의 걸음을 기대하며 이 모든 일을 통해 높임을 받으실 주님께 모든 영광을 올려드립니다.